都-市-理-論
新-思-維

Insights into Urban Theories | Discourse on Division of Labor, Creative Economy and Urban Space

陳坤宏 林育諄 陳建元 涂函君

周士雄 陳瀅世 吳秉聲 蘇淑娟 著

巨流

勞動分工、
創意經濟與
都會空間

國家圖書館出版品預行編目（CIP）資料

都市理論新思維：勞動分工、創意經濟與都會
空間／陳坤宏等著 . -- 初版 . -- 高雄市：巨流，
2016. 11
　　面；　公分

ISBN 978-957-732-530-3（平裝）

1. 都市社會學

545.1015　　　　　　　　　　　　　105020325

都市理論新思維
勞動分工、創意經濟與都會空間

著　　　者　陳坤宏、林育諄、陳建元、涂函君、周士雄、陳澄世、吳秉聲、蘇淑娟
責任編輯　邱仕弘
封面設計　Lucas

發 行 人　楊曉華
總 編 輯　蔡國彬

出　　版　巨流圖書股份有限公司
　　　　　802019 高雄市苓雅區五福一路 57 號 2 樓之 2
　　　　　電話：07-2265267
　　　　　傳眞：07-2264697
　　　　　e-mail: chuliu@liwen.com.tw
　　　　　網址：http://www.liwen.com.tw

編 輯 部　100003 臺北市中正區重慶南路一段 57 號 10 樓之 12
　　　　　電話：02-29222396
　　　　　傳眞：02-29220464

劃撥帳號　01002323 巨流圖書股份有限公司
購書專線　07-2265267 轉 236

法律顧問　林廷隆律師
　　　　　電話：02-29658212

出版登記證　局版台業字第 1045 號

ISBN 978-957-732-530-3（平裝）
初版一刷・2016 年 11 月
初版二刷・2022 年 2 月

定價：420 元

作者簡介
（依章次排序）

陳坤宏　Kung-Hung Chen

國立台灣大學土木工程學研究所都市計劃組（現為建築與城鄉研究所）博士

現任國立台南大學台灣文化研究所教授

曾任國立台南大學台灣文化研究所所長、教務處組長、特別助理、實輔
　處組長

都市計畫科高考及格

榮獲行政院國科會99、100、102年度補助大專校院「傑出類」特殊優秀人
　才獎

學術專長：都市計畫、空間結構理論、城鄉關係、文創經濟

發表論文及著作共160餘篇，代表性專書有《城鄉關係理論與教育》、《都
　市－空間結構》、《消費理論》等。

林育諄　Yu-Chun Lin

國立台北大學都市及區域規劃博士

都市計畫行政高考三級及格

曾任職於新北市城鄉發展局

現任國立屏東大學社會發展學系助理教授兼課外活動指導組組長

專長為產業及區域發展、城鄉規劃與發展、經濟地理

陳建元　Simon Chien-Yuan Chen

英國卡地夫大學都市與區域計劃博士

現任逢甲大學土地管理學系副教授兼總務長

曾任逢甲大學土地管理學系系主任

地政士、都市計畫技師考試及格

研究領域：制度經濟學、產業園區規劃與產業空間、土地經濟與土地政策、
　　企業家精神、不動產市場結構。

凃函君　Han-Chun Tu

國立台灣師範大學地理學系博士

現任國立嘉義大學應用歷史學系兼任助理教授

近年關注的研究領域為台灣都會人口的地方認同、鄉村經濟與觀光地理，主
　　要授課領域為人文地理學、經濟地理學、休閒與觀光、區域地理等。

周士雄　Shih-Hsiung Chou

國立成功大學都市計劃研究所博士

現任國立嘉義大學景觀學系副教授

曾任私立長榮大學土地管理與開發學系副教授兼系主任

都市計畫專技高考及格

學術專長為都市及區域規劃

陳瀅世　Ying-Shih Chen

德國柏林工業大學都市與區域計劃博士

現任國立台南大學生態科學與技術學系助理教授

專長為都市設計與生態旅遊

吳秉聲　Ping-Sheng Wu

國立成功大學建築學系建築博士

現任國立成功大學建築學系副教授兼副總務長

專長為建築歷史理論與文化資產保存

蘇淑娟　Shew-Jiuan Su

美國路易斯安那州立大學地理與人類學系博士

現任國立台灣師範大學地理學系教授兼系主任

曾任國立高雄師範大學地理學系副教授、教授

近年研究領域：區域與社區發展能動分析、地景保育的公民參與和能動性、
　社會文化認同與調適、跨域整合的領域與可能

推薦序

　　台灣學術界近年來重視期刊論文發表，學術專書出版不免受到影響。兩年前，國科會（今科技部）推出計畫徵求組成團隊研讀經典，非常具有意義。當時聽說陳坤宏教授組織一群中青代的學者，研讀以史考特教授（Allen J. Scott）為主的專書。史考特教授在地理學與都市研究方面堪稱美國加州學派領導者，其中，在產業群聚與都會區發展方面，依託於美國戰後加州高科技產業與大都會區快速發展，在學術界貢獻卓著。相對於台灣在1960年代訂定發展工業政策，1980年代發展高科技產業有成，並且在快速都市化過程大致能夠有序布局發展，堪稱戰後發展典範之一。陳坤宏教授選擇這個角度切入，相當有意義。

　　今年夏天，陳教授透露正在以科技部經典研讀班的成員為基礎撰寫新書，並且希望我可以為新書寫序。從剛拿到的初稿來看，這本書是台灣都市研究領域近年較缺少的，也可以協助讀者從書中各章的角度對照台灣發展經驗。對於都市計畫理論的發展，英文出版業者在1990年代中葉有幾部重要選集，基本上是對二十世紀相關學說的一輪重大回顧，並已多次改版更新，但並未在台灣以中文發行；本書或許可以反映幾位台灣學者的看法。總之，非常高興看到這本書的完成，希望可以催生更多學者重視相關理論學說的專書著述與出版。

孔憲法

國立成功大學都市計劃學系教授兼系主任

中華民國 105 年 10 月 10 日

作者序

　　這本書的邏輯與結構，基本上是依循書名而設計，正標題「都市理論新思維」之下，即產生第一章「都市理論與實踐」，副標題「勞動分工、創意經濟與都會空間」之下，即產生第二章「都市生產」、第三章「都市就業」、第四章「都市社會生活」、第五章「都市創意性」、第六章「都市治理」、以及第七章「新都市理論」，而成為全書共分為七章的結構。

　　在第一章「都市理論與實踐」中，作者首先將近代與現代的都市計畫歷史，分成四個階段，進行都市理論與實踐的回顧及細緻的論述，並且針對各階段代表性的都市理論學者之學術價值與信仰、歷史評價與定位、經典啟示與批判等層面，加以論述，並提出個人的主張，作為本書思維新都市理論的基石。依循此一脈絡，本書企圖以「勞動分工」、「創意經濟」、以及「都會空間結構」三者作為思維未來新都市理論的論述基礎，明白的說，即是在「文化經濟作為空間發展」此一信仰價值下，未來都市的「生產」、「就業工作」、「社會生活」以及「都市創意性」，將如何在「都會空間結構」中加以展現，進而讓文創經濟與都市環境得以有效連結，產生綜效（Synergies），乃成為這本書的特色。第二章「都市生產」、第三章「都市就業」、第四章「都市社會生活」、第五章「都市創意性」、以及第六章「都市治理」，依序舖陳出在全球化、從製造到智造、數位資訊化與網絡化、知識與文化的能量、都市勞動力分工、都市運動與正義、革新社會生活秩序、文化藝術與創意城市等諸多未來大趨勢下，都會空間結構可能面臨到的挑戰。第七章「新都市理論」論述出新都市理論的基本觀念與原理，就是要建立一個城市的「價值與信仰」，而新都市理論的先驗圖式，就是要建立一個城市的「願景與目標」。最後，乃以文創經濟作為新都市理論的可能性為結尾。

　　作者期待的是，在本書兼顧學術性與現實性，適合學院派與一般人士閱讀之條件下，能夠讓讀者思考未來新都市理論的可能性。作者群執行行政院科技部人文社會科學研究中心103-104年度補助經典研讀班「勞動空間分工、文化創意經濟與新都市理論」計畫（召集人：陳坤宏教授），給予寫書帶來啟示與思維，特此致謝。

陳坤宏、林育諄、陳建元、凃函君
周士雄、陳瀅世、吳秉聲、蘇淑娟
2016 年 10 月

目 錄

專有名詞索引 267

第
1
章

都市理論與實踐
Urban Theory and Practice

陳坤宏

1.1 都市理論與實踐的回顧

　　都市計畫的歷史並不長，學術界普遍認為起源自1860年代的英國，迄今僅短短的150餘年，比起人文、理工、生物醫農學科（例如，歷史、考古、文學超過3,000年、土木水利工程約2,500年、建築約3,000年、醫學約3,000年、機械電子約1,200年、交通運輸約1,000年等），都市計畫尚屬於幼兒階段，甚至許多的社會科學（例如法律、會計、統計、商學等），都比都市計畫的發展要來得早。縱使「近現代都市計畫」的歷史短，經歷許多學院派學者與實務界專家們的努力，其結果卻是理論的發明豐碩，實踐也深深地影響人類居住環境的良窳，我們可以這麼說，年輕的「近現代都市計畫」的表現，就如同世界上學術表現傑出的年輕大學，那麼的亮眼奪目，也如同文學作品中的小品文，那麼的深藏人心。

　　150多年都市計畫的歷史，正好位於歷史長河的近代至現代的階段，此一時代當然不包括中國、希臘、羅馬、巴比倫、埃及等古文明國家的都市規劃建設的規則，例如中國周朝《考工記》記載依照經緯所規劃的城市配置、

長安的里坊規劃、希臘與羅馬的廣場及放射狀道路設計等。因此，本人將近代與現代的都市計畫的歷史，整理成表1.3（頁19），並且分成以下四個階段：（註：不同階段之時間有時候會有相疊情形，無法完全獨立開來）

第一階段：19世紀初期至20世紀30年代，烏托邦理想國與社會理想思潮。

第二階段：1950-70年代，理性的綜合規劃模式主導。

第三階段：1970-90年代，新馬克思主義都市理論、新都市主義與文化保存新典範。

第四階段：1990-21世紀的今天，全球化理論、世界城市、創意城市。

茲分述如下：

1.1.1 第一階段：19世紀初期至20世紀30年代，烏托邦理想國與社會理想思潮

近現代都市計畫理論與實踐的淵源最早應追溯到英國人 R. Owen、法國人 C. Fourier、Comte de Saint-Simon、Godin 等人的烏托邦、空想社會主義與社會平等的傳統思潮。他們的理論共同點是理想的社會主義，主要思想是烏托邦式的規劃思想。Owen 的「新和諧村」實驗，兩年後失敗。

主要包括：

（一）R. Owen、C. Fourier、Comte de Saint-Simon、Godin 等人的烏托邦理想的社會主義

（二）英國都市規劃師 E. Howard 提出的「花園城市」計畫思想

Howard 於 1898 年完成出版 *Garden Cities of To-morrow* 這一本巨著，開啟了都市計畫的新頁，影響後人甚巨，被世人譽為「現代都市計畫的奠

基人之一」。「花園城市」的理論是：都市面積 6,000 英畝（2,428 公頃），都市 1,000 英畝、農地 5,000 英畝，容納 32,000 人，13.2 人 / 公頃，每一華德（ward）容納 5,000 人。主要思想是：城鄉磁吸與協調、花園城市、社會改造、平衡住宅、工業和農業區的比例。他的都市計畫理念在二處新市鎮實驗成功：Letchworth 與 Welwyn 新市鎮。美國、加拿大、澳洲、阿根廷、德國建立一批花園城市，英國新城鎮法案制定大量建設花園城市，應用到以色列特拉維夫市（Tel Aviv-Yafo）的建設。歸納 Howard 的重要觀念，可以包括：低密度住宅單元、人口分散成長、土地使用分區規劃、設置緩衝綠帶以防止都市擴張、獨立工業區、城鄉發展互相協調。

（三）1901-1915 年美國城市美化運動

受到 1893 年芝加哥萬國博覽會的影響，陸續舉辦 1901 年水牛城泛美博覽會以及 1915 年舊金山泛太平洋國際博覽會，由美國建築學會籌組專責委員會，負責規劃及建設事務的推動。

（四）1922 年法國建築師 Le Corbusier 提出 300 萬人口的現代都市

Le Corbusier 為出生於瑞士的法國人，祖母是猶太人，1922 年提出 "the city of towers" 概念，主張高層建築和立體交叉都市集中主義，反「反大城市」思潮，提出全新的都市計畫，既可維持人口的高密度，又可形成衛生寧靜的城市環境。他認為未來的都市是由許多的公寓組成。Le Corbusier 是 20 世紀最重要的建築師之一，被建築界稱為「功能主義之父」，亦是國際現代建築協會（CIAM）的創始成員。1950 年代英國的廉價公營住宅、巴西利亞的都市規劃、捷克工業城的規劃、以及蘇聯的城市規劃，都有受到 Le Corbusier 的概念影響。Le Corbusier 還親自設計印度的 Chandigarh，市區街道呈現方格狀，而且高樓林立。

（五）1915-1927 年衛星都市論

最早於 1915 年由美國人 G. R. Taylor 提出此一計畫理念，期待讓人們擁有一個理想的舒適居住環境。1922 年英國人 R. Unwin 制訂倫敦計畫時，正式提出「衛星城市」概念。1925 年美國人 C. R. Purdon 出版 *The Building of Satellite Towns* 一書，讓都市計畫學院派更加體會「衛星都市」的重要性。1927 年美國人 R. Whitten 提出新的衛星都市理論，至此，衛星都市已有了第 1、2、3、4 代，其功能與空間配置略有差異，衛星都市理論已經發展成熟。第 1 代是臥城，第 2 代是臥城加上一定數量的工廠公司與公共設施，減輕對中心城市的依賴，並且舒緩了交通擁擠，第 3 代是獨立於中心城市，具有就業機會，第 4 代是多個次中心結構，高速公路將它們與中心城市聯繫起來，猶如網狀關係。

（六）1929 年美國都市計畫學家 C. A. Perry 提出鄰里單元計畫

他的主要計畫思想是都市應該要能夠滿足家庭生活基本需要，因此，他在制訂紐約區域規劃方案時，提出居住區計畫理論，體現了《雅典憲章》的功能主義。理論是：鄰里單元 160 英畝，容納約 5,000 人，居住密度 10 戶／英畝（25 戶約 100 人／公頃），學童徒步上學不超過 800 公尺。實驗成功的案例，包括：美國紐澤西州雷特朋計畫（Radburn）的超大街廓空間單元、英國、蘇聯興建的「小區」、以及台灣的都市計畫。尤其是台灣的都市計畫，當擬定細部計畫時，根據計畫人口進行公共設施與各種土地使用分區配置的結果，完全體現了鄰里單元計畫的思想，直到今天，依然如此。

（七）1930 年代芝加哥學派

美國芝加哥大學社會學系 R. Park, E. Burgess, H. Hoyt, C. D. Harris 與 E. Ullman 等教授，基於「整合人類生活、社會結構與都市空間三者之關係」的思想，分別提出同心圓、扇形、多核心理論，成為都市計畫學院派師生必

讀的教材，甚至出現在台灣高中地理課本，尤其是 *The City* 這一本書，更是經典之作，影響後人至鉅。

（八）1932 年美國建築師 F. Lloyd Wright 提出「廣域城市」（Broadacre City）理論

Wright 潛心撰寫 *The Disappearing City* 一書，提出 "Broadacres" 概念，主要思想是：平面發展與都市分散主義。強調「有機建築」：相信建築設計應該達到人類與環境的和諧，他的名言是：「造型與機能密不可分」；「醫生能埋葬錯誤，建築師卻只能勸告雇主種植葡萄樹」。流水山莊（Falling water）曾經被稱許為「美國史上最偉大的建築物」，它亦被遴選為美國國家歷史地標。代表性作品例如羅比之家、東京帝國飯店、紐約古根漢美術館、詹森公司總部等，均為經典之作，Wright 被世人稱讚為「最偉大的美國建築師」，一生超過1000 個設計，完成 500 棟建築，著作20 本與許多文章。美國的一些州有實現其理論（居住2.5 人／公頃，分散至農地中）。

（九）1933 年德國經濟地理學家 W. Christaller 提出「中地理論」

W. Christaller 出版 *Central Places in Southern Germany* 一書，明確了中地與腹地之關係、都市階層體系之建立。他提出 $K=3$ 市場原則、$K=4$ 交通原則、以及 $K=7$ 行政管理原則三項原則，K 係指一個中地所服務次一級中地之數目，都市或區域規劃師可依照地區條件或計畫目標需求，加以選擇並進行規劃。「中地理論」之計畫思想對於許多國家的國土計畫與區域計畫，產生了非常深遠的影響，被都市計畫、地理、經濟等領域視為經典型的理論，經常成為學院派學生研究的主題，也往往成為國家政府部門制訂都市階層體系、劃定生活圈與國家發展之理論基礎，足見其重要性。雖然我們認為中地理論所揭示的中地階層、服務圈等基本現象均確實存在於聚落體系中，但是，它建議的是一個過於簡化的、靜態的、不完整的單一樹狀結構，

與現實的差距極大。同時，中地理論不考慮以下的可能因素：工業區人口消費力較低、交通可及性低、市場競爭、技術進步等，這些因素都將造成理想化的模型，在現實世界中不容易出現。後來，A. Losch 於 1954 年出版 *The Econimics of Location, II. Economic Regions* 一書，提出「經濟地景模型」，以改良傳統中地理論僵固的六角形市場圈的缺失。

以台灣為例，行政院經建會（國發會的前身）所劃定生活圈的結果，基本上就是「中地理論」都市階層體系的體現，如表1.1 與表1.2。

表1.1 台灣生活圈之發展沿革表

計畫名稱	西元	最小單位層級	生活圈	劃設準則
台灣地區綜合開發計畫	1979	鄉鎮市區	3 個層級、35 個生活圈： 1. 地方生活圈兼全國政經文化中心 2. 地方生活圈兼區域中心 3. 一般生活圈	都市之主要機能與規模層級
國土綜合開發計畫	1996	鄉鎮市區	3 個層級、20 個生活圈： 1. 都會生活圈（6 個） 2. 一般生活圈（11 個） 3. 離島生活圈（3 個）	都市之發展強度與區位
國土空間發展策略計畫	2010	縣市	7 個生活圈： 北北基宜、桃竹苗、中彰投、雲嘉南、高屏、花東、離島	地理區域

資料來源：作者整理。

表1.2　台灣未來國土空間架構

空間架構	空間架構
區域階層四區域	北部、中部、南部、東部
地方階層 20 個生活圈 都會生活圈（6 個） 一般生活圈（11 個） 離島生活圈（3 個）	台北、桃園－中壢、新竹、台中、台南、高雄 宜蘭、基隆、苗栗、彰化、南投、雲林、嘉義、新營、屏東、花蓮、台東 澎湖、馬祖、金門

資料來源：作者整理。

（十）1933 年國際現代建築協會（CIAM）提出《雅典憲章》

　　國際現代建築協會始終以追求優良的人類居住環境為宗旨，幾度熱烈討論「機能性都市」後，終於得到都市四大功能：居住、工作、娛樂、交通。此四大功能後來也成為各國都市計畫共同遵行的普世價值以及揭櫫的願景目標。

（十一）1943 年芬蘭規劃師 E. Saarinen 提出「有機疏散理論」

　　E. Saarinen 在他寫的 *The City － Its Growth, Its Decay, Its Future* 這本書中，主張「有機疏散大都市」的計畫思想。他認為，不一定要新建獨立於中心城市的衛星城，而建立可與中心城市密切聯繫的「半獨立城鎮」即可。赫爾辛基設計的規劃方案，因高昂經費而未完成。

1.1.2 第二階段：1950-70 年代，理性的綜合規劃模式主導

　　理性的綜合規劃模式主導了 20 世紀前 50-60 年的都市計畫，並且在二戰後凱恩斯國家干預主義盛行時期達到高潮。綜合規劃的理論與思潮在規劃實踐中，廣泛受到學院派喜愛，以美國為例，都市及區域規劃系蔚為風潮，奉為另一項學術新典範，例如賓州大學、西北大學、康乃爾大學等名校，當時

台灣不少前往美國進修深造的留學生，亦以此一理性的綜合規劃模式為主修課程，並獲得博士學位，回國後在大專院校或都市規劃實務界，都居於領導角色。

（一）計量方法與模型

當然，理性的綜合規劃模式是必須以計量方法及模型為基礎，方能有效展開。因為從社會發展背景來看，現代都市計畫的起源脫離不了 19 世紀工業化及都市化的影響，特別是，當市場失靈是西方現代都市計畫產生的基礎之際，理性與科學乃成為它尋求解決困境的萬靈丹。眾所周知，有關都市規劃的方法與理論，例如人口預測、土地使用調查、不動產調查、交通規劃以及計畫方案評估與選擇、官方部門的決策等，也都在二戰後，被陸續提出來並覺得迫切需要，加上 1960 年代，電腦被運用在都市計畫領域後，計量的分析方法與模型，即廣泛受到運用與重視。我們似乎都感受到，在此一理性的綜合規劃與計量革命掛帥的時代，似乎在很大程度上，規劃已取代了市場對空間配置的作用，但是，弔詭的是，畢竟計量模型不是萬能的，當預測遇到規劃實務或政治層面時，往往也將會導致規劃失敗。

（二）區域發展與規劃

此理論主要的理念是要能夠避免自然發展形成的都會區，因未做全盤綜合的考量，而導致人口規模與分布、土地使用、交通運輸與公共設施等之不合理與無效率的發展。有關區域成長的理論，早在 1930 年代，即見於 C. Cleric 與 A. G. B. Fisher 提出的「部門理論」（Sector Theory）。之後，「發展階段理論」、「成長極」理論等，均屬之。直至 1950 年代以後，開始傾向以國家層面的經濟成長來解釋區域成長。至於區域發展應用在規劃作業中的案例，例如，1940 年美國田納西流域開發計畫，以及其後陸續推動的舊南部、新英格蘭區以及洛磯山區等區域性計畫均是。

（三）1957 年法國區域經濟學家 F. Perroux 提出「成長極理論」（Growth Pole Theory）

該理論主要思想在於區域發展是區域極化與波及擴散效果的結果。Perroux 將成長極分為三種類型：（1）產業成長極、（2）城市成長極、（3）潛在的經濟成長極。成功的國家，包括：巴西、馬來西亞、中國：珠三角、長三角、環渤海地區。

（四）1960 年代西方工業化國家強調區域規劃、國土規劃、都市更新的重要性

此一時期以美國區域計畫學家 J. Friedmann 與 P. Hall 最具有代表性，此二人之著作相當多且頗具影響力，成為這一代都市計畫界的大師級人物。他們的主要思想是要有計畫的國土綜合開發以及區域內全面的經濟和社會規劃。

（五）1960 年代美國都市計畫學者 K. Lynch 提出「城市形式主義」

K. Lynch 出版 *The Image of City* 一書，提出「城市形式主義」，A. Rapoport 提倡環境行為學，建築學者 C. Alexander 出版 *Pattern Language* 一書，他們均強調城市意象與美學，主張市民知覺的空間形式的必要性，不應被規劃師所忽略。值得一提的，K. Lynch 主張「都市意象」五元素——節點、地標、通道、區域、邊緣，儼然成為當時人們用來瞭解一個城市的快速又有效的工具，同時也相當程度地影響了規劃師的調查方法與計畫方案的擬定，因此，Lynch 的理論在當時學術界亦引發一陣風潮，並成為主流思想。

（六）1961 年美國著名的都市史學者 L. Mumford 出版 *The City in History*

本書榮獲美國 1961 年國家書卷獎得主，整理不同時期城邦、城市、現

代都市、都會區的演變歷史。

（七）1960-70 年代環境規劃理論

1962 年，美國女作家卡遜（R. Carson）在其著作 *Silent Spring* 中，首度描述地球環境惡化的景象。1972 年羅馬俱樂部出版 *The Limits of Growth*，提出「零成長」（Zero Growth）的概念，呼籲世界停止無止境追求成長而過度破壞環境。面對生態環境的課題，美國率先於 1970 年通過《國家環境政策法案》（NEPA），聯合國人類環境會議也在 1972 年通過《人類環境宣言》及《基本原則宣言》，呼籲各國加強對環境的關注。此後，有關環境影響衝擊的研究與分析，不但成為都市規劃中的必要的章節，而且，各國政府規劃建設部門也訂定有關環境影響評估與環境影響說明書等制度，一般社會大眾亦開始有了「環境規劃」的概念與認識，各國的環境保護團體也如雨後春筍般地出現，給予政府任何的重大建設可能帶來的環境衝擊，進行了有效適度的監督，但是，衍生而來的抗爭行動卻也層出不窮。

1.1.3 第三階段：1970-90 年代，新馬克思主義都市理論、新都市主義與文化保存新典範

1960 年代後期至 1970 初期，政治學、經濟學以及社會學領域的新自由主義與市民社會思潮逐步興起，社會科學研究中的複雜性以及都市進化過程的不確定性思潮確立，因此，理性的綜合都市規劃模式，開始受到廣泛地批判。此時，所謂「新馬克思主義都市理論」、「新都市主義」與「文化保存」，開始塑立成為都市研究中的新典範，前後主導了都市計畫學院派的論述長達近 30 年，有些國家的都市政策與實踐受到影響，它儼然成為一股都市研究的新思潮與新典範，影響後人深遠。

（一）1970 年代初期 -1990 年美國、歐洲新馬克思主義學者

　　主要思想：新自由主義和市民社會思潮興起，理性的綜合規劃模式受到批判，政治經濟學崛起，取代傳統的實質規劃。

　　重要的代表性學者，包括：

1. M. Castells 之著作及論文甚多，其中以 *The Urban Question*、*The City and the Grassroots*、以及 *The Political Economy of High-Technology* 三本書最為著名，成為當時研究新馬克思主義都市理論的經典之作，在台灣，都市計劃、地理、社會、建築、地政等大專院校科系之師生，列為必讀的教科書。在書中，Castells 為了「都市危機－集體消費（公共設施）－社會結構的表現」三者之間關係，建立一套理論，並且援用若干都市實例，作為佐證。他更進一步提出「跨文化的都市變遷理論」，主張：都市意義＋都市功能＝都市形式，此一公式，可說是完全顛覆傳統的實質規劃模式，提供了學院派與實務界一個全新的思維。Castells 最新的著作是 2004 年出版的 *The Network Society － A Cross-Cultural Perspective* 一書，這本書是 Castells 主編的一本探討網絡社會模式與變遷的著作，彙集了若干社會科學學者分析了在文化和組織多樣性的環境下，技術變化過程與社會文化的交互作用，研究內容涵蓋了商業生產率、全球金融市場、網路文化與媒體、Intel 在教育和醫療保健中的應用、反全球化運動、網路政治效應等多項領域，經驗研究案例包括美國、英國、芬蘭、俄羅斯、中國、印度、加拿大以及加泰羅尼亞等多個國家和地區，這是一本針對現今網路社會與全球化都市所產生的各種效應，進行銳利分析並提出批判的專書。

2. D. Harvey 之著作及論文甚多，其中以 *Social Justice and the City* 與 *The Urbanization of Capital* 二本書最為著名，成為當時研究新馬克思主義都市理論的經典之作，同樣的，在台灣，都市計劃、地理、社會、建築、地政等大專院校科系之師生，列為必讀的教科書。Harvey

在學術界的地位與知名度，與 Castells 同等齊名，前者為地理學家，後者為社會學家，彼此相互輝映。在書中，Harvey 主張：資本積累空間生產理論，透過資本積累探討都市過程的問題。

3. D. Massey 曾經擔任英國地理學會理事長，是一位傑出的女性地理學者。*Spatial Divisions of Labor* 一書可說是她的代表著作之一，值得一讀。

4. A. Scott 亦是一名著作相當豐碩的地理學者，著作及論文甚多，成為當時研究新馬克思主義都市理論的經典之作，同樣的，在台灣，都市計劃、地理、社會、建築、地政等大專院校科系之師生，列為必讀的教科書。Scott 在學術界的地位與知名度，與 Harvey、Castells 同等齊名。他所寫的其中一本書：*The urban land nexus and the state*，主張：商品生產與土地使用模型決定都市土地連結（都市化）理論，對於都市計畫學界造成一股風潮，讓規劃工作者開始重視商品生產與土地商品交易之影響力。

5. E. Soja 出版 *Postmodern Geographies* 一書，強調後現代地理空間思潮，主張把空間視為社會的產物。此一主張也是新馬克思主義都市理論之典型觀點，應該受到重視。

6. A. Pred 出版 *Place, Practice and Structure* 一書，提出「地方理論」，主張：地方是歷史上不必然發生的過程五元素，包括：（1）生產與分配計畫、（2）文化與社會形式的沉澱作用、（3）個人傳記的形成、（4）自然地景的轉型，以及（5）權力關係的建立、再生產與轉型。此一理論的五元素，讓規劃師重新思考傳統實質規劃的不足，除了計畫方法外，應該還要考量生產分配、文化力量、政治權力等因素的作用。這也是一種屬於宏觀的新馬克思主義都市理論，給予傳統的實質規劃的新啟示。

（二）1972年聯合國通過《保護世界文化與自然遺產公約》

此公約呼籲世界各國服膺並確切落實「保存對世界人類具有傑出普遍性價值的文化或自然遺產」之信念。此後，文化保存新典範與都市規劃相輔相成，甚至凌駕於都市規劃之上，從各國訂定法條，「當都市規劃建設工程遇見古蹟或文化遺址時，必須停止開發行為」此一規定來看，的確是如此。

（三）1977年國際建築協會《馬丘比丘憲章》

此一憲章與1933年的《雅典憲章》對比起來，強調公眾參與、保護文化遺產，也強調城市各部分有機地連結，否定物質空間決定論，主張各類都市群體、社會交際與政治結構，才是影響都市生活的主要變數，也否定規劃是終極狀態，而應該重視城市規劃的過程與動態性。

（四）1980年代美國提倡新都市主義（New Urbanism）、仕紳化、緊密城市（Compact City）

基本思想：回復大都市中心區的活力，重新整治鬆散的郊區。

1.1.4 第四階段：1990-21世紀的今天，全球化理論、世界城市、創意城市

自1990年代，都市計畫學界開始關注大都市的全球化理論，並提出世界城市的理念。在新的理論提出的同時，新的都市計畫思潮與模式也開始構建，並呈現多元化格局。規劃的權力重心逐步向基層的社區轉移，政府、非政府組織、市民團體以及開發商之間的談判與交易制度，愈見熱絡與成熟，以應對多變化的市場，進而提高都市計畫的效率。正當「全球化理論」、「世界城市」理念開始塑立成為都市研究中的新典範時，各國大都市之間的競爭與合作趨勢，愈加明顯，所以，此時乃逐漸形成「大都市之間的競合」與

「地方社區發展」二者，並駕齊驅的規劃模式，主導了都市計畫學院派的論述已近10餘年，許多國家的都市政策之制定，亦開始增加了「國際化」此一因素，足見此一最新階段的理論，儼然已成為一股都市研究的新思潮與新典範，影響後人深遠。

（一）1990年以美國都市計畫學者為主，提出「世界城市」概念

最具代表性的人物，包括：S. S. Fainstein 出版 *The Global City: New York, London, Tokyo* 與 *Cities in a World Economy* 二本書，以及2010年最新著書：*The Just City*；A. King 撰寫的 *Global Cities* 一書；P. Hall 撰寫的 *The World Cities* 一書；以及 J. Friedmann 的論文 "The World City Hypothesis"。這些重要的學者均一致提出世界城市概念，探討大都市的全球化理論。

值得一提的，當全球化城市理論與實踐已漸成熟之際，S. S. Fainstein 在她2010年最新所寫的 *The Just City* 一書中，特別提出所謂「公平正義城市」的概念，作為全球化城市理論與實踐的一種反省。她主張在當今全球化資本主義式的政治經濟脈絡下，都市規劃師與政策決策者應該去思考：如何透過「公平」、「多元化」與「公共參與」的途徑，讓都市居民獲得更好的都市生活品質與物質上的幸福，因此，她整合了三個核心觀念：「多元化」（diversity）、「民主」（democracy）與「公平」（equity），並且認為必須把它們當作是哲學上的課題，加以認真思考。在書中，她以這三個標準去檢驗二戰後紐約、倫敦與阿姆斯特丹三個全球化城市所提出的住宅與都市發展計畫，結果發現：只有阿姆斯特丹完全符合此三項標準，紐約與倫敦只有在「多元化」一項中符合，而不符合「民主」與「公平」二項標準。由此看來，與過去的學者不同，Fainstein 提供一個具挑戰性的方法，進行都市發展方案的評估，提醒當今都市規劃師與政策決策者重新思考：一個全球化城市如何在「經濟發展－社會公平、多元化－政治民主」三者之間找到平衡與妥協，甚至得到「綜效」此一嚴肅的議題，所以，此一理論當然可以成為她

在 21 世紀的一項學術貢獻。從 Fainstein 的理論出發，讓我想到「計劃理論」（planning theory）與「都市公平性」（urban justice）二者之間的連結，當今都市規劃師如何去創造一個更公平的都市，那麼，必須回到去探討所謂「好的城市」的概念與研究調查之論述上才行，如果「公平」是所謂「好的城市」唯一的元素的話，也許「好的城市形式」或「環境永續性」，都是有可能幫助我們達成「都市公平性」的目標。又從 Fainstein 在書中檢驗紐約、倫敦與阿姆斯特丹三個都市的情形來看，我們得知，任何特定的都市政策如果要能夠最滿足此三項準則的話，那麼，勢必要能夠隨著不同時空作改變才行，這也驗證了「都市規劃的動態性與開放性」此一說法，同時，它似乎也告訴我們一個事實：都市規劃師與政策決策者不可能明確得到一個最進步、最令人滿意的都市政策，但此並不意謂著我們無法建立評鑑都市政策好或壞的標準。

（二）2000 年中國俞孔堅等人提出「反規劃理論」

　　俞孔堅是哈佛大學設計學博士，創辦北京大學設計學研究院，出版著作 15 部，確立景觀設計學科在中國的地位，9 度獲得美國景觀設計師協會的年度設計獎，以及國際建築獎、景觀獎等多項成就榮譽。他主要思想為：規劃不僅在規劃建築物部分，更要保護好留空的非建物用地。他提出「反規劃理論」：倡導「天地－人－神」和諧的設計理念。他主持設計遷安三里河綠道、哈爾濱群力國家城市濕地公園、雨水公園、秦皇島湯河公園、世界濱水中心等計畫，都能夠獲得榮譽設計獎，實屬不易，值得肯定。當新世紀的規劃師正在反省過去規劃過度著重量體與設施的增加所造成的負面效應時，俞孔堅的「反規劃理論」主張「建築空間與景觀的平衡、人與自然的和諧」，正好提供了最佳的理論基礎與哲學思想，在台灣，規劃工作亦有朝向所謂「減法哲學」、「減量設計」的趨勢，正在推動的農村再生計畫，即為明證。

（三）2008 年智慧城市

主要思想：充分運用資訊科技於城市與產業規劃中，實現智慧型（Smart）管理。成功的國家或城市案例，包括：美國 IBM、台灣經濟部、高雄市、日本大阪北梅田、U- 首爾、數位城市香港、美國 Milpitas 矽谷科技城市、愛爾蘭科技企業島、瑞典等。

（四）21 世紀世界各國推動「創意城市」

主要思想：探討勞動空間分工、文化創意經濟與新都市理論之間的關係。重要的代表性人物，包括：C. Landry 與 M. Sasaki、R. Florida、A. Markusen、A. Pratt、A. Scott 等人，他們都有出版專書與發表論文，值得一讀。根據陳瀅世等人的觀點（2015, 2016），自從 Landry（2000）有感於社會經濟快速的變遷，提出「創意城市」（Creative City）的概念，主張創意城市研究議題可以由創意城市指標的建構，到從創意城市觀點探討創意城市的發展，此一主張鼓勵爾後幾年陸續舉辦的創意城市國際論壇，在都市計畫學術界，對於全球化城市再起中之文化創意經濟所占有的關鍵角色的理論研究，也發揮了重大的影響。例如，Florida（2002）提出所謂「創意階級」（Creative Class）此一概念後，創意城市之規劃更加蓬勃展開，各大城市紛紛效尤並制定政策加以實施，同時，他提出的創意城市經濟發展 3T 理論：科技（Technology）、人才（Talent）、包容（Tolerance），此三條件缺一不可，成為受人矚目的研究方向。Pratt（2008）認為創意城市會吸引創意階級或高科技產業人士居住，進而提升該城市的消費層級與水準。但是，Scott（2006）以及 Markusen 與 Schrock（2006）都批評 Florida 的理論缺乏一個可應用於特定的地方經濟的發展理論。Scott（2008）更進一步提醒，全球化大城市雖然擁有空前的創新創意能力，但是社會仍然存在著文化與經濟不平等的情況，這不僅是所得分配的問題，還涉及到公民意識與民主問題，它們會使得創意城市難以實現，而且，光有創意人才，是不足以長時期維持都市

創意性的，還必須將學習與創新加以動員起來才行，這正是 Scott 堅持採用「創意領域」效果的理由所在。Scott（2006）提出「創意領域」（Creative-field）此一概念來建立他的創意城市理論，主張在都市脈絡下，所謂（1）都市生產（production）、（2）就業工作（work）與（3）社會生活（social life）三者將會形成一種鐵三角的關係，當此一關係逐漸變成穩定的結構狀態時，那就表示成功建立了一個創意城市，創意（Creativity）也從此在都市中蓬勃展開，這也正是都市決策者制定政策時必須要去關注的焦點。他所謂「創意領域」效果（Creative-field effect），基本上是由以下三項關鍵元素所共同構成：（1）創意人才（creative people）、（2）學習（learning）與（3）創新性（innovation），此三者綜合交互的結果，乃形成「創意領域」效果，此乃歸功於此三項關鍵元素之間的關鍵性連結，這正是 Scott 堅持採用「創意領域」效果的理由所在。同時，此一「創意領域」效果將會產生許多正面的都市「綜效」（Synergies），更重要的，當都市生產、就業工作與社會生活三者關係能夠協調融合之際，都市決策者即可消除過去都市空間中一些社會被剝奪地區的不均衡發展現象。

由此可見，一個城市要發展成為「創意城市」，文化創意資本經濟與都市社會之協調融合，至為重要。此一點可以從 Scott 在他於 2006 年發表的 "Creative Cities: Conceptual Issues and Policy Questions" 乙文中，即已提出呼籲，得到證明。二年後，2008 年他再度在他的專書 *Social Economy of the Metropolis: Cognitive-Cultural Capitalism and the Global Resurgence of Cities* 中，特別以「認知文化創意資本經濟與都市社會之間的協調融合」的重要性，作為這本書的結論，尤其強調在發展創意城市的過程中，文化創意經濟、都市空間形式必須與在地社群產生連結、一致性及互動才行，這可以從書名冠上 "Social" 與 "Economy" 二字，得到證明。

根據陳坤宏（2013）的分類，創意城市的發展可分成三種模式：（1）波隆尼亞型社會資本模型，例如波隆尼亞、金澤市；（2）佛羅里達型創意階

級模型，例如橫濱市；（3）社會包容／草根性模型，例如大阪市。其中，模式一採取「文化的生產模式」，強調文化生產與文化消費達到平衡，以及消費可以刺激生產，高雄駁二藝術特區，即屬此例。與此一模式相近，Markusen、Pratt 與 Jacobs（1984）提出的創意城市理論是屬於「文化為基礎的生產體系」，台南市神農街與台中市宮原眼科，即屬此例，尤其是神農街的西佛國、永川大轎、慢慢鳩生活木作、五七藝術工作室、太古、文青好好笑等文創商店，近年來已成為神農街的標竿性商店。

　　特別值得介紹的是 Scott 於 2008 年所寫的 *Social Economy of the Metropolis: Cognitive-Cultural Capitalism and the Global Resurgence of Cities* 這一本書，全書探討勞動空間分工、文化創意經濟與新都市空間之間的關係，強調都市生產、都市就業、都市社會生活、都市創意性等層面，對於未來的創意城市的新空間型態的作用力與影響，此一思維與過去都市計畫有所不同，是一種創新的計畫思維，相信將有助於我們建立新的都市理論。由於「創意城市」已逐漸成為當今重要的都市計畫思潮之一，所以，本人在此進一步推薦以下三本最新的英文書給讀者，分別是：（1）T. A. Hutton 寫的 *Cities and the Cultural Economy* 一書（2016 年出版）、（2）Kong Lily, Ching Chia-Ho 與 Chou Tsu-Lung 三人合寫的 *Arts, Culture and the Making of Global Cities: Creating New Urban Landscapes in Asia* 一書（2015 年出版）、以及（3）A. Watson 主編的 *Rethinking Creative Cities Policy* 一書（2015 年出版）。其中，T. A. Hutton 在書中，特別指出創意經濟與階級所產生的都市衝突與社會經濟效應，似乎在呼應 Scott 於 2008 年所寫的那本書時的預感與擔心，雖然 Hutton 發現新的文化經濟已經開始重新形塑都市勞動力、住宅與不動產市場，對於仕紳化與隨時會變動的就業型態確實有幫助，進而產生社區再生與都市活力提升的好結果，不過，他仍然提醒我們要注意，近年來全球景氣持續低迷之際，文化創意市場的彈性變化與不確定性所可能帶來的社會經濟後果。Kong Lily, Ching Chia-Ho 與 Chou Tsu-Lung 三位學者透過北京、上

海、香港、台北與新加坡等五個城市與國家的觀察，發現它們都極力想在文
化與藝術的創意生產與消費上努力規劃建設，藉以躍居成為全球化城市，就
像長期致力於全球化城市研究的著名學者 S. Fainstein 所說的，這本書嘗試
去闡明藝術與文化是如何改變一個城市的實質特性，這對於讀者如何認識亞
洲大都市的動態變化，是有幫助的，同時，也可以讓讀者體會到全球文化的
日趨重要性。

表 1.3　都市理論進化一覽表

興起年代	理論提出人	理論	主要思想
19 世紀初期	英國 R. Owen 法國 C. Fourier 法國 Comte de Saint-Simon	理想的社會主義	烏托邦式的規劃思想 R. Owen「新和諧村」實驗，兩年失敗
1898 年	英國 E. Howard	花園城市 *Garden Cities of Tomorrow* 都市面積 6,000 英畝（2,428 公頃），都市 1,000 英畝、農地 5,000 英畝，容納 32,000 人，13.2 人 / 公頃 每一華德（ward）容納 5,000 人	城鄉磁吸與協調、花園城市、社會改造 現代都市計畫的奠基人之一 平衡住宅、工業和農業區的比例的都市計畫理念 二處新市鎮實驗成功： 1.Letchworth 2.Welwyn 美國、加拿大、澳洲、阿根廷、德國建立一批花園城市，英國新城鎮法案制訂大量建設花園城市。 應用到以色列特拉維夫市（Tel Aviv-Yafo）的建設

興起年代	理論提出人	理論	主要思想
20世紀 1901-1915 年	美國美國社會	城市美化運動	1893年芝加哥萬國博覽會的影響 1901年水牛城泛美博覽會 1915年舊金山泛太平洋國際博覽會
1922年	法國 Le Corbusier	300萬人口的現代都市 *The City of Towers*	出生於瑞士的法國人，祖母是猶太人 高層建築和立體交叉 都市集中主義 20世紀最重要的建築師之一，「功能主義之父」，國際現代建築協會（CIAM）的創始成員 反「反大城市」思潮，主張全新的都市計畫，既可維持人口的高密度，又可形成衛生寧靜的城市環境 未來的都市是由許多的公寓組成
1915-1927 年	1915年美國 G. R. Taylor 1922年英國 R. Unwin 1925年美國 C. R. Purdon 1927年美國 R. Whitten	衛星都市論 *The Building of Satellite Towns* 提出新的衛星都市理論	制訂倫敦計畫，正式提出「衛星城市」概念 衛星都市第1、2、3、4代
1929年	美國 C. A. Perry	鄰里單元計畫 鄰里單元160英畝，容納約5,000人，居住密度10戶／英畝（25戶約100人／公頃），學童徒步上學不超過800公尺	都市滿足家庭生活基本需要 制訂紐約區域規劃方案時，提出居住區計畫理論，體現了《雅典憲章》的功能主義 實驗成功： 1. 美國紐澤西州雷特朋計畫（Radburn） 2. 英國 3. 蘇聯興建的「小區」 4. 台灣的都市計畫

興起年代	理論提出人	理論	主要思想
1930 年代	美國 R. Park, E. Burgess, H. Hoyt, C. D. Harris and E. Ullman	芝加哥學派：同心圓、扇形、多核心理論 *The City*	整合人類生活、社會結構與都市空間三者之關係
1932 年	美國 F. Lloyd Wright 中間名由林肯改成洛伊，以榮耀母親家族	Broadacre City 廣域城市 1. *The Disappearing City* 2. *Broadacres* 「有機建築」：相信建築設計應該達到人類與環境的和諧。名言：「造型與機能密不可分」 「醫生能埋葬錯誤，建築師卻只能勸告雇主種植葡萄樹」	平面發展 都市分散主義 流水山莊（Falling water）曾被稱許為「美國史上最偉大的建築物」，美國國家歷史地標 「最偉大的美國建築師」 超過 1000 個設計，完成 500 棟建築，著作 20 本與許多文章 美國的一些州有實現其理論（居住 2.5 人 / 公頃，分散至農地中）
1933 年 1954 年	德國 W. Christaller, 　　　 A. Losch K＝3 市場原則 K＝4 交通原則 K＝7 行政管理原則	中地理論 經濟地景模型 *Central Places in Southern Germany* *The Econimics of Location, II. Economic Regions*	明確中地與腹地之關係、都市階層體系之建立 Losch 提出經濟地景模型，改良傳統中地理論的缺失
1933 年	國際現代建築協會（CIAM）	雅典憲章	討論「機能性都市」 都市四大功能：居住、工作、娛樂、交通
1943 年	芬蘭 E. Saarinen	有機疏散理論 *The City － Its Growth, Its Decay, Its Future*	有機疏散大都市 他認為不一定要新建獨立於中心城市的衛星城，而建立可與中心城市密切聯繫的「半獨立城鎮」即可 赫爾辛基設計的規劃方案，因高昂經費而未完成
1950 年代	西方工業化國家	郊區化	人口與經濟分布超越城區界限

興起年代	理論提出人	理論	主要思想
1957 年	法國 F. Perroux	成長極理論 （Growth pole theory）	區域發展是區域極化與波及擴散效果的結果 三種類型： 1. 產業成長極 2. 城市成長極 3. 潛在的經濟成長極 成功的國家： 1. 巴西 2. 馬來西亞 3. 中國：珠三角、長三角、環渤海地區
1960 年代	西方工業化國家 美國 J. Friedmann, 　　　P. Hall	區域規劃、國土規劃 都市更新	有計畫的國土綜合開發以及區域內全面的經濟和社會規劃
1950-60 年代		理性的綜合規劃模式主導	
1960 年代	美國 K. Lynch	城市形式主義 *The Image of City*	強調城市意象與美學，主張市民知覺的空間形式
	A. Rapoport	環境行為學、領域圈的層級性	
	C. Alexander	*A Pattern Language*	
	F. S. Chapin	行為價值觀模式	
	Yi-Fu Tuan	Topophilia 戀地情結觀念	
	C. N. Schulz, E. Relph	垂直／水平結構	

興起年代	理論提出人	理論	主要思想
1961 年	美國 L. Mumford Contents 1. Sanctuary, Village, and Stronghold 2. The Crystallization of the City 3. Ancestral Forms and Patterns 4. The Nature of the Ancient City 5. Emergence of the Polis 6. Citizen Versus Ideal City 7. Hellenistic Absolutism and Urbanity 8. Megalopolis into Necropolis 9. Cloister and Community 10. Medieval Urban Housekeeping 11. Medieval Disruptions, Modern Anticipations 12. The Structure of Baroque Power 13. Court, Parade, and Capital 14. Commercial Expansion and Urban Dissolution 15. Paleolithic Paradise: Coketown 16. Suburbia － and Beyond 17. The Myth of Megalopolis 18. Retrospect and Prospect	*The City in History* 本書榮獲美國 1961 年國家書卷獎得主	整理不同時期城邦、城市、現代都市、都會區的演變歷史
1960-70 年代	美國 R. Carson 羅馬俱樂部 美國《國家環境政策法案》（NEPA） 聯合國《人類環境宣言》及《基本原則宣言》	環境規劃理論 *Silent Spring* *The Limits of Growth*， 提出「零成長」概念	

興起年代	理論提出人	理論	主要思想
1970 年代初期－1990 年	美國、歐洲新馬克思主義學者 M. Castells	1. *The Urban Question* 2. *The City and the Grassroots* 3. *The Political Economy of High-Technology*	新自由主義和市民社會思潮興起，理性的綜合規劃模式受到批判 政治經濟學崛起 都市危機－集體消費（公共設施）－社會結構的表現 跨文化的都市變遷理論 都市意義＋都市功能＝都市形式
	D. Harvey D. Massey	1. *Social Justice and the City* 2. *The Urbanization of Capital Spatial Divisions of Labor*	資本積累空間生產理論，透過資本積累探討都市過程的問題
	A. Scott	*the urban land nexus and the state*	商品生產與土地使用模型決定都市土地連結（都市化）理論
	E. Soja	*Postmodern Geographies*	後現代地理空間思潮，把空間視為社會的產物
	A. Pred	*Place, Practice and Structure*	地方理論：地方是歷史上不必然發生的過程五元素
1972 年	聯合國	《保護世界文化與自然遺產公約》	保存對世界人類具有傑出普遍性價值的文化或自然遺產
1977 年	國際建築協會	《馬丘比丘憲章》與《雅典憲章》的對比	強調公眾參與、保護文化遺產，強調城市各部分有機地連結
1980 年代	美國	新都市主義（New Urbanism） 仕紳化 緊密城市（Compact City）	回復大都市中心區的活力，重新整治鬆散的郊區

興起年代	理論提出人	理論	主要思想
1990 年	美國 S. S. Fainstein	1. *The Global City: New York, London, Tokyo* 2. *Cities in a World Economy* 3. 2010 年最新著書： *The Just City*	提出世界城市概念，探討大都市的全球化理論
	A. King	*Global Cities*	
	美國 P. Hall, J. Friedmann	*The World Cities* *The World City Hypothesis*	
2000 年	中國俞孔堅等	反規劃理論：倡導「天地－人－神」和諧的設計理念 哈佛大學設計學博士 創辦北京大學設計學研究院 出版著作15部 確立景觀設計學科在中國的地位 9 度獲得美國景觀設計師協會的年度設計獎，以及國際建築獎、景觀獎等多項成就榮譽	規劃不僅在規劃建築物部分，更要保護好留空的非建物用地
2008 年	美國 IBM 台灣經濟部、高雄市 日本大阪北梅田 U- 首爾 數位城市香港 美國 Milpitas 矽谷科技城市 愛爾蘭科技企業島 瑞典	智慧城市	充分運用資訊科技於城市與產業規劃中，實現智慧型（Smart）管理
21 世紀	世界各國 C. Landry and M. Sasaki R. Florida A. Markusen A. Pratt A. Scott	創意城市	探討勞動空間分工、文化創意經濟與新都市理論之間的關係

資料來源：作者整理。

1.2 不同階段經典：都市理論的歷史定位與經典啟示

基於以下三個原則：（1）在不同的時代背景與現實環境下，會產生不同的都市理論，分別是19世紀中葉工業革命至1930年代充滿著社會理想主義的年代、處於計量革命與理性計算的1950-70年代、以及1970年代後期各個國家或都市開始發生巨大的政治與社會變動年代。（2）不同的都市理論代表著都市典範的轉移（paradigm shift），分別是烏托邦理想國社會規劃、理性的綜合規劃、以及新馬克思主義都市理論與文化保存規劃等三個典範，此三個典範乃被國內外都市與區域計畫學院派與教科書奉為圭臬，至為重要。（3）此三個不同歷史階段的經典都市理論，不但述明了它們之間的差異性，並且其演進的脈絡關係，已不言而喻。由此，本人選取第一階段：烏托邦理想國與社會理想思潮、第二階段：理性的綜合規劃模式主導、以及第三階段：新馬克思主義都市理論、新都市主義與文化保存新典範，進行細緻的論述，並且分別選定 Ebenezer Howard、Kevin Lynch 以及 Manuel Castells 三位具有舉足輕重的學者，分別代表此三階段的都市理論，更重要的是，這三位學者的理論具有明顯對照的優勢與缺失，便於本人進行論述延續與理論批判。因此，針對個人生平、學習過程、發明理論的背景、理論隱含的計畫思潮、應用案例、學術價值與信仰、歷史評價與定位、啟示與批判等層面，加以論述，期待讓讀者對於不同階段的都市理論，能夠有一更深刻的認識。

1.2.1 Ebenezer Howard 的「花園城市」理論

（一）學術價值與信仰

根據 F. J. Osborn（1945）的看法，Howard 所寫的 *Garden Cities of To-morrow*（1965）這一本書的貢獻在於，他預見到不久的將來，都市中心會往外擴張、自由資本市場與社會控制同樣受到規劃師的重視、民主權力也會

下放、志願式的合作關係等，這些趨勢與風潮，都將促使 Howard 的城鎮規劃觀念，導向一種團隊合作與流動不居的過程。

　　根據 Howard 的花園城市思想所建設的 1903 年第一個花園城市 Letchworth 之後，實際上並未帶動廣泛流行的新市鎮計畫風潮，以 1898 年英國人口數 1,100 萬人以及居住單元 400-500 萬單元來推估，至少應該要有 300 個市鎮，可是，當時卻只有 Letchworth 與 Welwyn 二個新市鎮，容納居住人口少於 4 萬人。其原因是英國當時的生育率下降、家庭規模變小的結果，造成英國人不需要大面積的房屋，城市中心區之住宅區每英畝的家庭數目或居住單元反而增加，相反的，當時的美國城市，由於往郊區的大量移民以及渴望住大房子的心理，造成明顯的郊區化，甚至形成許多座落在郊區的次要小核心，以分擔都市中心區的功能與角色，最後造成內城區的衰頹與被棄置。原因二，Howard 的花園城市思想本來希望發展出所謂「社會城市」（social cities），獨立於都市中心區之外，沒想到卻被許多的移民搶先占據外圍地區，就為了得到寬敞的居住空間，寧可多花費通勤上班的時間與交通費用，造成當地居民的社區生活變得薄弱甚至遭到破壞，而且接近鄉村也愈變得困難，最後只能夠留在市中心區，此時，花園新市鎮的理想，其必要性自然降低，進而也就無法達成了。當時英國的公共政策是支持私人企業投資於商業區位選擇、交通與建築上的，所以，當然會造成城市發展形式很大的影響，例如，1939 年美國的中心商業區不受控制的發展，很明顯的就違背 Howard 的期待，幸好，Howard 的計畫思想，卻讓英國避開了一場對都市社會的傷害，這是值得慶幸的。

　　在台灣，「中興新村」就是一座花園城市，它的都市計畫與造鎮美學完全實現了 19 世紀末英國提出的「花園城市」（garden city）概念。中興新村都市設計並建造完成於 1957 年，設計師包括著名的建築菁英楊卓成、修澤蘭等人，仿造英國倫敦「新市鎮」（New Town）模式而設計完成，是台灣早期都市計畫的重要典範之一，成為學院派的教科書，占地約 200 公頃，規劃

500 戶，成為辦公與住宅合一之田園式的行政特區，居住密度約 12.5 人／公頃，此一標準與 Howard 的花園城市之計畫密度 13.2 人／公頃，極為接近，低密度且不允許向外圍蔓延發展，街道與建築排列整齊，公園道、完整的下水道、供水系統以及全台首開先例的電線電纜地下化，在在證明這是一個全新且成功的「計劃性都市」，而且成為台灣新市鎮建設的開端，同時，社區巷道採取囊底路設計，容易形成敦親睦鄰的情感與強烈的社區意識。值得一提的，中興新村保存了台灣最完整的文官宿舍群，歸納出 40 幾種形式，使得這裡被視為建築科系的活教材。中興新村集合了居住、工作、娛樂休閒、交通、遊戲、教育、商業活動、行政等機能於一身，歷經半世紀，目前成為台灣中部地區著名的觀光休閒勝地，Howard 期盼的「社會城市」理想得以落實，另外，他所擔心的當地居民的社區生活遭到破壞、對都市社會的傷害等問題，似乎在中興新村並沒有發生，足見英國都市規劃師 Howard 的計畫思想，能夠在台灣實驗成功並且開啟一場都市計畫革命的新頁，真可說是跨時代與跨國的經典之作。當您問到中興新村的住戶居民，住得好嗎？他們的答案很一致，都說：「很好」，當您問到在台灣的大學任教於都市計畫、建築、都市設計、土地管理、土木工程等科系的老師，台灣著名的都市計畫成功案例在哪裡時，絕大多數會不經思索地回答：「中興新村」，同時，其他縣市的居民也會嚮往住在中興新村。由此可以證明「中興新村」是台灣第一個成功的「新市鎮計畫」，完全實現 Howard 的花園城市思想，倘若 Howard 有知的話，必定感到欣慰。後來，台灣陸續規劃建設的林口、淡海、大坪頂等新市鎮，其成果明顯不如中興新村，原因很多，歸納結果，人口與產業或就業無法配合、交通通勤不易、房價被投機客哄抬等，為其主因，但是，這些負面因素在中興新村是不存在的，所以，「中興新村」花園城市作為一個「新市鎮計畫」，它是成功的。

另外，2013 年在台南市安南區規劃建設的「九份子重劃區」，號稱全國第一個生態社區，朝向宜居城市設計，亦富含了「花園城市」的概念，市政

府期待能夠發展成為一個位於市中心外圍的舒適怡人的居住環境。一條寬度60公尺的藍帶水域空間貫穿整個社區（照片1.1），與九份子大道呈現十字交叉，主導全區空間軸線的發展，只有劃設住宅區，沒有商業區與工業區，只允許相容的商業與服務業類別，供應居民基本的生活機能，規劃一所

照片1.1　九份子生態社區舒適怡人的水域空間（資料來源：作者拍攝）

國小與一所國中以及數個鄰里公園，已可滿足居民之居住、工作、娛樂、交通四大功能。

（二）歷史評價與定位

Howard 出生於倫敦，21 歲時第一次前往美國，在1898 年完成 *Garden Cities of To-morrow* 這本書前又再度拜訪美國，因此，Howard 的都市計畫思想可說是在倫敦與美國之間形塑而成的，Osborn 說 Howard 是發明家，獲得獎項無數，贊助並支持 Howard 的花園城市思想的學會，遍布許多國家，包括法國、德國、荷蘭、義大利、比利時、波蘭、塞爾維亞、西班牙、蘇聯以及美國。雖然如此，Howard 的花園城市思想仍然可以修正，例如，區域與地方的土地分區劃設保留的農業區，在當今都市發展趨勢下，其必要性將會降低；綠帶也將可能被地主擁有變成私有土地了。另外，Osborn 也質疑 Howard 克服大城市擁擠的策略，實際上，擴張都市土地範圍，未必就能夠確保其他鄰近土地之地價不會上漲，因為這種看似符合邏輯與公平的原理，往往會在政治運作下遭到失敗，易言之，Howard 犯了一個計畫上的錯誤，那就是：他以為設計建造許多新社區，然後把許多的產業從擁擠的市中心區

遷移過去，就可以解決市中心的地價問題，事實上，Howard 在他的書中，卻語帶保留，並沒有針對此一問題的細節與策略，進行強有力的主張。所以，過了 100 多年，我們回過頭來檢視現在英國的都市，令人驚訝的是，外圍郊區並沒有衰敗，而市中心區仍舊依然乾淨且明亮，如此的結果，正是如同前面所說的，正是因為英國與美國都市在本質上與郊區化上的差異所造成的。

　　根據美國都市發展歷史學家 L. Mumford（1945）的高度評價，Howard 所寫的 *Garden Cities of To-morrow* 這本書，主導了當代的城鎮計畫運動，影響後世甚巨，更重要的是，它的貢獻在於營造了一個以生活為中心的都市文明，尤其在西歐自 19 世紀中期開始萌芽並蓬勃發展的工業革命、完全以生產為中心的時代裡，更顯現出它想要重新建立新都市文明的企圖心與決心。所以，我深刻體會到，如果一本書能夠引發「運動」、創立「文明」，就如同任何一場「革命」，對於人類社會都是劃時代的驚天之舉，Howard 的 *Garden Cities of To-morrow* 這本書，是做到了。Mumford 更將 Howard 的「花園城市」與「飛機」，並列為 20 世紀初期人類的兩大發明，Howard（霍華德）亦可與 Leonardo da Vinci（達文西）同享齊名，成為全人類共同尊崇的人物。Mumford 認為，Howard 偉大之處在於，並不是他提供了技術性計畫手法，而是他提醒了規劃師面對每一個新的都市型態時，花園城市思想只是一個「圖式」（a diagram），我將它稱為「先驗圖式」（a schema），一個真實的城市，則必須依照它的真實狀況，將此一「圖式」進行改變、採取適應才行，如此規劃城市，才會成功。就像 Messrs, Unwin 與 Parker 規劃設計 Letchworth 時，避開了使用 Howard 那種機械式的固定圖式城市計畫，加入了中古世紀德國山坡地城鎮的配置，結果卻是美好的，另外，Hertford-shire、Buckinghamshire、或者是位在美國加州的 San Bernardino Valley、Columbia River Valley 等地區，規劃師都是抱持此一理念進行規劃設計。對於都市規劃師而言，這是非常重要的一點，畢竟 Howard 是一位社會學家、

一位政治家，他所提出來的主張一定要有其普世性品質才行。

　　Mumford 認為，Howard 的花園城市思想，最主要的貢獻在於他勾勒出一個所謂「均衡性社區」（balanced community）的本質，面對市中心與外圍鄉村之間關係時，提出一個理想模型。當時在歐洲工業革命發展的結果，造成像倫敦、巴黎、柏林等大都市的市中心區，在人口、都市空間尺度與財富，都呈現明顯的成長，但是在市民的社會生活上，並未有收穫，比較諷刺的，這些大都市卻需要花費大筆經費來解決衛生問題與清理貧民窟，由此看來，當時大都市的市中心區，並不是居民最理想的居住環境。在鄉村，雖然擁有新鮮空氣、陽光、令人心曠神怡的別墅、寧靜的夜晚以及在市中心區所缺乏的商品，卻有另一種的貧乏，包括：缺乏人際伴侶、缺乏合作努力、農業逐漸失去地方市場、失業、如同都會區貧民窟那種不自由與無生氣的生活等，這些問題，看起來不是靠單純地把產業從市中心遷移到鄉村，就可以解決的。所以，Howard 乃主張人們要的是一個「均衡的生活」（balanced life），能夠讓人們得到他想要的完整生活，一個好的社區就是要有能力去支持這樣的完整生活才行，而如此的一個好的社區，就是要依靠城市與鄉村的結合，方才做得到，這麼一來，所謂田園式的健康生活、衛生、各項活動、都市知識的學習、都市技術設施的提供、政治上的合作等，都將可以讓人們加以獲得，結論是，要達成這種城市與鄉村互相結合的手法，就是「花園城市」。以我的觀點，「花園城市」思想，從模型表面上來看，它是在處理都市與鄉村有關人口成長、實質空間型態、社區中都市機能的安排等議題，實際上，它是在論述如何去復甦都市生活以及去提升鄉村生活的知識性與社會性。這一點，對於當今台灣面對都市計畫或農村再生工作的政府部門與專家學者來說，猶如得到灌頂般的啟示，提醒我們不應該像過去一樣，一直陷入在以都市計畫技術與制度的泥淖之中，而應該跳脫出來，多多關注都市的社會面、生活面與政治面，或許這才是都市計畫的本質所在，也是我們要共同努力追求的目標。在此引用 Howard 在他的這本書中對於「花園城市」的定

義，作為最佳註解。他說：「花園城市不是郊區，它反而是郊區的對照組；花園城市也不是撤退到鄉村，它對於建立一個有效率的都市生活來說，更扮演著整合的基本力量。」（*The Garden City, is not a suburb but the antithesis of a suburb; not a more rural retreat, but a more integrated foundation for an effective urban life.*）

（三）經典啟示

眾所周知，都市計畫本來就帶有濃厚的理想色彩，以我身為都市計畫學院派的成員來看，Howard 不像許多大膽的作夢者，他是一個務實的發明家，因為他的計畫思想幫助了全世界第一個花園城市 Letchworth 被發明出來，並且成功地加以實踐，接著，第二個花園城市 Welwyn 也問世，展現在世人面前，此時，Howard 的計畫理念已成為全世界所有規劃師的共同資產，除此之外，在此一同時，他的計畫理念也在全球造成影響，包括荷蘭的 Hilversum 計畫、法蘭克福－美茵的 Ernst May 衛星市鎮、以及 Wright 與 Stein 提出的雷特朋計畫，都是受到其計畫思想的啟發。甚至，號稱「現代都市計畫學術殿堂」的美國，過去一世紀來，也不時看到 Howard 計畫思想的成份與影響力，例如，最早期的新英格蘭村落的傳統建築，其實就是一種非正式的花園城市；還有，新英格蘭的工業城、紐約與麻州的 Shaker 社區、猶他州的鹽湖城，它們除了規劃具有烏托邦理想的市中心區外，也都訂定了高標準的實質空間與社會生活規範，影響深遠，可見一斑。近年來，Howard 的計畫思想更被大量地應用到美國的都市計畫上，特別是加州與太平洋西北岸，將人口集中疏導至擁有大片土地的都市地區，像洛杉磯、舊金山海灣地區、波特蘭、以及西雅圖，此一計畫不僅有效地延緩這些地區之自然資源遭到掠奪的命運，而且也挽救了自然出生率下跌（如同瑞典與英國）的困境。最重要的關鍵是，Howard 的計畫思想在過去的幾十年，都已經成為在美國的各項大小型計畫中的重要元素，也成為美國國家資源規劃局

及其相關部門的工作之一，例如，在他們的一份研究報告 *Our Cities* 中，就針對將市中心區視為一個自我維持系統看待，尤其是都會區，而暫緩將製造業遷移至外圍郊區的計畫，進行了詳細規劃。由此可見，Howard 的計畫思想，確實是對美國的調查者與規劃者，在觀念上產生了重大影響，美國的調查者與規劃者也從 Howard 的 *Garden Cities of To-morrow* 這本書上，吸收並學習到很多功課。因此，Mumford（1945）最後總結，給予 Howard 一項最高的評價，他說：「Letchworth 與 Welwyn 這二個花園城市，到了今天依然在教導美國的都市規劃師，但是，*Garden Cities of To-morrow* 這本書所要傳達計畫理念的貢獻，卻是比教導別人如何做規劃，要來得大，因為 Howard 的計畫思想，已經為人類的都市文明的新世紀，奠定了堅固的基礎，進一步的說，所謂「都市文明的新世紀」，係指一個人的生活方式可以達成他（她）所要的生存目的，而他（她）正好居住在一個生物多樣化且經濟有效率的都市中，進而可以達到社會與個人實現的境界。」Mumford 這一短短的幾句話，即已註解並確立了 Howard 的計畫思想的學術價值與歷史定位，也給了全人類一個非常經典的啟示。

1.2.2 Kevin Lynch 的「城市意象」理論

（一）學術價值與信仰

The Image of City（1959）這本書為 K. Lynch 與 G. Kepes 主持之 MIT 都市研究中心的研究成果，該中心經費由洛克菲勒基金會贊助，本書即為 MIT 都市研究中心與哈佛大學工學院聯合出版叢書之一，該基金會之宗旨在於推動此二機構在都市研究上的工作。

藉由本書的分析，有助於著手進行都市設計或都市更新的工作，Lynch 的都市概念雖已創立多年，迄今仍影響世界各地的都市計畫。東方都市在本質上與西方不同（例如：缺乏中心節點、廣場），欠缺 Lynch 所倡導的概

念，不過，城市是提供人們使用的，各具有不同的背景、職業與興趣，如何設計一個合乎現代化的大都市，就要把各種要素安排得宜，並且合乎視覺美感，使人們居住其中心曠神怡，這一本書就能作出這一方面的貢獻。

Lynch 在 *A Theory of Good City Form*（1981）這本書的開頭，提出一個人類最原始、最本質的問題：「什麼能夠創造一個好的城市？」此一問題看似毫無意義，因為城市太複雜、也太難以控制、也影響到太多文化差異性很大的人們，原本以為可以透過都市計畫工具提出理性的答案，後來才發現「價值」（values）成為創造一個好的城市過程中最棘手處理的問題，也往往成為無法讓創造一個好的城市此一任務達成的關鍵。這本書雖然提出一個好的城市的通則性聲明，但是當這些聲明遇到「人類價值與城市的實質空間之連結」時，就變成只是部分理論，而非全面性的，這就是我們在處理都市計畫工作時，最常碰到的「普遍價值與特定行動無法一致協調」的問題，此時，教科書上所謂的通則性聲明，將如同受到限制般的，無法施展。所以，Lynch 就把「價值與城市」放在第一部分加以探討，之後才在第二部分提出好的城市形式理論，目的在於鼓勵都市計畫工作者，那怕價值問題難以處理，也不要失去信心，在所謂好的城市形式理論操作下，仍然會對於城市有所作為，關鍵在於人人都知道什麼才是一個好城市，但如何去達成它，才是嚴肅課題，因為人們所追求的價值，往往在科學分析此一結構中被隱藏起來，進而被忽略甚至無法處理。Lynch 乃以「規範理論」（Normative Theory）與「功能理論」（Functional Theory）加以區隔，進行面對。

（二）歷史評價與定位

談到都市計畫中的「價值」，P. Davidoff 與 T. Reiner（1973）在 "A Choice Theory of Planning" 一文中，也肯定其重要性。他們認為，計畫過程應該包括（1）價值形成、（2）方法確認、與（3）效益評估三部分。其中，價值形成是第一步驟，足見「價值」的重要性，特別指出事實與價值的關

係、規劃師的責任、顧客的訴求等面向，提醒都市計畫工作者在達成使命過程中，不可忘記的信仰，藉此，都市計畫工作者再進一步進行價值的分析與價值的評估。值得一提的是事實與價值的關係，所謂「事實」（Fact）是「X is Y」，是一種事實的陳述，而「價值」（Value）是「X ought to Y」，是一種道德、偏好、準則、目標的陳述，例如，英國的規劃師就會認為「都會區應該被綠帶環繞起來」一樣。另外，事實與價值二者息息相關，例如，事實的陳述與分析會影響一個人的價值，反過來說，一個人的生活經驗會呈現出他（她）的價值，而此一價值是由他（她）對於事實的瞭解而來。

美國加州大學柏克萊分校城市計畫與建築學系 D. Foley 教授，曾經發表過二篇有關倫敦區域研究的論文，對於英國的城鎮規劃相當有心得，他在一篇題目名為：“British Town Planning: One Ideology or Three?”（1973）的文章中，明確指出英國的城鎮規劃的三項主要意識型態，包括：（1）提供一個調和的、均衡的與有秩序的土地使用配置，（2）提供一個更好的實質環境，進而創造出健康的與市民主義的生活品質，以及（3）城鎮規劃屬於廣泛的社會計畫的一部分，有責任提供更好的都市社區生活，例如低密度住宅區、在地社區生活、控制郊區無限制的成長等。依照此一城鎮規劃意識型態與計畫邏輯來看，我們就很容易瞭解，為什麼英國的都市計畫始終會主張密度管制、綠帶規劃、管制就業人口大量集中（尤其是工業人口）等的必要性，並加以納入計畫之中的理由了。

（三）經典啟示

總結而言，以 K. Lynch 的理論為代表的「城市形式主義」都市理論，由於對空間結構產生重大意義，所以，在都市計畫理論與實踐之發展歷史上，占有一席之地。根據陳坤宏的觀點（2012），主要有下列三點：

1. 強調由人類經驗所得到的主觀的環境意象與意義，這種從人類存在空間中的經驗此一角度來觀照空間組成及其意象的研究取向，似乎比新人文生

態學（例如 A. H. Hawley、O. D. Duncan 的觀點）更突顯出人類在環境（空間）發展過程中的角色。

2. 強調城市環境的本質是多重性的，包括實質屬性與文化、社會向度。因此，城市環境的特性不應只由實質屬性來加以展現，還應該由社會文化、經濟與政治層面共同展現才屬完整，亦即研究者應該觀照到身處城市環境中之個人、群體及其所發生的各項活動的情感性、象徵性與價值性的意義。此點與新人文生態學（例如 W. Firey、L. Wirth 的觀點）具有相似之處。

3. 一般而言，這一支理論比較強調個別不同形式與性質之空間的意義與組成關係，並給予一個具有形式化意味的分析，而對於各空間之間是如何被結構起來的過程及其方式，則未做交待。因此，嚴格說來，這一支理論所探討的主題應屬「空間形式」、「空間組織」，而非「空間結構」研究。

在方法論上，這一支理論之計畫思想具有其正面評價與問題，根據陳坤宏的觀點（2012），主要包括下列五點：

1. 根據 R. J. Johnston 的看法，這一支理論流派的研究內容與方法論，均是以地方感、人類的空間意象與經驗以及空間形式的文化等觀念為主要的焦點（尤其是 K. Lynch, C. N. Schulz, Yi-Fu Tuan, D. Canter, A. Rapoport 等人的理論），因此，比較符合 R. D. Sack 所謂「空間是一種思惟方式的基本架構」的論點（Johnston, 1986: 88-99）。

2. 這一支理論流派屬於人文主義地理學的一支，其理論研究的目標並不在於提高解釋與預測能力，而在於增進觀察者（研究者）以一種詮釋的方式對於被觀察者（研究對象）的理解。這正是研究者與研究對象之間所謂的詮釋性關係（Johnston, 1986: 94）。

3. 就知識論的觀點，人文主義式的研究途徑強調知識的主觀性，即人們作為一種有思想的動物，以其意圖性來創造世界。就本體論的觀點，人文主義式的研究途徑則認為知識僅由存在人類心靈中加以獲得。因此，它們探討的主題不外乎存在空間涵構中之人／環境以及人／人之間的相互關係，而經

由這些主題的瞭解，將有助於個人瞭解他本身，增進個人自我認識的深度，並且促使人們改善生活品質（Johnston, 1986: 95-96）。

4. R. J. Johnston 提到實證主義學者與結構主義學者對於人文主義式的研究途徑的批評：（1）實證主義學者認為它們過於主觀且較不科學，因此，較不關心晚期資本主義世界中更加客觀性狀況的創造。（2）結構主義學者認為它們過於強調個人－原子的結果，將會扭曲事實。因為在外在環境的限制下，個人的自由就無法如此地任意作為（Johnston, 1986: 95）。

5. 最後，若干學者對於 K. Lynch 的空間意象研究提出兩點批評：（引自夏鑄九，1987：124-126）

（1）人類主體、地景價值均脫離特定的社會歷史條件

　　　K. Lynch 對城市形式的理論角度可說是一歷史地、社會地以及制度地建構了的認識論的模型，而烏托邦的價值觀經常在他的知識旅程之中被當作是預擬未來空間形式之基礎。K. Lynch 的觀點仍然預設了一組既定社會的價值與其邏輯。例如，對他而言，處理「環境」這個觀點時，這詞語是以一組流動與相對主義的觀點面向現實，也不能以嚴格的因果關係方式來進行分析（Francis, 1983: 133）。在處理形式及其脈絡組織間的關係時，形式經常被 K. Lynch 當作是知覺經驗上的已知事物（perceptual given），而非分析性地看到它關乎一歷史地束縛在社會關係中的意識結構（structure of consciousness）。處理形式與人之間的關係時，人被分類為階級、種族、個性或角色（Lynch, 1971: 97）。階級被當作在收入、地位、聲望、心態之中影響使用者行為模式與環境意象的一項因素，而非在特定之歷史情況中的一組社會關係，亦即，人是使人們彼此相接觸的經濟關係的人類承擔者。K. Lynch 將主體變為一可自由飄浮的、與社會結構條件脫離的人類代理人。處理形式與價值的關係時，價值被當作一種文化上既有之喜好，而非追溯其社會與歷史的根源。換言之，困難不在於瞭解城市是一被賦予了價值的地景（valued landscape），而是在於發現為何一價值被安置於特定的社會歷史條件之中，它是如何關係著社會經濟關係的邏輯，以及價值能經由什麼方式變成一種文化的事實，使分化了的個體得以建立共識。處理意象的分類時，五種視覺元素：通道、邊緣、地區、節點與地標，當作分析過程中一「先驗的」度量（Hudson, 1982: 263-264），而非特殊的空間類型、空間類別、空間語彙、或在特殊社會歷史脈絡中的空間原型。

（2）環境意象獨立於意識型態之外

K. Lynch 之理論模型從未視意象為意識的一部分，亦即，從未將感覺形式看待為一意識型態的表徵（現）（ideological representation）。換言之，意象或象徵與社會生存的經濟與社會認識現實間的關係必須被處理。此一論點再細分三點加以論述。〔1〕首先，由社會實踐來認識意象，既然意識型態表示了個體對其生存的真實條件的一想像關係（Althusser, 1969, 1971: 162），環境意象是一意識型態的特殊表現，即人們以一種想像的空間形式來表示他們生存的真實條件。意識型態是一具體社會關係的產物，它將個體建構為主體，使其接受定位於生產關係中的角色，使用者意象或環境象徵的研究，必須考慮空間形式的特殊性與社會實踐的關係才行。也就是說，環境意象有其與社會實踐的相對自主性。環境意象處於社會關係的情境之中，並被束縛在生存的經驗之中。環境意象的意義與轉化僅能由它與歷史所指定的社會實踐情況的關係來瞭解（Castells, 1972, 1976, 1977: 217）。〔2〕其次，方法論與專業上的疑旨。為何在 K. Lynch 之理論視角之中不可能分析環境的意象？方法論方面的理由是他沒有任何嚴格的科學工具與新觀念來知道以及解釋意象。F. Jameson 將意象圖（認知圖）繪製、地圖繪製、地球儀製作的製圖過程，當作是社會繪圖與象徵的表現。他在意象與意識型態之間開展了一個新向度與新見解，這也是 K. Lynch 從未涉足之地帶。意象圖繪製被當成像一個前製圖操作中的旅行路線的繪製。基於一項經驗主體

感覺與生存的訊息，環境意象以一個主體為中心的圖解組織起來。在某種程度上，它必須與對現實的抽象、科學的知識統籌調和起來（像地圖繪製）。然而，現存未解決的困難是生物上與方法論上「不能表達」的問題，而非「不能知道」的問題（就像沒有真正的地圖這個難局），包括媒體與語言的本質結構、表徵（現）符碼的性質、以及我們如何能看到不同歷史情況中，作用著的與活生生的意識型態的生產（Jameson, 1984: 84-92）。生物與意識型態的限制根植在主體從事的社會活動之中，這些社會限制事實上由生產方式的功能與過程中的角色所結構。所以，方法論上的批評是研究工作所必須的過濾器——為了避免文化的偏見而形成一個與意識型態的距離。我們進一步用 F. Jameson 的邏輯來指出 K. Lynch 方法論的盲點。K. Lynch 的工作完全受限於其方法論，他的工作完全被其專業的論述所限制——即城市形式的疑旨。他沒有新的工具來暴露（知道以及表示）作用著的意識型態。〔3〕最後，在實踐的感覺活動與空間的意義上，有別於一般形式主義的取向，K. Lynch 經由人類知覺——主體的感覺經驗來處理形式。即使如此，感覺形式與環境意象的觀點僅僅植基於一個簡單的、唯心的經驗主義模型，而與歷史及社會的脈絡脫離。

1.2.3 Manuel Castells 的「新馬克思主義都市理論」

（一）學術價值與信仰

這一支理論流派的起源，必須回溯到 1980 年代當時的都市所處的政經脈絡與社會狀態。1980 年代面對世界各城市的問題，不論是發展或衰退，在尚未被診斷之前，它們都無法被有效解決。底特律的種族暴動、巴黎的廢墟城鎮、紐約的財政危機等，似乎無法單獨看待。第三世界雨後春筍般的城市出現，發展一段時間之後的毀滅或都市蔓延，都必須放到經濟、社會福利

與權力政治性之間錯綜複雜的網絡關係中來剖析，才能真正探討其成因以及提出有效解決方案。所以，Castells 寫 *The Urban Question* 這本書，其宗旨即是幫助我們找到現代都市問題的特徵、成因以及對症下藥，這是一種意識型態的都市社會分析手法，與過去傳統都市計畫強調實質規劃的途徑，是不同的。Castells 利用巴黎的都市更新、英國的新市鎮、美國的都會區為研究對象，進行具體的經驗資料的調查與理論的分析，不論是都市更新、新市鎮規劃、都會區問題，本來就都是都市計畫學院派理論研究的重心，如果再加上這本書的英文版增加智利都市問題以及魁北克的鬥爭議題，那麼，更會讓社會學家、都市規劃師、地理學者覺得，要瞭解當今都市的發展或當今的衝突時，這本書絕對是不可或缺的。就像 C. G. Pickvance 說的：「*The Urban Question* 這本書是在法國新的（馬克思主義）都市社會學的思想風潮中產生的學術作品，它的目的不只是重新界定都市社會研究領域，先是針對傳統都市社會學（都市化）提出批判，再來企圖為重構的都市社會學奠定馬克思主義的基礎。」由 Pickvance 對這一本書的高度評價，即可讓我們深刻體會到這本書的都市理論，在將近 100 年來都市理論史中，扮演著劃時代的里程碑地位，深深影響與建構都市計畫學院派全新的學術研究途徑與思維，引起並帶動新的一波學術辯證風潮，頗具貢獻。

（二）歷史評價與定位

這本書成書於 1970 年代後期，此一時期正是各國都市面臨後工業化產業轉型所產生的諸多困境，偏偏傳統的都市計畫無法有效解決之際，這本書從批判都市問題的內部著手，發展出一套新的論述工具，卻帶給都市計畫學院派一個驚喜，赫然發現都市問題是來自於都市以外的社會、經濟、政治與意識型態等面向，而非都市本身，而且這些面向錯綜複雜的作用的結果，使得都市問題之層次更加提升，也更加難解，正當都市計畫工作者體會到此一事實，並為此感到挫折時，所謂「新都市社會學」（New Urban Sociology）

的理論研究風潮，自此展開，當然期待其研究成果能夠在解決都市問題上，有所斬獲。從此一觀點來看，Castells 的貢獻的確不小，也足以讓他在學術界占有一席之地。Castells 特別發現都市新問題，絕大多數是因為社會實踐所引起，所以，如果說：「都市問題本質上是社會問題」，是可以被大多數人接受的。他更進一步指出，當民主政治與自由經濟成為世界主流價值時，都市問題勢必要在「理論－實踐」一體性的研究途徑中，才能獲得解決，尤其在當今，說明白一點，其實就是「政治實踐」，在「政治實踐」中，解決都市問題。由此可見，Castells 看待都市問題的視野，完全與傳統都市計畫不同，成為一種都市研究的新典範。

（三）經典啟示

　　以 M. Castells 的理論為代表的「新馬克思主義都市理論」，不論在都市理論、都市政策與實踐、或都市研究上，的確成為一股新思潮與新典範，所以，在都市計畫理論與實踐之發展歷史上，自然占有一席之地。在方法論上，這一支理論之計畫思想具有其正面評價與問題，根據陳坤宏的觀點（2012），主要有下列四點：

　　1. 從全球世界體系、世界分工的宏觀觀點出發，分析在資本主義發展邏輯下，已開發國家與開發中國家因政治、經濟及文化社會等層面上不對稱、不均質關係所產生空間現象的結果。易言之，空間結構的表現乃反映了社會、經濟與政治過程對它的塑造結果。這種從政治、經濟與文化過程來解釋空間發展的元素的研究途徑，可說是該一理論流派最主要的特色，也是最重要的貢獻所在。總之，該一理論流派教我們欲解析空間結構，必須將空間現象放回其形成的社會與歷史脈絡之中才行。

　　2. 該一理論流派所談論的空間體系是一種開放體系的建構，不論是都市或區域地理（空間）均是在世界經濟、政治與社會發展的影響下，與其他國家或社會發生密不可分的關聯。由此可見，任一空間結構的形成均是在受制

於其他國家社會或與其他國家社會之間相互作用、影響下所塑造而成。最明顯的例子是，將第三世界國家（例如台灣）的都市或區域空間結構看做是一種依賴發展的結果，亦即邊陲國家與中心國家之間所謂依賴、宰制關係之結構性發展的結果。同時，由於它所探討的是一種開放性的空間體系，將空間現象的發展放到政治、經濟與社會文化脈絡中來加以檢驗。因此，對於其空間結構的過程（structural process）就有一較完整的交待，這是德國古典經濟學、芝加哥人文生態學空間結構理論所未有的。

3. 該一理論流派屬於結構主義式的研究取向，具有如下四點的特色：（Johnston, 1986: 97, 109, 122, 134-135）。

（1）它們對於被觀察現象的解釋，是必須要在用來支持所有現象存在的一般結構中來尋找，而非由現象的經驗研究來產生。

（2）由於歷史唯物論關注的是所謂背後隱藏的結構，因此，它們的「解釋」並不受到經驗上的檢證的限制。它們的方法是一種推測理論（Conjectural Theory）的發展，它們提供社會中的各種關係用以解釋經驗現象。這是一種既不是演繹法、也不是歸納法的方法，稱為 Retroductive Method 。

（3）它們是以一種整體的、全貌的觀點（holistic perspective）來進行被觀察現象的分析與研究。同時它們也是一種所謂去定義（Dedefinition）的社會科學研究方法，亦即舉凡現象的分析並不從定義出發，而是從現實的狀態出發。

（4）從認識的觀點來看，它們認為知識並非是由證據的累積而來，而是來自理論的發展，而理論的發展是用來解釋存在社會中的各種變遷力量、提供人們去經驗社會的理解程度、以及表明可加利用之各項具有智慧的手段。很明顯的，像這樣的研究取向是很難被人們所接受，因為它們無法被檢證的緣故。但是，事實上，對於馬克思主義者而言，理論的檢證並非用來解釋某一特定的現象或

事件，而是用來作為一個活生生的實踐的基礎，是以行動是否成功或失敗為判準，而此一活生生的實踐，是會在人們從宰制解放出來的過程中造成重大改變。

4. 該一理論流派大部分的論點均基於對現有發展趨勢作批判式的、悲觀的預測，而非對真實的發展過程與可能產生的空間形式進行嚴格的科學分析。再者，它們幾乎將所有事情描述成為一種對資本主義危機的反映，而忽視當今一些具有正面效果的元素（例如都市經濟活動、高科技等）的重要性。而且，對於被觀察的現象均屬一般性的掃描，較少去區分哪些現象是必須的或不變的狀況。同時，其理論中若干重要的概念如階級、都市危機等，均很困難去做經驗性地檢證。所以，這一點理論上的批判，給了我們一個啟示，那就是：當一心執意信奉一個時髦的理論的同時，也必須要有謙卑反省的心態，才能夠讓我們的學術視野更加寬廣，成功地讓學術工作更接近完美真實的成就。

1.3 都市理論新思維：邏輯與結構

1.3.1 何謂「理論或模型」

根據本人的見解，所謂「理論或模型」（theory or model），必須含蓋以下要素：（1）觀念（concept）、（2）定義（definition）、（3）原理（theorem）、（4）變項（variables）、以及（5）先驗圖式（schema）或架構（framework）。而所謂「寫書」，與「研究報告」是截然不同的。「寫書」是用來教導或引導別人學習，因此，將文獻或學者的觀點以及自己的觀點加以陳述清楚，最為重要。所以，我在寫這本書的第七章「新都市理論」時，將會提醒自己應該要把握上述「理論或模型」的五個要素，除了將文獻或學者的觀點以及自己的

觀點，加以陳述清楚外，還要再搭配經驗研究個案加以輔助驗證或說明，進行應有內容之撰寫。我相信，惟有把握上述「理論或模型」的五個要素，方能建立一個成功的理論──也就是符合「一致性、可預測性、永續性」的好理論。這正是我要求這本書所有作者撰寫每一章時面對「理論或模型」的共同基本態度。

1.3.2 寫書要領與策略

為了簡化寫書的思維邏輯，我提出一個「三圈同心圓」的思維，作為寫書要領的依據，同時期待這本書所有作者撰寫每一章節時，均具有如此的思維。

（一）第一圈：瞭解 A. Scott 撰寫 *Metropolis*（1988）與 *Social Economy of the Metropolis*（2008）二本書時的基本主張與論述觀點。

（二）第二圈：看看台灣的現實與經驗案例。

（三）第三圈：論述自己的觀點。

最後，經由以上三圈的思維後，應該可以提出自己的新理論。

同時，我也提出所謂「三要策略」──要聚焦、要取捨、要提出新理論觀念，作為寫書的策略。那麼，如何做到聚焦取捨呢？我建議：

（一）首先，要求大家擬定各章的各節名稱、各段落標題以及撰寫內容時，就以這本書的副標題：「勞動分工、創意經濟與都會空間」為依據，去加以進行，就可以有所聚焦與取捨了。

（二）然後，各章所提出的新理論觀念，就是要呼應這本書的正標題：「都市理論新思維」，而且一定要有「空間」向度才行，亦即，不論是都市生產、就業、社會生活、創意性、都市治理等，談到最後收尾，提出的新觀念理論時，一定要投射在「都市空間」之上，如此方才符合書名與這本書的宗旨，就像 A. Scott 於 1988 年 *Metropolis* 一書之第 3-6 章談論都市生產，各章

分別討論生產組織、聚集經濟、生產空間與都會內部區位後，最後仍然回到
都會空間；第 7-9 章談論都市就業，各章分別討論勞動力市場、空間領域再
生產與轉型、高科技複合體的新空間後，最後仍然回到都會空間，如此就會
完全呼應他這本書的書名：「Metropolis」，A. Scott 這種寫書的策略與手法，
值得我們學習。這也是我要求這本書所有作者撰寫每一章時面對「寫書要領
與策略」的共同基本態度。

1.3.3 都市理論新思維：本書的邏輯與結構

本書共分為七章：第一章「都市理論與實踐」、第二章「都市生產」、第
三章「都市就業」、第四章「都市社會生活」、第五章「都市創意性」、第六
章「都市治理」、以及第七章「新都市理論」。

在第一章「都市理論與實踐」，本人首先將近代與現代的都市計畫的歷
史，分成四個階段，進行都市理論與實踐的回顧。接著，依循此一脈絡，本
人選取第一階段：烏托邦理想國與社會理想思潮、第二階段：理性的綜合規
劃模式主導、以及第三階段：新馬克思主義都市理論、新都市主義與文化保
存新典範，進行細緻的論述，並且分別選定 Ebenezer Howard、Kevin Lynch
以及 Manuel Castells 三位分別代表此三階段的都市理論學者，針對其學術價
值與信仰、歷史評價與定位、經典啟示與批判等層面，加以論述，並提出個
人的主張，不但期待讓讀者對於不同階段的都市理論，能夠有一更深刻的認
識，同時也可提供本書思維新都市理論的基石。

在第二章「都市生產」，本章聚焦於都市生產系統的變遷與都市空間轉
型之間的關聯性。從工業革命到後工業化發展，城市的產業活動漸趨多樣
化，都市對於產業發展極具重要性，不僅提供多種形式的勞動力，對於產品
與服務的高度需求也推動了消費。而都市空間與產業發展變遷的相互影響
下，全球化發展使得都市內、都市間與跨國際的企業生產連結，成為當前都

市空間轉型的挑戰。本章首先耙梳以往產業空間理論的演進，從而探討不同產業類別與空間區位上的對應。而產業競爭優勢、空間群聚與全球生產網絡連結，則進一步勾勒出全球化所帶來的勞動空間分工與全球產業位移現象。最後，本章提出從製造到智造，討論數位資訊化與網絡化的數種趨勢將會帶來產業型態的多元化、產業組織的空間延伸，而產業的發展基礎則由原本的生產要素逐漸轉變成知識與文化的含量，勾勒出產業空間與都市發展的新想像。

在第三章「都市就業」，探討都市的發展與其就業結構與空間分布的歷程，從本章的回顧與討論中可以發現，都市就業形成了一個集中、分散與再集中的過程，然而這個集中、分散與再集中的過程，都有其不同的涵義與對空間治理的啟示。都市就業一開始的集中，始於19世紀的工業化所帶來的產業製造、科技進步，造成人口遷徙並往都市聚集，開始形成城鄉截然不同的結構。而隨著科技的進展與生產結構的改變，使得專業分工不斷細分，而大量製造與降低成本的壓力，使得工業先進國開始將工廠外移至海外。然而近年來，產業發展與結構強調創新而非製造，強調創業而非就業，強調知識而非資本，造成另一波都市就業的集中，都市就業呈現強者越強的趨勢。從台灣六都歷來的就業結構來看，也一樣呈現出強者越強的趨勢，使得城鄉差距、所得差距、就業機會差距都沒有隨著時間而縮小，反而更形擴大，而這些都將成為未來城鄉治理與社會發展之巨大挑戰。

第四章「都市社會生活」，指出都市是具社群異質性與多元文化的高密度空間。交通易達性佳、供給工作機會皆促使都市成為具正向拉力的節點，吸引勞動力與資金匯集，巨型城市的出現正是都市化與全球化、在地化的體現。都市居民、外來移民的社會生活實踐，包含居住空間（常民社區、門禁社區）與休閒空間（大眾公共空間、消費空間）挹注都市地景新元素。都市勞動力分工影響都市的空間結構，並導致貧富差距。都市運動與正義的認同政治，乃透過集體力量來革新社會生活秩序。

　　第五章「都市創意性」，本章論述都市創意性之核心要素，以及創意城市理論與創意指數。經濟觀點下，文化資源作為創意產業的中間投入，創意成為進階 the city 3.0 的元素，涉及創意環境條件，募集創意空間彈性化，以至創意時代呈現的都市意象與行銷，最後創意之於都市更新，所引發的文化復興之聲。創意經濟概念應用到都市經濟時，文化與藝術成為創意資產，塑立地方獨特性，吸引創意階層，建立創意產業，影響都市發展定位，因此強調文化資產是創意城市的核心價值。

　　第六章「都市治理」，談到當代都市發展多元而豐富，從建築、交通、經濟、政治、文化、甚至藝術，均需因應區域社會變遷而有不同典範與差異的思與為。過去的都市管理，注重由上而下的領導與管理，政府全然負責；現代的都市，則重視多元社會與公民參與的由下而上的動能，這些動能對於形塑都市生活內涵與景觀，有不可忽視的力量，也是都市的在地化與特色化發展的重要過程，因此稱為都市治理。本章以當代都市治理概念為核心，介紹其學術發展的社會環境基礎、其與新自由主義政治經濟發展的關係，並以國內外的案例，說明都市治理的精神與體現，作為讀者瞭解都市治理對於社會文明／文化變遷的意義與重要性，最後結論並以創意都市的概念說明都市治理的可能獨特性與在地化的理路。

參考文獻

王鴻楷、陳坤宏（1989），有關都市商業設施空間結構的一些理念，**台灣大學建築與城鄉研究學報**，4（1）：1-18。

孔憲法、林峰田、黃萬翔（2003），**台灣城鄉發展**，台北：國立空中大學。

陳坤宏（2012），**都市－空間結構**，高雄：麗文。

陳坤宏（2013），**城鄉關係理論與教育**，高雄：麗文。

陳瀅世、林育諄、涂函君、吳秉聲、蘇淑娟、陳坤宏（2015），**文化經濟在都市空間發展的體現與歷程：台灣四個都市個案比較的理論意涵**，中國地理學會2015年年會暨地理學術研討會，台北：國立臺灣師範大學地理學系。

陳瀅世、林育諄、涂函君、吳秉聲、蘇淑娟、陳坤宏（2016），文化經濟在都市空間發展的體現與歷程：台灣四個都市個案比較的理論意涵，**中國地理學會會刊**，56：15-43，（科技部計畫編號：NSC103-2420-H-002-001-SB10309, MOST104-2420-H-002-016-MY3-SB10409）。（TSSCI 期刊第2等級）

錢學陶（1980），**都市計劃學導論**，台北：茂榮。

Castells, M. (1977). The Urban Question, Cambridge, Massachusetts: The MIT Press.

Castells, M. (1983). The City and the Grassroots, California: University of California Press.

Castells, M. (ed.) (1990). The Political Economy of High-Technology, Taipei: Tonsan Publications Inc.

Castells, M. (ed.) (2004). The Network Society: A Cross-Cultural Perspective, UK: Edward Elgar Pub.

Chapin, F. S. (1968). Urban Land Use Planning, (Second Edition), Chicago:

University of Illinois Press.

Christaller, W. (Translated by C. W. Baskin) (1966). Central Places in Southern Germany, N. J.: Prentice-Hall, Inc.

Christopher, A. (1977). A Pattern Language, N. Y.: Oxford University Press.

Chen Kung-Hung and Chang Tsen-Yao (2010). Reimaging the Ex-Tainan State Magistrate Residence as a Creative City by Cultural and Heritage Branding in Taiwan, Journal of International City Planning, 1: 685-699.

Davidoff, P. and Reiner, T. (1973). A Choice Theory of Planning, In Faludi, A. (ed.) A Reader in Planning Theory, Oxford, UK: Pergamon Press Ltd., pp.11-39.

Fainstein, S. S. (1991). The Global City: New York, London, Tokyo, Princeton, New Jersey: Princeton University Press.

Fainstein, S. S. (2000). Cities in a World Economy, London: Sage.

Fainstein, S. S. (2010). The Just City, U. S.: Cornell University Press.

Florida, R. (2002). The rise of the creative class: And how it's transforming work, leisure, community and everyday life, New York: Basic Books.

Foley, D. (1973). British Town Planning: One Ideology or Three? In Faludi, A. (ed.) A Reader in Planning Theory, Oxford, UK: Pergamon Press Ltd., pp.69-93.

Friedmann, J. (1986). The World City Hypothesis, Development and Change, 17(1): 69-83.

Hall, P. (1966). The World Cities, London: World University Library, Weidenfeld & Nicolson.

Harvey, D. (1973). Social Justice and the City, London: Edward Arnold.

Harvey, D. (1985). The Urbanization of Capital, Baltimore: The John Hopkins University Press.

Howard, E. (1965). Garden Cities of To-morrow, Cambridge, Massachusetts: The MIT Press.

Hutton, T. A. (2016). Cities and the Cultural Economy, London: Routledge.

King, A. D. (1990a). Global Cities, London: Routledge.

King, A. D. (1990b). Urbansism, Colonialism, and The World-Economy, London: Routledge.

Kong Lily, Ching Chia-Ho, and Chou Tsu-Lung (2015). Arts, Culture and the Making of Global Cities: Creating New Urban Landscapes in Asia, UK: Elgar.

Landry, C. (2000). The Creative City: A Toolkit for Urban Innovators, London: Comedia.

Landry, C. and Bianchini, F. (1995). The Creative City, London: Comedia.

Landry, C. and Wood, P. (2003). Harnessing and exploiting the power of culture for competitive advantage, report by Comedia for Liverpool City Council and the Core Cities Group.

Losch, A. (Translated by W. F. Stolper) (1954). The Econimics of Location, II. Economic Regions, New Haven: Yale University Press.

Lynch, K. (1960). The Image of the City, Cambridge, Massachusetts: The MIT Press.

Lynch, K. (1981). A Theory of Good City Form, Cambridge, Massachusetts: The MIT Press.

Markusen, A. and King, D. (2003). The artistic dividend: The arts' hidden contributions to regional development, Humphrey Institute of Public Affairs, Minneapolis: University of Minnesota.

Markusen, A. and Schrock, G. (2006). The artistic dividend: urban artistic specialization and economic development implications, Urban Studies, 43(9):

1661-1686.

Massey, D. (1984). Spatial Divisions of Labor, N. Y.: Methuen.

Mumford, L. (1945). Preface: The Garden City Idea and Modern Planning. In Howard, E. (1965). Garden Cities of To-morrow, Cambridge, Massachusetts: The MIT Press.

Mumford, L. (1961). The City in History: Its Origins, Its Transformations, and Its Prospects, Harcourt, Brace & World.

Osborn, F. J. (1945). Preface. In Howard, E. (1965). Garden Cities of To-morrow, Cambridge, Massachusetts: The MIT Press, pp.9-28.

Park, R. E., Burgess, E. W., and Mckenzie, R. D. (1925). The City, Chicago: The University of Chicago Press.

Pratt, Andy C. (2004). Creative clusters: towards the governance of the creative industries promotion system? Media International Australia, 112: 50-66.

Pratt, Andy C. (2008). Creative cities: The cultural industries and the creative class, Geografiska Annaler: Series B － Human Geography, 90(2): 107-117.

Pred, A. (1983). Structuration and Place: On the Becoming of Sense of Place and Structure of Feeling, Jouranl for the Theory of Social-Behavior, 13(1): 45-68.

Pred, A. (1986). Place, Practice and Structure, Cambridge: Polity Press.

Pred, A. (1894). Place as Historically Contingent Process: Structuration and the Time-Geography of Becoming Places, AAAG, 74(2): 279-297.

Purdon, Charles Benjamin (1949). The Building of Satellite Towns, Dent.

Rapoport, A. (1977). Human Aspects of Urban Form, Oxford: Pergamon Press.

Rapoport, A. (1984). Culture and the urban order, In Agnew, J. A. Mercer, J. and Sopher, D. E. (eds.) The City in Cultural Context, pp.50-75, Boston: Allen & Unwin.

Relph, E. (1976). Place and Placelessness, London: Pion Ltd.

Saarinen, E. (1943). The City － Its Growth, Its Decay, Its Future, New York: Reinhold.

Sasaki, M. (2003). Kanazawa: a creative and sustainable city, Policy Science, 10(2): 17-30.

Sasaki, M. (2004). Creativity and cities: the role of culture in urban regeneration, Quarterly Journal of Economic Research, 27(3): 29-35.

Sasaki, M. (2007). Towards an urban cultural mode of production: a case study of Kanazawa, Japan, In Nadarajah, M. and Yamamoto, AT(eds.) Urban Crisis: Culture and the Sustainability of Cities, Tokyo: United Nations University Press, pp.156-174.

Scott A. J. (1980). The urban land nexus and the state, London: Pion Ltd.

Scott, A. (2006). Creative cities: conceptual issues and policy questions, Journal of Urban Affairs, 28: 1-17.

Scott, A. (2008). Social Economy of the Metropolis: Cognitive-Cultural Capitalism and the Global Resurgence of Cities, N. Y.: Oxford University Press.

Soja, E. W. (1989). Postmodern Geographies, London: Verso.

Watson, A. (ed) (2015). Rethinking Creative Cities Policy, London: Routledge.

Wright, Frank Lloyd (1932). The Disappearing City, New York: W. F. Payson.

Yi-Fu Tuan (1974). Topophilia: A Study of Environmental Perception, Attitudes, and Values, Chapter 8, N. J.: Prentice-Hall Inc.

都市生產
Urban Production
林育諄

2.1 都市生產的轉變與空間發展

　　本章聚焦於都市生產系統的變遷與都市空間轉型之間的關聯性。首先梳理以往產業空間理論的演進，從而探討集中式發展的產業群聚與競爭優勢，以及水平式發展的勞動空間分工與全球產業位移現象。最後，本章提出從製造到智造，討論數位資訊化與網絡化的數種趨勢將會帶來產業型態的多元化、產業組織的空間延伸，進而勾勒出產業空間與都市發展的新想像。

2.1.1 都市生產系統變遷的動力：後工業化與全球化

　　都市是生產與消費的主要場域，在工業革命期間，以製造業為主的都市地區急速成長，而生產與產業活動的多樣化，使得都市的經濟發展逐漸轉變更趨多元。儘管如此，都市空間的發展必須對應都市生產系統的轉變，一些城市仍以製造業（manufacturing）為主，而有些城市則成為消費者服務業（consumer service），甚至有些城市則成為生產者服務業（producer service）

的重要中心。

　　都市對產業發展相當重要，不僅是因為都市提供產業生產過程中多重形式的勞動力，且都市對產品與服務的高需求也進一步帶動消費過程。許多學者已在許多案例研究中論述不同類型產業在都市空間布局的發展，尤其是製造業、高科技產業、消費者服務業、生產者服務業以及晚近的文化創意產業。這些不同型態的產業，著重在不同的生產要素與空間區位條件上，也因此成為都市空間發展與變遷的主要動力。

　　過去數十年來，產業區位理論（Location Theory）引起了相當廣泛的注意，產業與空間的發展一直是理論探討的重點。早期的成長極理論（Growth Pole Theory）強調透過成長極的極化和擴散效應，影響和帶動周邊地區經濟發展（Perroux, 1950）。在產品生命週期理論（Product Life Cycle Theory）中則是由產業發展的階段去論述生產區位的變遷，並強調勞動空間分工（spatial divisions of labor）與技術變遷的關係（Sternberg, 1996）。因此，這些理論對於許多現象以及當成一個有效率的政策介入基礎的論述也越來越多。但是對傳統空間發展理論而言，這些理論過度強調地區之間流動的兩個要素，也就是勞動力與資金，但是忽略了技術與知識這兩項影響地區空間發展的重要因素。

　　從過去的研究中歸納出，有兩個重要的發展趨勢帶動了都市生產系統的轉變，一是「後工業社會」（Post-Industrial Society），一是「全球化」（Globalization）。後工業社會一詞由 Daniel Bell（1973）所提出，在檢視已發展的資本主義國家後，提出後工業化的主要特徵，他認為後工業社會的特點是大多數勞動力不再從事農業或製造業，而是從事服務業，所以服務業的產值與就業超過工業與農業，從經濟層面而言是由商品生產經濟變為服務經濟，而在職務層面是著重於專業和技術之從業人員優於勞力型工人。是以，後工業社會是在物質基礎達到一定水平後，由追求數量向追求質量轉變，以知識和技術為動力改變都市的生產及生活方式，進而推動空間經濟發展方式

轉變的過程。

　　1970 年代末的全球化發展成為世界經濟體系中最主要的一個現象，也就是經濟的跨國性連結網絡與互動關係之強化（Amin and Thrift, 1997）。區位的角色受到越來越多的重視，有一些學者認為全球化使得區位的顯著性對於經濟活動越來越不相關（O'Brien, 1992; Cairncross, 1997; Gray, 1998），另一些則持相反意見認為，全球化並不是降低了區位的重要性，而是更促進了區域經濟的差異性（Ohmae, 1995; Storper, 1997; Scott, 1998, 2001）。因此，這樣的發展使得產業活動也不再侷限在某一個地區，跨國企業（Transnational Corporations, TNCs）根據各個階段的特性在全球尋找不同的區位，而在全球中進行生產與資本的移轉與流動（Castells, 1989），因此，有的區域出現快速增長的現象，而有些曾經繁榮的區域也迅速的衰敗。

　　20 世紀末，產業群聚（industrial cluster）成為研究者與決策者最關注的現象之一，主要的原因是在 70 年代末，已發展國家的經濟普遍衰敗時，某些中小企業廠商聚集的地區卻出現經濟成長的現象，在義大利東北部及中部地區、美國矽谷以及歐洲其他國家的地區都相繼發現這種產業群聚的現象（Storper and Scott, 1989）。這些地區大量的中小企業彼此間發展高度競爭與合作關係，形成彈性專業化的生產協力網絡，並具有強大的內生發展動力，以持續的創新能力來維持地方產業的競爭優勢。一般而言，相同廠商與同一種產業活動會傾向在某個地區集中，然而不同群體和不同的相關活動又傾向集結在不同的地區，這些現象皆有不同的成因與解釋的面向，也開始吸引學界探討產業群聚的起源、發展與趨勢。

　　學者 Sasaki Sassen 多年來聚焦於研究城市在全球經濟網絡中所扮演的角色與功能，也清楚的描繪出全球城市（Global City）的圖像，她指出全球城市就是跨國企業設定營運總部的城市，並指揮管理著全世界的分散化投資，因此跨國企業的營運涉及了一個龐大的管理、生產、資金、物品與人才流動的跨界網絡（Sassen, 1991, 2005）。然而，跨國企業在全球城市中推動經濟

成長過程中的重要角色，也使得城市內部空間的規劃以及城際之間的連結，逐漸的被全球資本流動、跨國企業以及資訊科技的發展所主導。

伴隨著經濟全球化過程的快速發展，產業活動的分工與整合現象，也開始擴大其空間層級，地方產業網絡以作為區域經濟發展的一種載體，開始不斷的以各種方式與全球生產系統接合，它開始專注於全球價值鏈（Global Value Chain, GVC）當中的某些環節，而開始弱化或放棄其他環節，並且通過大量的外部聯繫尋求與全球產業網絡的融合，以獲得最大價值（Humphrey and Schmitz, 2002）。透過不同的地方產業網絡之間，以及地方產業網絡與區域外經濟行動者間的生產、貿易、技術、資金、訊息與知識的流動，將同一產業的不同區域的產業網絡連結，形成全球產業網絡。

晚近，有研究者以全球生產網絡（global production network）之理念解釋一特定地區產業之發展，其觀點在於：當地特定產業之發展動力，在於（群聚）廠商是否能與全球生產網絡有效相連結，努力整合當地資源與資產，使之符合全球生產體系運作所需；同時全球生產網絡本身也影響知識的散布（程度及地點）與地方能力的形成（Coe et al., 2004; Ernst and Kim, 2002; Henderson et al., 2002）。換言之，特定地區之產業是否有能力連結上全球生產網絡，並將其地方資源與資產妥善動員與整合，滿足全球生產網絡進行生產（及其重組）之所需，並由參與全球生產過程中吸取網絡其他成員之知識技術，以提升其本身之能力（技術、管理及連結等能力）與資產價值，便是決定當地是否得以永續發展之重要因素。

2.1.2 空間發展理論的演進

空間發展理論是由幾個不同的傳統思路一直延續下來，新古典貿易理論與成長理論對於都市及區域經濟發展上會變得更相似或更不同提供了一個概念基礎，而近代成長的空間面向可以追溯到幾個不同的來源，區位理論者對

於都市及區域成長或衰頹提出了一個運輸成本的分析框架，而關於 Marshall
提出外部規模經濟的概念，也被近代的新古典論者重新詮釋入彈性專業化的
理論（Glaeser, et al., 1992）。近年來的理論發展，也從原本經濟面向的討論
而逐漸轉向為內部組織與制度對於空間整體發展所衍伸的一些理論。

輸出基礎理論（Export Base Theory）認為都市成長在地方政治、經濟以
及社會制度上是由都市對於外在世界需求的反應所決定的，當地區成長時，
由於增加地方生產就會增加地方的人均收入，就會有越多的新產業來供應輸
出部門，所以區域的經濟就會變得更多樣化，隨著都市輸出基礎多樣化及生
產要素移動性的漸增，生產就會漸漸的擴散到其他地區（North, 1956）。不
同於輸出基礎理論的需求面導向，新古典外生成長理論利用投資於地區生產
能力的供給面模式進行研究。Solow（1956）以可自由調整的資本勞動比例
的生產函數，並用外生技術進步解釋成長來源；而 Borts 與 Stein（1964）以
允許由勞力與資本流動的開放地區經濟，修正了新古典成長模式對於區域的
脈絡。

而在空間發展的差異上，Myrdal（1957）所提出累積因果理論
（Cumulative Causation Theory）中，指出地區發展的不平衡最主要是市場力
量發生的自然作用。在繁榮地區，由於經濟活動的集中會使得生產效率的提
高，市場力量會使得經濟活動更加聚集，而由於聚集的經濟，使得此繁榮地
區會持續累積的快速成長。而在此立論基礎上，成長極理論則進一步主張地
區經濟的發展主要依靠條件較好的少數地區和少數產業帶動，應把條件好的
產業集中於區位條件好的地區培育成經濟成長極。通過成長極的極化和擴散
效應，影響和帶動周邊地區經濟發展（Perroux, 1950）。但是成長極理論的
出發點是一個抽象的經濟空間，它所強調的是成長極的經濟結構特性，特別
是產業間的關聯效應，而忽略了成長極空間演化的機制。

是以，在地理空間上所產生的經濟行為互動產生的交易或關聯成本有兩
種：（1）個人之間直接的接觸與訊息的交流；（2）某種形式的實質流動。交

易的距離越遠，其成本就越高。在其他條件相同下，生產者總是尋求所有連結成本最小化的區位。這些成本其實是多面向的，使得區位決策更加錯綜複雜。它們所立基的關聯屬性與結構是被運輸及通訊成本影響下的社會分工所決定，這也是產業組織與區位某種觀點上相互依賴的現象（Scott, 1988a）。

傳統的新古典成長理論認為，外來既定的技術進步率與人口成長率是決定經濟長期成長的關鍵因素，但近年來 Romer（1986）、Lucas（1988）等經濟學者卻認為，長期的經濟成長率並非由外生的技術進步率所決定，他們將外溢效果加入新古典成長模型中，使技術進步率與人口成長率等參數內生化，並將知識存量、人力資本與具生產性的政府支出當作另一種要素投入，由於這些要素的持續積累，經濟體系可維持長期的成長，因此地區經濟的成長率取決於偏好、生產技術、研究發展、人力資本及政府行為等因素。

批判地理學派則以馬克思主義（Marxism）觀點來討論都市及區域的成長與衰敗，特別是針對第三世界國家中區域的持續低度發展，馬克思理論認為對於不均衡成長與空間差異根植於資本主義系統的特質。Gordon（1971）探究區域與都市的經濟變動是起因於經濟生產的社會支配模式的歷史演化，而社會變遷與發展則是資本主義階級與勞動階級固有的衝突所引起。Castells（1972）論述未發展的問題可以被理解為資本主義生產模式的歷史性發展，可以透過空間內政治與社會關係，以及空間獨特的依賴關係來瞭解這個過程。Harvey（1985）認為雖然因為利潤的競爭而傾向均衡發展，但是因為社會關係的不平等結構使得這種狀況永遠無法達成。此外馬克思主義對於勞動力則是聚焦於勞力分工的空間面向，Massey（1984）認為距離與空間的差異是資本主義促進資本累積的策略機制，這種空間策略的運用從不同勞動力差異而獲利是起因於跨區域之間的不均衡發展型態。事實上，Martin 與 Sunley（1998）認為，馬克思主義對於區域成長與衰敗的觀點並非收斂也不是分散的，而是不連貫的。換句話說，資本積累的進行因遭遇一些特殊危機與狀況而驅使資本主義去尋求新的空間生產模式。

　　是以，自 1990 年代以後的產業與空間經濟研究，主要的關心重點業已由過去強調生產製造的結構與空間變遷主題，轉移到強調經濟生活的空間微觀基礎，以及治理經濟發展行為的經濟及社會制度架構上（Storper, 1997）。新制度經濟學派（New Institutional Economics）認為新古典理論中將「制度」視為既定的外生變數，或認為對經濟事項沒有影響而加以忽略，已無法有效解決現實世界所面臨的問題，North（1990）對於制度的定義，包含了非正式約束（習慣）與正式規則（法律）。儘管制度不一定是完美的，但制度界定了社會與特殊經濟的誘因結構。因此新制度經濟學主要應用在市場、廠商與政府三層面，其中在政府組織方面，政府是法律制定者也是福利政策推動者，因此如何透過政策的制定引導都市及區域的均衡發展，成為一個重要的課題。

　　這個論述指出都市及區域空間經濟的競爭優勢，主要是建構在某些社會與制度因子上。而這樣的競爭優勢，主要也是來自地區內生性的學習與創新，Cooke 與 Morgan（1993）發現組織間的網絡連結，不只提供了一個公私合作的制度安排，而且促成集體行動與解決市場失靈的可能，更是建構地區學習網絡的堅固基石。在這些區域中，制度與社會文化組成將促成產業合作發展，特別是，藉由公私部門間貿易資訊、訓練與技術移轉等集體及確實的服務提供。透過這種創新或學習型區域，也建構了廠商、產業與領域間緊密接合的鑲嵌性（Cooke and Morgan, 1998; Florida, 1995; Morgan, 1997; Saxenian, 1994）。

　　從工業化到後工業化發展，城市的產業活動漸趨多樣化，都市對於產業發展極具重要性，不僅是提供多種形式的勞動力，對於產品與服務的高度需求也推動了消費。而都市空間與產業發產變遷的相互影響下，全球化發展使得都市內、都市間與跨國際的企業生產連結，成為當前都市空間轉型的挑戰。

2.2 集中式發展：產業空間群聚與競爭

都市空間能持續成長，取決於都市產業是否具有競爭力（competitiveness），而競爭力的來源是建立在空間群聚的基礎上。Porter（1998）強調，空間區位對於產業競爭力具有絕對的影響關係。然而產業單純在地理空間上的集中，並不一定會產生群聚的效益，顯然產業群聚有其條件，本節將進一步分析產業在空間集中式發展所帶來的群聚效益與競爭力。

2.2.1 產業群聚的空間型態

Marshall（1925）提出專業活動的空間聚集會產生知識外溢的外部性，Glaeser 等人整理出聚集經濟可以特徵化為三種外部性（Glaeser et al., 1992），分別是（1）專業化經濟：專業化經濟之產生主要來自於知識或人力資本或技術具外部公共財之特性，廠商集中於一都市內設廠，透過廠商間之互動（例如：技術人員之挖角、模仿及學習等）會造成知識或技術之外溢，使得同一產業內之各廠商均獲得利益。（2）地方競爭經濟：地方競爭經濟係指同一產業內廠商間互相競爭所產生之外部經濟（或不經濟）。若都市產業之產出是由一家廠商獨家生產，則此都市產業屬地方獨占性產業，此獨占廠商不面對地方競爭；反之，若一都市產業之產出是由兩家以上廠商所生產，則此一都市產業之廠商則有地方競爭性。（3）多樣化經濟：多樣化經濟係指一地區內產業間知識外溢所產生之外部經濟。一個地區之產業愈多樣化（diversity），則產業與產業間知識外溢對創新之促進與產業成長之貢獻愈大。因此都市的大小影響了此產業之規模經濟的程度。地理上鄰近的產業若具多樣性，其將促進地方的創新及成長，所以若產業座落在具有多樣性的地區將會較快速成長。

Porter 的群聚則進一步突破，由於早期對於國家競爭優勢的研究，他進

一步提出鑽石理論的四個重要元素（要素投入、廠商策略與競爭者、需求條件以及關聯與支援性產業），他認為這四個要素互動越緊密，廠商的生產力就越高（Porter, 1990）。Porter 對群聚的定義為「相連結公司、專業化的供應者、服務提供者、相關產業的廠商以及相關機構（大學、一般性機構與貿易協會等）的地理性集中，在某些方面競爭但又共同合作」（Porter, 1998: 197）。所以有兩個核心要素在 Porter 的定義中，第一個是群聚內的廠商必定有某種模式的連結，包括垂直與水平連結，這些連結涉及社會關係與廠商生產網絡。第二個基本特徵是關聯性企業的地理鄰近性，在共同的區位上促進廠商互動網路的形成，並且提升價值創造的利益（Martin and Sunley, 2003）。

　　在群聚的定義中有一個明顯的問題，就是在產業面或是空間面上缺乏清楚的界線，什麼程度的產業聚集才算是群聚？以及相關產業及活動的範圍包含多大？廠商之間的連結強度如何？廠商集中的經濟專業化如何建立群聚？此外，群聚化的過程（廠商間連結、知識外溢、競爭者、商務與社會網絡等等）在什麼樣的空間層級或地理範圍上運作？這些廠商以及之間的互動的空間密集性如何才能定義為群聚？ Porter 承認，除了群聚的界線是持續性的動態發展外，如同有些新廠商或產業會興起、建立，有些則會萎縮、衰敗，更難的是定義本身似乎亦難以理解與模糊（Martin and Sunley, 2003）。

　　此外，Markusen（1996）通過對美國、日本、韓國、巴西等四個國家內的產業地域進行比較分析後，提出了四種類型：（1）馬歇爾式產業區，是許多企業共同集聚，互為廠商和客戶的網絡式組織形式；（2）輪軸式產業區，即地域結構圍繞一個企業或多個主要企業組成；（3）衛星平臺式產業區，主要由跨國公司的分支工廠組成，這些工廠只與它們所隸屬的跨國公司的其他機構發生關係，而在本區域內則沒有太多聯繫；（4）國家力量依賴型產業區，即由國家的公共或非營利實體為主導，支援地方其他商業結構的組織區，但核心機構與地區經濟很少發生聯繫。這些產業地域群聚之類型其主

要特徵、優缺點、發展軌跡與治理模式整理至下表2.1。

表2.1　**產業群聚結構類型**

	馬歇爾式產業群聚	輪軸式產業群聚	衛星式產業群聚	國家依賴型群聚
主要特徵	以中小企業居多專業性強 地方競爭激烈，合作網絡 基於信任的關係	大規模地方企業和中小企業 明顯的等級制度	以中小企業居多依賴外部企業 基於低廉的勞動成本	國家扶植大型國營企業 生產網絡關係權力不對等
主要優點	彈性專業化 產品品質高 創新潛力大	成本優勢 彈性；大企業作用重要	成本優勢 技能／隱性知識	國家重點政策支援與補貼
主要缺點	路徑依賴 面臨經濟環境和技術突變適應緩慢	整個集群依賴少數大企業的績效	銷售和投入依賴外部參與 有限的訣竅影響競爭優勢	路徑依賴與制度惰性影響創新動力
典型發展軌跡	停滯／衰退 內部勞動分工的變遷 部分活動外包給其他區域 輪軸式結構的出現	停滯／衰退（如果大企業衰退／停滯） 升級，內部分工變化	升級 前向和後向工序的整合，提供客戶全套產品或服務	停滯／衰退 面臨產業轉型而私有化或多角化經營
治理模式	集體行動形成區域優勢 公共部門和私營部門合營	大企業／協會和中小企業支持機構的合作，從而增強了中小企業的實力	中小企業升級的典型工具（培訓和技術擴散）	配合國家政策需求生產與轉型

資料來源：Knorringa and Meyer-Stamer, 1998；本研究整理。

2.2.2 產業群聚的研究面向

　　產業群聚的種類一直是學界研究的焦點之一，Gordon 與 MaCann（2000）區分出三個理想性的群聚模式：純經濟聚集模式（pure agglomeration）（從

Marshall 想法到現下都市經濟學所強調的地理集中的外部性）、產業複合體模式（industrial complex）（區域經濟投入產出的空間對應，就是廠商間交易連結以及最小化交易成本所形成的地理集中）以及社會網路模式（群聚主要是由人際關係、信任以及制度化實踐所形成強大的地方網路），這三種不同模式可以分別對應到不同種類的群聚與不同的發展條件。

　　然而，近幾年來，產業群聚的研究隨著理論與案例相關研究的擴充而更加具體化，這些群聚研究的觀點主要可分為三個不同面向的分析，分別是：（1）聚集經濟面向；（2）地方網絡制度面向；（3）知識學習與創新面向。然而，需要強調的是，產業群聚是結合政治、經濟、社會、文化等系統所組成複雜的空間現象，並無法利用這三個面向的分析全然區隔，因此僅由單一面向來探討產業群聚的組成都是過於片面且偏頗的。

（一）聚集經濟（Agglomeration Economics）

　　雖然早期的空間分析系統已經知道產業群聚的存在（Weber, 1929），但是第一個嘗試將這個現象定義並分類的是 Marshall（1925），他提出三個原因來解釋為什麼廠商會座落在同一個地方，這些關係到地方專業化勞力的發展、地方提供越來越多的非貿易性輸入給產業，以及資訊與創意流動的最大化（Krugman, 1991a）。

　　所謂聚集乃指各種產業及經濟活動在空間上之集中，聚集有許多的利益及不利益之處，我們稱之為聚集經濟或聚集不經濟，可統稱為外部效果。有些學者研究技術外部性（technological externalities）亦強調知識外溢效果（knowledge spillovers）對都市產業及都市本身成長之貢獻，並藉以解釋都市產業聚集發展之型態及成長之原因，但於專業化及產業多樣化上有不同之強調觀點（見 Glaeser et al., 1992; Henderson et al., 1995; Porter, 1996; Romer, 1986; Koo, 2005）。

　　Krugman 把空間經濟引入正式的經濟分析當中，他認為企業和產業一

一般傾向在特定區位空間集中，然而不同群體和不同相關活動傾向於聚集在不同的地方。Krugman 假設產業生產具有規模報酬遞增（increasing returns to scale）的特徵，在一個區域內，產業生產活動的空間演化的最終結果將會是聚集（Krugman, 1991b）。這個理論證明產業活動傾向於空間聚集的一般性趨勢，並說明由於外在環境的限制，如貿易保護、地理分隔等原因，產業聚集的空間型態可以是多樣的，而且產業空間聚集一旦建立，就傾向於自我延續下去。

產業複合體理論強調企業之間穩固和正式的投入產出關係，它假定每個企業生產消費的產品以及生產過程的特徵均已知，根據有關空間交易成本和地理距離，以及相關企業間的投入產出關聯，依照滿足目標規劃的條件，進行區位分析和決策，企業會根據自己在現有產業架構中的位置，和投入產出企業的關聯中，選擇聚集的區位（Gordon and MaCann, 2000）。

總的來說，聚集經濟面向強調廠商間實質的關聯性，以及廠商的生產成本與所得利益，但是這樣的分析面向，似乎過於簡化廠商之間的互動關係，而且，越來越多的研究也指出，很多產業群聚並不是簡單的在聚集經濟狀態下運作。

（二）地方網絡制度

地方網絡制度面向的分析是由社會的理論發展而來的（Granovetter, 1985, 1991, 1992），其主要是批判用新古典學派的模式去檢視制度的存在與發展。他們認為除了成本要素外，尚有許多非成本要素需列入考慮：非交易性依存關係有如勞力、社會網絡、風俗慣例、互信、價值觀等所謂之社會資本（social capital），以幫助經濟／生產行為得以順利營運。

對於社會學家來說，其主要關心的是單獨個體組織之間存在的內在與外在的信賴關係，他們認為廠商之間的強烈互動所建立的信賴關係，可以跨越廠商的界線，這種信賴關係的存在與純市場化契約的意義不盡相同。這

些關係的強化，就變成是社會網絡中的鑲嵌程度。事實上，所有的經濟活動都是社會鑲嵌的概念，是倚賴著規範、制度以及一系列的假設下所成為的經濟決策結果。因為這些影響及約束經濟活動參與者之認知、價值觀及互動之型態，並幫助合作及生產網路之形構與穩固，進而左右知識之創造、儲存、散布及使用，並形塑創新學習之過程，是故，因鄰近性所形成之地區空間是廠商互動學習與知識創新之重要因素（Gregersen and Johnson, 1997; Morgan, 1997; Storper, 1995）。所以，如地方環境（local milieu）、制度、學習與創新及源自社會網路（social networks）關係之廠商網絡（關係資產）、互信互賴、長期合作關係等成為關注之重點。

　　近來大量研究對於鑲嵌與社會資本引起很大的關注，特別是在空間規劃上，地方網絡制度被大量的應用在空間產業群聚的觀察上，如同義大利的 Emilia-Romagna 區（Scott, 1988a; 1988b）以及加州矽谷的案例（Saxenian, 1994），這個模式會被應用的起因是由於可以提供分析與實證上對於空間角色的觀點有新的聚焦。自此，產業群聚開始著重於社會文化因素，例如企業間網絡密切的合作、較強的產業共同發展願景、地方制度架構的形塑等。

　　因此，產業群聚並非只是單純的產業集中在一起，而是由於所有企業體間具有正式與非正式的合作與交易關係，並且共用地方上網絡內部的訊息、文化與制度，透過網絡中經濟與社會關係的結合資訊將變得更為豐富且容易取得（Malecki and Tootle, 1997）。Piore 與 Sabel（1984）在研究歐美的一些新產業區時，認為這些新產業區是西方已發展國家的製造業，由1960年代的福特主義生產強調大量生產模式，進入到後福特主義強調彈性專業化（flexible specialization）的生產模式，強調企業之間的合作關係對於協調創新的重要性。而 Scott 則是沿用了彈性專業化的觀點，並運用交易成本理論（Transaction Cost Theory）來解釋產業群聚的形成機制，他認為在勞力社會分工的深化下，企業之間的交易頻率增加，而導致交易成本的上升，為了降低交易成本，企業通常在地理鄰近地區尋找合作對象，進而促成地方產業

群聚的形成（Scott, 1988b）。此外，他更進一步提出，具有發展動力的產業群聚通常是以現有的社會文化為基礎的集體制度安排，並以此來克服市場失靈（market failure）（Scott, 1992）。Harrison（1992）強調，新產業區並不是傳統的產業聚集現象，這之間最主要的區別在於新產業區進一步強調廠商之間的相互信任和經濟關係在地方制度網絡的鑲嵌性，也就是所謂的非交易性互賴（untraded interdependency）（Stroper, 1997）。而 Amin 與 Thrift 也進一步指出，企業與其他組織之間的關係對於創新的重要性並不比企業之間的關係還小，各種地方組織間所形成的制度厚實（institution thickness），對於增進合作、促進學習與創新活動非常的重要（Amin and Thrift, 1994）。

因此，這種產業群聚所形成在地化網絡的好處，不僅僅是在節省生產要素成本，更重要的是建立廠商間的信任關係，這些正式與非正式的制度，強化了相互交流、集體學習與共同解決問題的基礎，因此，地方網絡制度面向亦成為分析產業群聚的重要角色。

（三）知識學習與創新

近年來產業群聚相關文獻大量的擴充之下，產業群聚中知識與學習的本質成為新興的研究主題（Wolfe and Gertler, 2004），其文獻主流強調在群聚化的過程中，知識與學習所扮演的角色，並論述新知識的共同產生與傳遞會更有效率的發生在鄰近的經濟行動者之間，知識會透過個人之間的接觸或是廠商間技術員工的流動而有效率的傳遞（Ibid.）。Breschi 與 Malerba（2001）認為成功群聚的主要特徵是在地廠商高度鑲嵌於知識分享的網絡上，而此網絡是由行動者間的緊密社會互動、信任與非正式關係所維繫著。

Wolfe 與 Gertler（2004）認為群聚所造成的內隱知識外溢具有許多不同的形式，第一種形式是透過區域研發機構與私人企業之間的技術移轉，第二種形式是透過高素質的人力在研發機構、廠商之間的流動所產生的知識外溢，第三種形式則是透過群聚內一些正式與非正式的相關協會來監視與瞭解

企業技能與市場訊息。因此這種區域集體性學習是聚焦在區域內部廠商的網絡化與互動過程，並根植於區域制度與社會文化關係（Lawson and Lorenz, 1999）。有些學者利用流言、地方流傳（local broadcasting）（Grabher, 2002; Owen-Smith and Powell, 2004）等詞彙來解釋群聚在地方產生的訊息傳遞，論述在群聚中所發展出來的溝通與訊息網絡，具有自發性與流動性的特質，在同樣產業、場所與區域中，廠商與人們同時出現同一地點下，由面對面接觸（face-to-face contact）所產生資訊與溝通的生態（Bathelt et al., 2004）。

　　綜上所述，產業的空間群聚對於都市發展極具重要性。群聚使得企業更具生產力的重要基礎在於勞力與投入因素的取得成本降低，促進地方經濟的專業化發展，並強化廠商因應市場變遷的彈性、速度與能力。而產業群聚的網絡關係能加速資訊流動，並建立信任互惠的關係。而在緊密的網絡連結互動中，知識的外溢與技術的擴散加速產業之創新學習，使得廠商在同儕競爭與相互不斷比較的壓力下，積極的從事研發與創新。除此之外，Porter（1998）認為，空間群聚亦有利於新經濟活動的開創及創造新的就業機會。這樣的發展主要是在於群聚活動中的人，較易察覺出產品與服務的間隙（niche），開創新的商機，且創業所需的融資、技術、勞動力與市場已存在於空間群聚的環境之中，因此在群聚的環境下創業更為容易。

2.3 分散式發展：勞動空間分工與全球生產網絡

　　由於交通與資訊技術的快速發展與跨國企業在跨界經濟活動的增加，使得全球不同區域之間的各種產品、資本與服務的交易增加，這種全球化的發展不僅包括了經濟活動在地理上跨界延伸，在這種背景之下，地方的產業群聚網路並不能視為一個單獨的分析個體，整個網絡內部廠商的空間行為與發展路徑也會受到影響。這種影響直接表現於兩個方面：第一，群聚廠商逐漸

被併入到國家與全球的供應鏈中，成為跨國企業全球網絡的一部分；第二，群聚的廠商越來越容易在群聚之外找到供應商與客戶，並不局限於群聚當地（Christensen, 2000）。因此，在探討產業群聚集中式發展之論述後，必須進一步將研究視角擴充到全球生產網路的分散式發展之論述。

2.3.1 後福特生產與勞動空間分工

20 世紀 70 年代中期，原來支持福特模式擴展的條件開始轉向對福特模式發展的限制。其具體表現為：生產增長緩慢下降、強烈的國際競爭和社會的工資持續增長的壓力以及各方利益爭奪，導致福特主義的累積過程停滯，轉而朝向後福特主義（Post-Fordism）生產模式發展，以滿足個性化需求為目的，以資訊和通信技術為基礎，生產過程和勞動關係都具有彈性的生產模式（Amin, 1994）。

福特主義生產體制的瓦解，使得傳統經濟地理的空間尺度因而改變。由於跨國生產模式的興起與其所帶來的激烈競爭，生產不再僅局限於單一地區，而是跨越多個區域。Massey（1984）指出空間的勞動分工，透過經濟生產的組織過程帶來區域差異，而區域的狀況則由跨區域的生產布局、區域投資的歷史構成及其未來社會結構等要素所決定。她分析自 1960 年代以來英國空間經濟的變化（包括產業轉型、女性就業增加以及區域的衰退與增長等），以馬克思主義視角為核心，將工業與就業的地理分布視為資本主義生產過程中社會連結的空間組織。因此，勞動空間的分化源自於資本主義生產的空間組織之變化，是生產空間結構重組之結果（Massey, 1984）。

經濟全球化的發展過程中，新興工業化國家（Newly Industrialized Countries, NICs）自 1980 年代就變成是重要的作用者（Dicken, 1998），這些在 1960 年代被成功整合進入全球生產分工體系的新興工業國，以加工基地之角色為全球經濟帶來新國際分工。到了 1980 年代後，這些新興工業國內

部生產環境的改變，以及全球競爭的新局勢，這些經濟體從資本輸入地轉變成為資本輸出國，並且與先進國家同時為第二輪的新興開發國重要的外資來源，特別是在東南亞與中國大陸（周素卿，2001）。

2.3.2 全球生產網絡（Global Production Network, GPN）

全球的工業化發展，是當今世界生產與貿易系統整合的一個結果，使得生產鏈理論自 1990 年代以來為世界經濟系統之主要分析領域，對於全球、區域、以及國家層次的生產及空間的勞力分工與經濟互賴關係，以及生產網路、經濟活動的社會著床等的理解，提供有力的分析研究架構（Gereffi, 1992, 1994）。

任何財貨或是服務的產出都可以被視為是生產鏈的一部分，就如同 Dicken 認為「生產鏈是財貨或服務產出的階段中附加價值的機制，而且具有實質上的線性關係，代表營運者生產或是分發財貨或服務的次數」（Dicken, 1998）。這種鏈的意涵被用在不同學科上也有許多不同的名詞：如價值鏈（value chain）[1]、商品鏈（commodity chain）、供應鏈（supply chain）等（Raikes et al., 2000; Sturgeon, 2001; Mentzer, 2001），其中商品鏈的概念被視為是分析想像物品在生產、分配以及消費之間連結最普遍的象徵（Watts, 1999），這些生產、分配與消費之間的節點連結，是與社會、文化與自然狀況共同涉入於商品的移動上（Hartwick, 1998）。Murdoch 更進一步解釋，商品鏈研究凸顯了當代生產網絡組成的複雜性，且必須瞭解這些組成連結的特殊權力關係（Murdoch, 2000）。這些不同的鏈在本質上仍有共同點，就是表達不同要素之間的相互聯繫。

以鏈的面向思考最主要的缺失就是它對於生產與分發過程的概念是垂

---

[1] Porter（1980, 1985）認為客戶、供應商與企業本身彼此皆從事一系列各種不同獨立、相互關聯的各類基本和輔助活動價值創造的過程，包括產品設計、生產、行銷、運送等獨立部分與相關支援作業等活動。

直與線性的，而實際上這樣的過程應該是高度的複雜網絡架構，還有水準或是斜角的，甚至以垂直來說，還有多重面向與多重網絡的經濟活動。是以，以網絡關係去瞭解生產系統是一個較佳的途徑，瞭解全球經濟可以瞭解在不同地理層級以及不同領域空間中，經濟活動的互相連結性，任何商品的生產（產品或是服務），都涉及跨空間與時間的個別活動與交易的接合（Henderson et al., 2002）。全球與區域的生產網路不僅是整合廠商到傳統組織界線的架構中，也整合國家與地方經濟的發展，廠商建立全球生產網路的原理，就是要進入在較低成本的區位上具有彈性專業化的供應者，這樣的全球生產網路似乎取代跨國企業，而變成是一種產業組織更有效率的形式（Ernst, 2002）。

全球生產網絡是指廠商與非廠商之間的組織制度之間，藉由相互連結與營運，達到財貨與服務的生產與配送之全球組織化的連結（Coe et al., 2004）。Henderson 等人認為全球生產網絡的概念架構是有能力控制全球、區域與地方的經濟及社會面向中，涉及到經濟全球化許多形式中的過程，這些相互連結的核心功能與運作透過財貨或是服務的生產、配送與消費所形成的生產網路，不僅是將廠商整合入傳統組織模糊界線的架構中，也整合至國際經濟之中（Henderson et al., 2002: 445-446）。

就理論發展的脈絡而言，Martin 與 Yeung（2006）提出全球生產網絡之分析起源於四個主要論述的軸線發展：（1）1980 年代早期策略管理的價值鏈架構；（2）1980 年代中期經濟及組織社會學的網絡與鑲嵌；（3）1980 年代中期之行動者網絡理論；以及（4）1990 年代經濟社會學的全球商品／價值鏈之分析。這四個理論之整合成為全球生產網絡之主要分析架構（見表2.2）。

Porter 的研究對於 GPN 已經提供一個重要的價值鏈架構，這樣的概念涉及到價值如何在不同的空間結構中被創造、提升，進一步被曼徹司特學派的全球生產網絡研究的分析架構所鞏固（Henderson et al., 2002; Coe et al.,

2004）。價值鏈對於 GPN 的另一個貢獻在於確認構成經濟生產時，製造與服務活動的不可分離性（Martin and Yeung, 2006），因為無法僅瞭解製造行為而不分析這些價值行為是如何被必要性服務所組織（如金融、物流與零售）。

　　此外，在分析 GPN 底下組織時，將 1980 年代中期網絡與鑲嵌的概念也納入分析架構中。社會學家從 1920 開始進行以社會互動為基礎之社會網絡分析研究，直到 1980 年代 Granovetter（1985）認為經濟活動是被鑲嵌在社會關係的網絡之中，透過 Dicken 與 Thrift（1992）之研究，將網絡與鑲嵌納入廠商及其生產行為的地理性分析，這個鑲嵌與空間形式的關係，提供那些後來新經濟地理中「關係轉向」（relational turn）的學術平台（Bathelt and Glückler, 2003; Yeung, 2005b）。

表2.2　全球生產網絡之相關理論脈絡

歷史脈絡	主要學科	關鍵概念	代表人物	與 GPN 之關聯概念
價值鏈	策略管理	生產階段 競爭策略 競爭優勢	Porter	生產活動的空間（再）組織 GPN 中價值的重要性 生產視為製造與服務行為
網絡與鑲嵌	經濟社會學 組織研究 策略管理	企業組成與績效相關的內部組織 經濟行為與社會結構交互關係	Burt, Jarillo, Granovetter, Powell	領導廠商與其鑲嵌網絡 網絡是跨越空間的關係延伸 網絡中價值創造、增進與維持
行動者網絡	科技研究 後結構主義	異質性關係 遠距控制 人類與非人類之行動者	Callon, Law, Latour	網絡與關係是 GPN 分析的基礎 GPN 內部行動者的權力關係
全球商品鏈	經濟社會學 發展社會學	一連續鏈結之商品生產 在鏈結組織之價值創造	Ernst, Gereffi, Humphrey, Schmitz	GPN2 的空間組成與經濟發展結果 對 GPN 之制度影響

資料來源：Martin and Yeung (2006).

　　然而，在高度關切網絡特性與組成的研究過程中，廠商作為一個地理性代理者的角色，在過度依賴網絡關係鑲嵌的結構分析中被忽略。因此1980年代中期之行動者網絡分析的架構也納入 GPN 的架構之中，藉由 Thrift（1996）及 Murdoch（1997）之研究，地理適應性（geographical adaptation）對於 GPN 架構中非實質觀點的發展非常重要。特別是廠商這樣的行動者並非被視為單獨個體，而是透過空間上所興起的權力與效果被理解為網絡中建構的部分組成（Martin and Henry, 2006）。這個行動者與其權力關係的概念改善了早期地理研究聚焦在廠商本身與廠商間連結的產業系統。

　　就方法上來說，全球生產網絡所關注的幾個焦點是（Henderson et al., 2002: 447）：（1）涉及研發、設計、生產與行銷的產品廠商網路以及這些是如何在全球與區域中組織起來；（2）在這些網路中企業力量的分發以及改變；（3）勞力的顯著性以及價值創造與移轉的過程；（4）制度——特別是政府機構，以及一些貿易組織、工會與 NGOs ——影響廠商策略，在特定區位下進入到生產鏈；（5）這種為了技術升級、價值增加與獲取，以及經濟繁榮等等的意涵會使得許多廠商與機構進入到這個鏈之中。此外，在全球生產網絡的空間性上，仍須考慮空間層級性的議題，所有的全球生產網絡都必須考慮從地區、區域、國家到全球範圍之下的多重空間層級，這樣多重空間層級網絡，是一段時間內多重代理者間不對稱的影響與力量之下的建立與轉變（Henderson et al., 2002）。

　　透過這樣的概念，Henderson 等人（2002）建立了全球生產網路的分析架構，以價值、權力與鑲嵌性三個範疇與廠商、網路、制度與部門四個面向來進行討論（見圖2.1），在三個範疇之中，價值可以分為每一個廠商進入全球生產網路所創造的最初價值、因循環而增加的價值以及獲取價值的可能性；權力可以分為企業權力、集體權力與制度權力；鑲嵌性則可以分成社會鑲嵌、網路鑲嵌與領域鑲嵌三個部分。而四個面向中廠商面向主要是關注其所有權與架構；網路面向是關注其架構、權力配置與治理關係；從機構

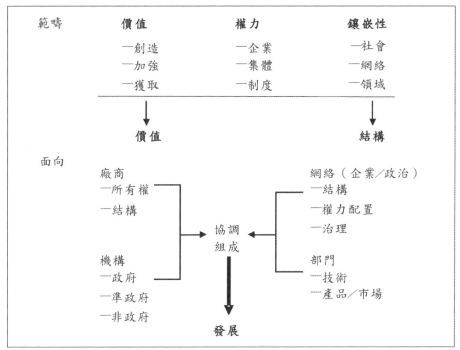

圖2.1　全球生產網路的分析架構圖
資料來源： Henderson et al. (2002).

的面向主要是分析其政府、準政府與非政府的作用力及影響；而從部門的面
向主要是分析技術以及產品與市場之間的關係。透過這樣的分析架構，可以
凸顯公司組織與控制全球營運的模式以及受到國家、貿易組織、NGOs 以及
其他制度影響的模式。此外，在區域發展的過程中，區域價值的開發和獲取
是在空間鄰近所造成的群聚效益所產生，區域資產在面臨全球生產網絡的策
略性需求時，會成為區域發展上的優勢。在這樣的發展過程，仍需要有適當
的制度組織結構的支援，促使區域能連結到全球生產網絡，這樣的制度組織
不見得是特定區域的制度組織，可能是國家甚至是超國家機構，或是對區域
活動有影響的非在地制度（Coe et al., 2004）（見圖2.2）。

　　為了要瞭解在全球生產網絡中這些經濟活動者，特別是廠商，在不

同地區的運作，必須進一步研究網絡內部複雜的策略共伴過程（strategic coupling），其主要的定義是兩組以上非為共同策略目標的行動者，其之間產生的利潤與協調之時空偶發性之聚合（Yeung, 2015）。這個策略性接合的過程並非是自動且永遠成功的，因為這會隨著時間變遷且在不同地理空間上有所差異，而這個共伴過程的驅動機制與技術可能會是高度的地理不均（Yeung, 2015）。因此必須著重在廠商在全球資本主義中的區域地景所扮演重要而積極的角色（Markusen, 2004; Taylor and Asheim, 2001; Dicken and Malmberg, 2001）。就如同 McKendrick et al.（2000）所說，廠商在群聚建構與區域生產網絡的經濟空間組成上扮演重要角色。

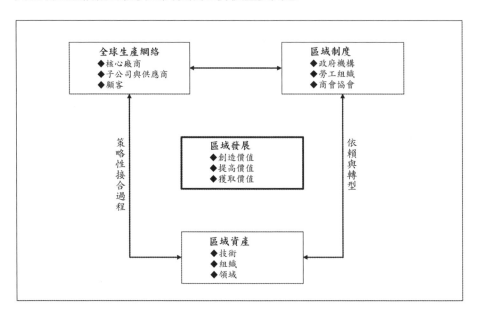

圖2.2　區域發展與全球生產網絡分析架構
資料來源：Coe et al. (2004).

2.4 資訊與創新學習：知識密集產業之空間發展

目前有一個很明顯的趨勢在於對科技的依賴日漸加重，資訊科技的快速流動與擴散，藉由電信傳播形式的演進，許多新型態的產業與工作不斷的推陳出新，這些可見的變化也造成了都市內部的空間結構、社會型態、組織與人際關係、以及生產消費關係的改變，如同 Frank Webster（1995）一書所提，資訊社會（information society）是決定現代世界的重要特徵，我們正進入一個資訊時代，一種新的資訊模式也正席捲全球。是以，本節要探討資訊與創新學習所帶動的空間發展論述，並探討以知識密集為主的新興產業對都市空間發展之關聯。

2.4.1 資訊與創新學習的空間

資訊科技與全球通訊網絡的興起業已提供廠商運籌的能力與潛力，在全球基礎之下，去組織他們的研發與獲取知識，Ostry 與 Nelson（1995: 24）以「科技全球化主義」（Techno-globalism）一詞來表達他們的觀點，認為越來越多的跨國公司正在透過研發擴散與合作來利用全球的科技並獲得世界的新技術。然而，近年來的研究顯示，儘管科技活動的全球特質增加，在領先產業的國家之間，國家差異仍然相當顯著，而且地主國的特殊性質對於國內廠商的創新性是關鍵要素（Gertler et al., 2000）。就如同國家創新系統（National Innovation System, NIS）（Lundvall, 1988, 1992; Nelson, 1993; Edquist, 1997; Niosi, 2000）的一系列研究指出，對於所有的企業來說，技術生產的活動多半還是在國內，這些跨國企業對外的投資都是利用該國的生產優勢，而非在技術上尋求互補性的優勢（Gertler et al., 2000）。

在近年來的研究當中，有兩種領域性的類型被視為會影響廠商學習與創新的潛力，第一個類型就是受到 1980 年代經濟學中熊彼得學派、制度學

派與演化學派影響，論述廠商在國家創新系統下的鑲嵌性（Ameable, 2000; Gertler et al., 2000; Hollingsworth, 2000; Lundvall and Johnson, 1994）。這個被國家決策者以及國際組織（如 OECD、歐盟）所廣泛接受，認為廠商被所在地制度的品質所深刻地影響，有各種不同的制度被認定為會建構國家創新系統，包含科技總部、與商務系統連結的教育與訓練品質、資訊與通訊基礎設施、貿易、產業及科技的公共政策、產業的倫理、價值與實踐、在廠商網絡與供應鏈間的知識連結與流動等（Amin and Cohendet, 2004）。

第二種類型已廣泛的被地方創新系統的經濟地理學所強調，是關於廠商間的空間鄰近性及產業聚集。這個研究建立於傳統聚集經濟的研究基礎上，而應用在產業群聚的學習與創新上，並擴展到涵蓋同區位與合作的社會與文化面向，這個類型主要聚焦在產業地域互動或是與城市區域互動的微觀層級。而在這個論述中，對於學習與知識效益有兩種不同的研究軸線，一是在主流經濟學中，描繪在都市中心的生產專業化與聚集（Glaeser, 1998; Porter, 1995）；另一個軸線則關心符碼化知識（codify knowledge）與默會知識（tacit knowledge）在競爭優勢的角色與這兩者對於企業組織地理學的影響（Maskell et al., 1998; Nooteboom, 2000）。

在第一個軸線的主流經濟學認為，聚集可以透過運輸與交易成本的降低來提高生產力（Glaeser, 1998），透過廠商間上下游關聯的形成來促進經濟與知識流動（Porter, 1995），並且透過因果積累來增加需求及更多的附加效果（Krugman, 1991a, 1995）。此外在地的人力庫與生產專業化也可以提升地方的技術竅門（Know-how），透過地方勞動力流動與廠商間的互動使得創意與訣竅得以在地方循環（Glaeser, 1998; Breschi and Malerba, 2001），以及在地方產業氛圍中伴隨著生產專業化會產生知識的外溢（Marshall, 1925）。

這種想法延伸到現在知識經濟地理學的研究上，可以發現城市中心的接觸網絡及文化優適性（cultural amenities）可以說是維持快步調知識工作者的創意與生活方式（Leadbeater, 1999; Grabher, 2001），就像符碼化知識密度

的優異與多樣化需透過企業總部內科學、技術與教育的成果、研究設立、高等教育、藝術與文化組織以及媒體產業來維持。

　　第二個主軸論述則是認為符碼化知識可以從原本的地方移動，並且透過書寫及標準化的過程而普遍流傳，並經由通訊技術與媒體的力量而全球傳送。在知識基礎新經濟競爭下創新與學習有著越來越大的壓力，而在默會知識的基礎下，可以在學習與創新上更為助益（Maskell et al., 1998; Nooteboom, 2000）。透過做中學、應用中認知、資訊分享以及集體瞭解，默會知識可以說是競爭優勢的必要資產。從這個觀點來看，工藝基礎的義大利產業地域及矽谷高科技區，都強調默會知識是有關係地形成，是透過實質互動所形成的脈絡性依存、空間黏著性以及社會親近性（Morgen, 2004）。

　　這裡的一個重要概念是，默會知識的學習是一種社會學習的形式，也就是說依賴於地方化網絡的一種特殊的關係狀態，像是網絡化或是互動、面對面接觸、信任與互惠的連結、文化的鄰近性等。Lorenzen 與 Foss（2002: 10）認為相對於外面的世界，社會學習的過程會在群聚內的企業中慢慢作用，因為充足的強連結與弱連結，使得社會學習過程得以在具有地理鄰近性的在地企業中運作。

　　另外一方面的說法，認為學習是透過地方化所產生的社會資本培育出來的。Storper（1997）指出，學習經濟的制度（包括社會傳統及風氣、溝通互動系統）強調非交易性互賴的領域化，而不是廠商間的投入產出間的交易性依賴。在特定的條件下，具體化於勞力市場、官方與半官方機構制度以及地方上，所衍生出來的行為規則、習慣、傳統、認知與價值等面向的非交易性互賴，被當作是開創區域發展中，有關生產的物質與非物質資產。這些關係性的資產，由於不可被標準化，而進一步被認為是組成當代資本主義的特殊及稀有性的核心形式。

　　許多新概念出現在闡述區域創新行為之文獻上，例如 Saxenian（1994）所使用的「區域產業系統」（Regional Industrial Systems）；Storper（1997）

研究之「區域生產區塊」（Regional Worlds of Production）如何促進地方化知識與學習等等。而區域創新系統（Regional Innovation System, RIS）及區域創新網絡（Regional Innovation Networks）之概念則是在一個次國家層級上研究地方廠商的創新行為（Cooke and Morgan, 1993; Morgan, 1997）。Asheim與 Isaksen（1997）定義區域創新系統之概念就是一個特殊化之廠商群聚，經由供應廠商與區域知識與技術擴散組織所支援的已發展基盤設施，也就是對於區域支配性產業特殊需求所配置之服務。區域機構間的網絡也已被驗證為創新的重要過程，特別是產業生命週期之初始期（Tödtling, 1994）。

因此，學習與創新被列為是區域的資產，隨著空間鄰近性與在地歸屬被視為是學習型競爭力的必要性經濟資產（Lawson and Lorenz, 1999）。如同Florida（1995: 15）宣稱「在新的全球的知識密集的資本主義下，區域已經成為知識創造與學習的研究焦點，實際上，也變成是一個學習型區域。這些學習型區域已經成為知識與創意的採集與貯藏，並提供基本的環境與基盤設施來促進知識、創意與學習的流動」。近來的網絡範型研究指出，創新是深植與形塑在各種不同的制度常規與社會傳統上（Morgan, 1997）。這些社會文化在經濟上展現了許多的正面功能，包括降低不確定性與風險，但是他們卻是鑲嵌在特定的地方或區域文化上，在特徵上既沒有一定的形式，也不容易在不同空間中被移轉。

國家創新系統與地方產業群聚的這兩個觀點同時提供了一個基礎性的認知，領域對於創新與學習的確是重要的，特別是在塑造知識形成與傳達的國家或區域制度以及群聚的強化學習效果，這也補充了主流經濟學用空間架構來解釋經濟行為與競爭潛力的盲點，也透過廠商在知識形成與獲取對地方的影響，也分辨出在國家與區域競爭力上的真正差異，這種對於地方的影響超過了僅只是因為鄰近性可以降低交易成本這樣的認知（例如學習的過程是由面對面接觸、緊密在地互動的型態以及人際之間連結所促動的）。這種新的地理思維，特別是在地的非交易性互賴，顯示了學習不但是發生於經常互動

與交易的狀況下，也發生在缺乏交易的情況下，而經由商業行為、體認與察看的地方常規機制所促動（Amin and Cohendet, 2004）。

2.4.2 知識密集型產業、空間與都市發展

（一）高科技產業

　　1960 年代以來的資訊技術使得傳統區位因素有了新內涵，也帶來高科技產業的新區位。從相關研究成果而言，下列兩項是決定高科技產業的重要因素。

　　1. 鄰近技術創新來源：由於高科技產業對技術學習與創新的依賴，其區位會接近各種研發活動的創新來源，主要為大學、研發機構、大企業的研發中心以及產業複合體的研發網絡，被視為是高科技產業最重要的區位因素之一（Castells, 1985; Scott, 1988b; Funck and Kowalski, 1990）。

　　2. 勞動力素質：高科技產業的生產過程涵蓋不同的工序與階段，每一個工序或階段對勞動力素質的要求不同，整體而言可概分為研發設計階段以知識為主的專業研發人員、先進製造階段的技術勞動人員、以及組裝測試的低階勞動人員。在分散式的勞動空間分工下，研究設計為主的廠區，其區位會趨近高素質勞動力集中的地區，而負責組裝與測試生產的廠區則趨向坐落在以大量廉價勞動力的地區為主（Castells, 1989; Daniels and Moulaert, 1991）。

　　Castells（1985, 1989）認為，高科技產業對資訊的依賴、著重生產的工序，以及由此產生的生產過程的水平分散化等特質，產生了四個基本的空間過程：（1）產業內部的勞動分工，每個生產階段都有其特定的勞動力需求，會呈顯出不同的空間區位要素。（2）高科技產業的技術、社會與空間層級建構了創新環境，具有獨特的空間特性。（3）不同生產職位的去中心化過程，

產生了高科技產業的內部結構與空間分布。（4）除創新環境外，高科技產業的區位與市場的鄰近亦具密切關係。

（二）生產者服務業

1980 年代以來，全球經濟中的某些都市發展十分迅速，服務業的發展在大都市中扮演了重要的功用（Dicken, 1998）。服務業已經成為許多都市帶動收入與總就業成長的主導產業部門（Daniels, 1995）。其中，生產者服務業的擴展，已成為先進國家近年來成長的主要特徵（Harrington, 1995; Daniels, 1985, 1991, 1995; Coffey, 1995）。

生產者服務業的定義往往因研究性質、對象不同而有所區別。Machlup（1962）從功能上定義生產者服務業，認為生產者服務業必須是知識產出的產業，而 Coffey 與 Polese（1989）則認定生產者服務業為非最後的產出，而是一種中間性的投入，且認定中間性輸出必須於投入產出表中占全部輸出的百分之四十以上。Grubel 與 Walker（1989）則將生產者服務業作一詳細的定義：「生產者服務業不是直接用來消費，它是一種中間投入，用來生產其他的產品或服務並產生功用。」Marshall 與 Wood（1995）認為生產者服務業是直接或間接交易專門資訊的部門，其需求與供給地點並不一定相同。

另外，生產者服務業由於高資訊密集與知識創新的需要，空間發展的關鍵特徵就是大量匯集在大都會區。Daniels（1991）指出，生產者服務業之區位集中，主要考量市場的多樣性、容易接近客戶，以及投入因素的品質（勞動力），Coffey（1995）進一步歸納生產者服務業在大都會區空間聚集的三個重要因素：

1. 技術人力資源集中於大都會：生產者服務業是知識密集型產業，因此需要鄰近高知識技術勞動力較為集中的大都會地區。

2. 向前關聯（forward linkage）：亦即鄰近需要生產者服務業的市場，因為生產者服務業是提供服務給製造業及其他服務業，所以，大都會區

的產業多樣性使得生產者服務業的服務需求增加。

3. 向後關聯（backward linkage）：生產者服務業除了鄰近勞動市場外，更必須在空間上鄰近知識、資訊與技術能力的源頭，進而與其他輔助性部門，如大學，如大學、研究機構、政府等產生向後關聯之關係。

若回到世界都市的體系下，Daniels（1991）將生產者服務業的空間發展特性進一步細分為（1）有關控制管理功能的高階服務，聚集在高階的都市區域中，這個發展並不會因為電信技術發展的奧援而呈現分散化的發展，相反的更集中於世界都市中。（2）至於例行性的後援辦公（back office）服務則集中在較低階的都市區域，呈現分散式的發展。

2.5 從製造到智造：產業與都市發展的再思考

2.5.1 工業生產的發展歷程與未來趨勢

二戰之後，全球開始了以資訊技術發明與應用的科技革命，因此而導致第三次工業革命，不僅加速了經濟全球化的腳步，甚至導致全球政治、經濟與社會生活的重大變革，這個轉變所帶來的新國際勞動分工，也引發全球產業結構重組。這樣的發展，因為網路資訊發達，使得產品壽命縮短，少量多樣與客製化生產成為主流，而過去歐美的製造業外移，其去工業化過程（De-industrialization）所導致的經濟衰退，也使得這些先進國家相繼推出製造業升級計畫，利用先進技術的再工業化過程（Re-industrialization），來維持其製造業的強勢地位。其中，德國於 2011 年所提出的「工業 4.0」[2]

---

[2] 德國在 2011 年提出「工業 4.0」（Industry 4.0）的高科技戰略計畫，用來提升製造業的電腦化、數位化、與智慧化，將所有工業相關的技術、銷售與產品體驗統合起來，是建立具有適應性、資源效率、及人因工程學的智慧工廠（smart factory），並在商業流程及價值流程中整合客戶以及商業夥伴（高野敦，2014）。

（Industry 4.0），成為許多國家起而效尤的對象，亦被視為第四次工業革命（見表2.3）。

表2.3　工業革命四階段

	產業屬性	生產特性	生產模式
工業1.0	資本密集型產業	機械取代人手	生產自動化
工業2.0	技術密集型產業	生產線大量生產	產業自動化
工業3.0	創新密集型產業	IT 自動化生產	產業自動化 產業電子化
工業4.0	智慧密集型產業	智慧生產	智慧自動化 （訊號感側、資料處理、 智慧決策、作動控制）

資料來源：整理自經濟部工業局，2014；韋博康，2015。

　　工業4.0主要是利用雲端運算技術（Cloud Computing）、物聯網（Internet of Thing, IoT）、大數據（Big Data）以及智慧設施（Smart Facilities）進行高價值製造與服務。這個新的模式之下，機器人將大量取代傳統人力，每一台機器人及每一台生產線上的其他機器，本身都是一個可以收取資料、改變參數的智慧節點，具有像動物一樣的神經系統，把所有的資訊傳回中央控制系統，再由中央控制系統透過大數據的分析，找到最佳生產模式，再回過頭改變機器的參數。工廠不但有機器人，整個工廠的生產都是由智慧系統即時控管，這樣可以讓良率達到最高，建立最有效率的生產模式（Botthof and Hartmann, 2015）。

　　工業4.0展示了未來製造業技術的基礎。產品開發、生產、服務的現場要通過軟體和網路進行交流。到那時，生產流程的計畫將不再是提前幾個月或者幾年制訂，而是按照最新的情況靈活調整。資訊和指示將在產品與生產設備之間即時互通，實現生產流程的優化。從而製造出面面俱到的產品（高野敦，2014）。

因此，未來的產業趨勢奠基於數位科技與網路通訊，產生兩種互動式整合策略，（1）產品開發與產品生命週期的整合，企業需要具備的是「上市時程」（time-to-market），應對客戶多樣化需求的靈活性。這代表的是「隨選生產」（production on demand），也就是即時制訂生產計畫（高野敦，2014）。（2）是真實與虛擬的整合，透過協作型機器（如機器人、機器手臂）、增強實境設備（如智能眼鏡、智能頭盔）和自主機器通過組合，強化人與機器的協同合作。

2.5.2 生產系統變遷與都市空間發展策略

綜上所述，我們可以預見未來都市發展所面臨的二大生產系統變動趨勢為：

（一）產業與生產型態的多元化

生產是個動態且複雜的過程，隨著科技變動與產品的需求而不斷的變化，因此要界定「產業」，並且在周邊劃出清楚的分類界線並不容易，時至今日，各個產業之間的技術與資訊快速的連結與流通，產業型態會持續的創新與重塑。尤有甚者，工業4.0所揭示的人機協作、物聯網與大數據等電信科技整合，將快速推動產業的多樣化發展。

是以，都市間產業的競爭，已從原本降低都市生產要素成本（原料、土地、勞力、市場），慢慢轉變成為強調提升生產系統中，知識、技術、資訊網路與文化的含量。因此，當今產業發展將取決於都市（或區域）的領域專長（domain expertise），亦即是單一產業的深度知識與文化（例如底特律的汽車產業、巴黎的時尚產業與矽谷的網路基礎產業）。然而，面對未來產業多元化的變動下，如何吸引創意的勞動力，並強化多元異業的聯合開發，成為新興產業型態的創新動力，以維持都市發展的競爭力來源。

（二）產業組織的空間尺度延伸

對於跨國企業在全球不同區位上的研究，Yeung（2005a）提出一個組織空間（organizational space）[3] 的概念，他認為以往國際企業理論的量化研究顯示實質空間（physical space）僅僅是一個跨國公司在不同區位上活動的容器，因此他提出組織空間的分析進一步將全球企業在不同區位與距離串接起來，他認為區位與距離透過國際企業組織的關係性所連結。這樣的論述將組織運作與接合到區位，也可以清楚闡明產業跨界生產所組成的不同組織，使得知識、資訊、資源、技術等透過其組織空間延展力超越原本實質空間，進而在地方、區域、國家、全球等多重空間層級下擴散。

群聚區域內部所形成的組織，組織內部的核心領導廠商與其供應商會有知識互動的直接作用，而與群聚內其他的相關廠商或是其他組織有間接的知識互動。此外，群聚內的廠商也會跟群聚內與群聚外的研發機構進行技術研發與移轉，並且快速的在群聚內部擴散。而跨國企業所形成的全球生產網絡，其組織空間是跨界連結的網絡關係，知識與技術也透過這樣的組織空間與互動網絡進一步跨界的傳遞與擴散。

是以，藉由地區產業群聚，知識與技術透過這種多重空間層級所形塑的網絡交疊，在廠商內／間、組織內／間以及區域內／間所形成的地方互動（local buzz）與全球連通（global pipeline），這兩者相互強化對於廠商在創新與知識開創上提供了不同的作用，地方互動對於創新過程中，廠商的互動與形成社群提供了各種自發性且未預料的機會，而全球連結的好處在於導入在不同文化制度環境間發展的各種訊息，透過這樣的網路來辨別外部知識與潛在價值，並加以學習運用於其生產過程中。從都市發展角度而言，產品、製程與知識的演化對於都市產業創新過程中具有很大的重要性，更是維持都市競爭力的重要因素。

3　Yeung（2005a）將組織空間定義為組織內與組織間進行的關係所建構的一種空間組成或區塊，這樣的概念可以理論化組織如何積極創造與產生組織空間。

參考文獻

周素卿（2001），後進的全球化：東南亞台灣企業地域生產網絡的建構與對外投資經驗，**都市與計劃**，28（4）：425-459。

韋博康（2015），**工業 4.0：從製造業到「智」造業，下一波產業革命如何顛覆全世界**，台北：商周出版社。

高野敦（2014），**猜一猜，什麼是「工業 4.0」**，商業周刊網站，http://www.businessweekly.com.tw/KBlogArticle.aspx?ID=6328&pnumber=1。（2016.7.12）

經濟部工業局（2014），**生產力 4.0：產業與技術發展策略**，http://www.bost.ey.gov.tw/Upload/UserFiles/1040604_1-1%20 製造業生產力推動策略（工業局）（1）.pdf。（2016.7.12）

劉欣譯（2015），Botthof, A. and Hartmann, E. A. 原著，**工業 4.0：結合物聯網與大數據的第四次工業革命**，台北：四塊玉文創出版社。

Ameable, B. (2000). Institutional complementarity and diversity of social system of innovation and production, Review of International Political Economy, 7(4): 645-687.

Amin, A. and Cohendet, P. (2004). Architectures of Knowledge: Firms, Capabilities, and Communities, Oxford: Oxford University Press.

Amin, A. and Thrift, N. (1997). Globalisation, socio-economics, territoriality, In R. Lee and J. Wills (eds.) Geographies of Economies, London: Arnold.

Amin, A. and Thrift, N. (1994). Globalization, Institutions, and Regional Development in Europe, Oxford: Oxford University Press.

Amin, A. (ed.) (1994). Post-Fordism: A Reader, Oxford: Blackwell Publishers Ltd.

Asheim, B. T. and Isaksen, A. (1997). Location, agglomeration and innovation: towards regional innovation systems in Norway, European Planning Studies,

5(3): 299-330.

Bathelt, H. and Glückler, J. (2003). Toward a relational economic geography, Journal of Economic Geography, 3(2): 117-144.

Bathelt, H., Malmberg, A. and Maskell, P. (2004). Clusters and knowledge: local buzz, global pipelines and process of knowledge creation, Progress in Human Geography, 28(1): 31-56.

Bell, D. (1973). The Coming of Post-Industrial Society, New York: Basic Books.

Best, M. (1990). The New Competition: Institutions of Industrial Restructuring, Cambridge: Polity.

Borts, G. and Stein, J. (1964). Economic Growth in a Free Market, New York: Columbia University Press.

Breschi, S. and Malerba, F. (2001). The geography of innovation and economic clustering: some introductory notes, Industrial and Corporate Change, 10(4): 817-833.

Breschi, S. and Malerba, F. (2001). The geography of innovation and economic clustering: some introductory notes, Industrial and Corporate Change, 10(4): 817-833.

Cairncross, F. (1997). The Death of Distance, London: Orion Business Books.

Castells, M. (1972). The Urban Question, London: Edward Arnold.

Castells, M. (1989). The Information City, Oxford: Blackwell.

Castells, M. (ed.) (1985). High Technology, Space and Society, Newbury Park: Sage Publications.

Christensen, R. (2000). Challenges and pathways for small sub-contracts in an era of global supply chain restructuring, In E. Vatne and M. Taylor (eds.) The Networked Firm in a Global World: Small Firms in New Environments, Aldershot: Ashgate.

Coe, N. M., Hess, M., Yeung, H. W. C., Dicken, P. and Henderson, J. (2004). Globalizing' regional development: a global production networks perspective, Transactions of the Institute of British Geographers, 29(4): 468-484.

Coffey, W. J. and Polese, M. (1989). Producer Services and Regional Development: A Policy-Oriented Perspective, Papers of the Regional Science Association, 67: 13-27.

Coffey, W. J. (1995). Producer service research in Canada, The Professional Geographer, 47(1): 74-81.

Cooke, P. and Morgan, K. (1993). The network paradigm: New departures in corporate and regional development, Environment and Planning D, 11(5): 543-564.

Cooke, P. and Morgan, K. (1998). The Associative Region, Oxford: Oxford University Press.

Daniels, P. W. and Moulaert, F. (1991). The Changing Geography of Advanced Producer Services, London: Bellhaven Press.

Daniels, P. W. (1985). Service Industries: a Geographical Appraisal, London: Methuen.

Daniels, P. W. (1991). Service sector structuring and metropolitan development: processes and prospects, In P. W. Daniels (ed.) Services and Metropolitan Development, London: Routledge.

Daniels, P. W. (1995). Producer services Research in the U.K., The Professional Geographer, 47(1): 82-87.

Dicken, P. and Thrift, N. (1992). The organization of production and the production of organization: why business enterprises matter in the study of geographical industrialization, Transactions of the Institute of British

Geographers, 17: 279-91.

Dicken, P. (1998). Global Shift: Transforming the World Economy, London: Paul Chapman Publishing Ltd.

Dicken, P. and Malmberg, A. (2001). Firms in territories: a relational perspective, Economic Geography, 77: 345-363.

Edquist, C. (1997). System of Innovation: Technologies, Institutions and Organizations, Pinter, London.

Ernst, D. and Kim, L. (2002). Global production networks, knowledge diffusion, and local capability formation, Research Policy, 31(8-9): 1417-1429.

Florida, R. (1995). Toward a learning region, Futures, 27(5): 527-536.

Funck, R. H. and Kowalski, J. S. (1990). Innovation, new information technologies and the structure of urban regions, In R. Cappellin and P. Nijkamp (eds.) The Spatial Context of Technological Development, Aldershot: Avebury.

Gereffi, G. (1992). New realities of industrial development in East Asia and Latin America, In R. P. Appelbaum and J. Henderson (eds.) State and Development in the Asian Pacific, Lodon: Sage Publications.

Gereffi, G. (1994). The organization of buyer-driven global commodity chains: how US retailers shape overseas production networks, In G. Gereffi and M. Korzeniewicz (eds.) Commodity Chains and Global Development, Westport: Praeger, PP. 95-122.

Gertler, M. S., Wolfe, D., and Garkut, D. (2000). No place like home? The embeddedness of innovation in a regional economy, Review of International Political Economy, 7(4): 688-718.

Glaeser, E. (1998). Are cities dying? Journal of Economic Perspectives, 12: 139-160.

Glaeser, E., Kallal, H., Scheinkman, J. and Shleifer, A. (1992). Growth in Cities, Journal of Political Economy, 100(6): 1126-1152.

Gordon, D. M. (1971). General perspectives: radical, liberal, and conservative, In D. M. Gordan (ed.) Problems in Political Economy: An Urban Perspective, Lexington, MA: D. C. Heath.

Gordon, I. R. and McCann, P. (2000). Industries cluster: complex, agglomeration and/or social network, Urban Studies, 37(3): 513-532.

Grabher, G. (2001). Ecologies of creativity: the village, the group and the heterarchicorganisation of the British advertising industry, Environment and Planning A, 33: 351-374.

Grabher, G. (2002). Cool projects, boring institutions: temporary collaboration in social context, Regional Studies, 36: 205-214.

Granovetter, M. (1985). Economic action and social structure: the problems of embededness, American Journal of Sociology, 91: 481-510.

Granovetter, M. (1991). The social construction of economic institution, In A. Etzoni and R. Lowrence (eds.) Socio-economics: Toward a New Synthesis, New York: Armonk.

Granovetter, M. (1992). Problems of explanation in economic sociology, In N. Nohria and R. Eccles (eds.) Networks and Organisations: Form and Action, Combridge, MA: Harvard Business School Press.

Gray, J. (1998). False Dawn: The Delusions of Global Capitalism, London: Granta Books.

Gregersen, B. and Johnson, B. (1997). Learning Economies, Innovation Systems and European Integration, Regional Studies, 31(5): 379-390.

Grubel, H. G. and Walker, M. A. (1989). Service Industry Growth: Causes and Effects, Vancouver: Fraser Institute.

Hall, P. (1998). Cities in Civilization, New York: Pantheon.

Harrington, J. W. (1995). Producer services research in U.S. regional studies, The Professional Geographer, 47(1): 87-96.

Harrison, B. (1992). Industrial districts: Old wine in new bottles? Regional Studies, 26(5): 469-483.

Hartwick, E. (1998). Geographies of consumption: a commodity chain approach, Environment and Planning D: Society and Space, 16: 423-437.

Harvey, D. (1985). The Urbanization of Capital, Baltimore: Johns Hopkins University Press.

Henderson, J., Dicken, P., Hess, M., Coe, N. and Yeung, H. W. C. (2002). Global production networks and the analysis of economic development, Review of International Political Economy, 9(3): 436-464

Henderson, V., Kuncoro, A. and Turner, M. (1995). Industrial Development in Cities, Journal of Political Ecomomy, 103(5): 1067-1085.

Hollingsworth, R. (2000). Doing institutional analysis: implications for the study of innovations, Review of International Political Economy, 7(4): 595-644.

Humphrey, J. and Schmitz, H. (2002). How does insertion in global value chains affect upgrading in industrial cluster? Regional Studies, 36: 1017-1027.

Knorringa, P., and Meyer-Stamer, J. (1998). New dimensions in local enterprise cooperation and development: from clusters to industrial districts, In UNCTAD, New Approaches to Science and Technology Cooperation and Capacity Building, New York, Geneva: United Nations.

Koo, J. (2005). Technology spillovers, agglomeration, and regional economic development, Journal of Planning Literature, 20(2), 99-115.

Krugman, P. (1991a). Geography and Trade, Cambridge, MA: MIT Press.

Krugman, P. (1991b). Increasing return and economic geography, Journal of

Political Economy, 99: 183-199.

Krugman, P. (1995). Development, Geography and Economic Theory, Cambridge, MA: MIT Press.

Lawson, C. and Lorenz, E. (1999). Collective learning, tacit knowledge and regional innovative capacity, Regional Studies, 33: 305-317.

Leadbeater, C. (1999). Living on Thin Air, London: Viking.

Lorenzen, E. and Foss, N. J. (2002). Cognitive coordination, institutions and clusters: an exploratory discussion, In T. Brenner and D. Fornahl (eds.) Cooperation, Networks and Institutions in Regional Innovation Systems, Aldershot: Edward Elgar.

Lucas, R. E. (1988). On the mechanics of economic development, Journal of Monetary Economics, 22: 3-42.

Lundvall, B. A. (1988). Innovation as an interactive process: from user-producer interaction to the national system of innovation, In G. Dosi (ed.) Technical Change and Economic Theory, London: Pinter Publishers.

Lundvall, B. A. (ed.) (1992). National Systems of Innovation: Towards a Theory of Innovation and Interactive Learning, London: Pinter Publishers.

Lundvall, B. A. and Johnson, B. (1994). The learning economy, Journal of Industry Studies, 1/2: 23-41.

Malecki, E. J. and Tootle, B. (1997). Networks of small manufacturers in the USA: Creating embededness, In M. Taylor and S. Conti (eds.) Interdependent and Uneven Development: Global-local Perspectives, Aldershot: Ashgate Publishing Ltd.

Markusen, A. (1996). Sticky Places in Slippery Space: A typology of Industrial Districts, Economic Geography, 72(3): 293-313.

Markusen, A. (2004). An actor-centered approach to economic geographic change,

Annals of the Japan Association of Economic Geographers, 49(5): 395-408.

Marshall, A. (1925). Principles of Economics, 8th, London: Macmillan.

Marshall, J. N. and Wood, P. A. (1995). Service and Space: Key Aspects of Urban and Regional Development, Harlow: Longman Scientific & Technical.

Martin, H. and Yeung, H. (2006). Whither global production networks in economic geography? Past, present and future, Environment and Planning A, 38: 1193-1204.

Martin, R. and Sunley, P. (1998). Slow Convergence? The New Endogenous Growth Theory and Regional Development, Economic Geography, 74(3): 201-227.

Martin, R. and Sunley, P. (2003). Deconstructing cluster: chaotic concept or policy panacea, Journal of Economic Geography, 3: 5-35.

Maskell, P., Eskelinen, H., Hannibalsson, I., Malmberg, A. and Vatne, E. (1998). Competitiveness, Localised learning and Regional Development, London: Routledge.

Massey, D. (1984). Spatial Divisions of Labour: Social Structures and the Geography of Production, London: Macmillan.

McKendrick, D. G., Doner, R. F. and Haggard, S. (2000). From Silicon Valley to Singapore: Location and Competitive Advantage in the Hard Disk Drive Industry, Stanford: Stanford University Press.

Mentzer, J. T. (ed.) (2001). Supply Chain Management, CA: Sage.

Morgan, K. (1997). The Learning Region: institutions, innovation and regional renewal, Regional Studies, 31(5): 491-503.

Morgan, K. (2004). The exaggerated death of geography: learning, proximity and territorial innovation systems, Journal of Economic Geography, 4: 3-21.

Machlup, F. (1962). The Production and Distribution of Knowledge in the United

States, Princeton: Princeton University Press.

Murdoch, J. (1997). Towards a geography of heterogeneous associations, Progress in Human Geography, 21(3): 321-337.

Murdoch, J. (2000). Networks- a new paradigm of rural development? Journal of Rural Studies, 16: 407-419.

Myrdal, G. (1957). Economic Theory and Under Developed Regions, London: Duckworth.

Nelson, R. R. (1993). National Systems of Innovation, New York: Oxford University Press.

Niosi, J. (2000). Canada's National System of Innovation, Montreal: McGill-Queen's University Press.

Nooteboom, B. (2000). Learning and Innovation in Organizations and Economies, Oxford: Oxford University Press.

North, D. C. (1956). Exports and regional economic growth: A reply, Journal of Political Economy, 64(2): 165-168.

North, D. C. (1990). Institutions, Institutional Change, and Economic Performance, Cambridge, UK: Cambridge University Press.

O'Brien, R. (1992). Global Financial Integration: The End of Geography? London: Pinter.

Ohmae, K. (1995). The end of the Nation State, New York: Free Press.

Ostry, S. and Nelson, R. R. (1995). Techno-Nationalism and Techno-Globalism: Conflictand Cooperation, Washington, DC: Brookings Institution.

Owen-Smith, J. and Powell, W. W. (2004). Knowledge Networks as channels and conduits: the effects of spillovers in the Boston biotechnology, Organization Science, 15: 2-21.

Perroux, F. (1950). Economic space: theory and application, Quarterly Journal of

Economics, 64: 89-104.

Piore, M., and Sabel, C. (1984). The Second Industries Divide, New York: Basic Books Inc.

Porter, M. (1990). The Competitive Advantage of Nations, New York: Basic.

Porter, M. E. (1980). Competitive Strategy: Techniques for Analyzing Industries and Competitors, New York: The Free Press.

Porter, M. E. (1985). Competitive Advantage: Creating and Sustaining Superior Performance, New York: The Free Press.

Porter, M. E. (1995). The competitive advantages of the inner city, Harvard Business Review, May-June: 53-71.

Porter, M. E. (1996). Competitive advantage, agglomeration economies, and regional policy, International Regional Science Review, 19(1): 85-94.

Porter, M. E. (1998). On Competition, MA: Harvard Business School Press.

Porter, M. (1990). The Competitive Advantage of Nations, New York: Basic.

Raikes, P., Jensen, M. F. and Ponte, S. (2000). Global commodity chain analysis and the French filiere approach: comparison and critique, Economy and Society, 29: 390-417.

Romer, P. M. (1986). Increasing returns and long run growth, Journal of political economy, 94: 1002-1037.

Sassen, S. (1991). The global city: New York, London, Tokyo, Princeton, N.J.: Princeton University Press.

Sassen, S. (2005). Global city: Introducing a concept, Brown Journal of World Affairs, XI (2): 27-40.

Saxenian, A. (1994). Regional Advantage: Culture and Competition in Silicon Valley and Route 128, MA: Harvard University Press.

Scott, A. J. (ed.) (2001). Global City Regions: Trends, Theory and Policy, Oxford:

Oxford University Press.

Scott, A. J. (1986). Industrial organization and location: division of labour, the firm, and spatial process, Economy Geography, 62(3): 215-231.

Scott, A. J. (1988a). Metropolis: From Division of Labor to Urban Form, LA: University of California Press.

Scott, A. J. (1988b). New Industrial Spaces: Flexible Production Organization and Regional Development in North America and Western Europe, London: Pion.

Scott, A. J. (1992). The collective order of flexible production agglomerations: lessons for local economic development policy and strategic choice, Economic Geography, 68: 219-233.

Scott, A. J. (1998). Regions and the World Economy, Oxford: Oxford University Press.

Scott, A. J. (ed.) (2001). Global City Regions: Trends, Theory and Policy, Oxford: Oxford University Press.

Solow, R. (1956). A contribution to the theory of economic growth, Quarterly Journal of Economics, 70: 65-94.

Sternberg, R. (1996). Regional growth theories and high-tech regions, International Journal of Urban and Regional Researches, 20(4): 518-537.

Storper, M. (1995). The Resurgence of Regional Economics, Ten Years later: the region as a nexus of untraded interdependencies, European Urban & Regional Studies, 2: 191-221.

Storper, M. (1997). The Regional World, New York: Guilford Press.

Storper, M. and Scott, A. (1989). The geographical fundations and social regulation of flexible production complexes, In J. Wolch and M. Dear (eds.) The Power of geography, London: Allen and Unwin.

Sturgeon T. J. (2001). How do we define value chains and production networks?

IDS Bulletin, 32(3): 9-18.

Taylor, M. and Asheim, B. T. (2001). The concept of the firm in economic geography, Economic Geography, 77(4): 315-28.

Thrift, N. (1996). Spatial Formations, London: Sage.

Tödtling, F. (1994). The uneven landscape of innovation poles: local embededness and global networks, In A. Amin and N. Thrift (eds.) Globalization, Institutional and Regional Development in Europe, Oxford: Oxford university Press.

Watts, M. J. (1999). Commodities, In P. Cloke, P. Crang, and M. Goodwin (eds.) Introducing Human Geographies, London: Routledge.

Weber, A. (1929). Theory of the location of industries, Chicago: University of Chicago Press.

Webster, F. (1995). Theories of Information Society, NY: Routledge.

Wolfe, D. A. and Gertler, M. S. (2004). Cluster from the inside and out: local dynamics and global linkage, Urban Studies, 41(5/6): 1071-1093.

Yeung, H. (2005a). Organizational space: a new frontier in international business strategy? Critical Perspective on International Business, 1(4): 219-40.

Yeung, H. (2005b). Rethinking relational economic geography, Transaction of Institute of British Geographers, 30(1): 37-51.

Yeung, H. (2015). Regional development in the global economy: a dynamic perspective of strategic coupling in global production networks, Regional Science Policy & Practice, 7(1): 1-23.

第
3
章

都市就業
Urban Employment
陳建元

3.1 都市就業結構與空間分布

　　都市就業問題與都市產業結構息息相關，也是影響都市空間結構與變遷最為重要的力量。近代都市就業的討論往往伴隨著都市化與都市擴張所產生的一連串問題所開展起來的。大規模的都市化當然與近代 19 世紀的工業化與現代化息息相關，工業化帶來的科技進步造成人口遷徙與都市聚集，形成與深化了城鄉截然不同的結構，也吸引了最早期的德國古典經濟空間結構學派的學者群；如屠能以農業使用為主的屠能圈、韋伯以工業為主的工業區位理論以及克氏與所研究的中地理論，說明城市是如何出現與共演化形成一個城市體系，而這早已成為了經濟地理與都市經濟教科書中必備的章節（陳坤宏，2012；Harvey and Jowsey, 2004）。而鄉村人口吸引至城市工廠尋求工作機會與夢想，自然也成了城市主要吸引人口移入與成長的力量（Saunders, 2012），城市中心的商業區與工廠，伴隨其周圍大量低所得住宅、中所得住宅、高所得住宅所形成的空間結構，也成了都市社會學之研究重點，由芝加哥大學人文生態學派所開啟（龍冠海，1978）。

　　這樣由工業革命所帶動的都市化與城鄉空間結構，進入 20 世紀中後葉後，隨著科技的進展與生產結構的改變，使得生產專業分工不斷細分，大量製造與降低成本的壓力，使得工業先進國開始將工廠外移至海外，從亞洲四小龍再至中國、東協等國家（Studwell, 2014）。工業先進國或現今亞洲四小龍所代表的新興工業化國家，都開始進入後工業化時代，製造業外移後取代的是服務業，強調高附加價值與知識密集產業；而勞力密集與低附加價值的製造業則移往發展中國家。此時都市面臨產業轉型之問題諸如市中心衰敗、都市更新與工業區更新等。而此時都市體系早已發展出超越國家邊境，形成一個全球產業分工體系之關係所組成的全球城市之城市網絡（city network）（周志龍，2003；Capello, 2007）。這樣的全球產業分工模式呼應著全球城市體系，吸引了很多學者的研究，在地理學界主要由新馬克思主義學的論述。而在經濟學界則有交易成本理論解釋分工與外包（outsourcing）時代為何來臨與不可逆轉（Micklethwait and Wooldridge, 2003）。

　　但這樣的外包時代與工廠不斷往低生產成本國家遷移的歷程，在多年以後似乎已開始轉變。近來由所謂由德國引領的「工業4.0」的理念，即是智慧生產與工廠的概念，鋪天蓋地的席捲全球。中國大陸也按此精神提出了，中國版的工業4.0，提出了「中國製造2025」，宣誓中國產業透過工業4.0的概念達到中國製造業的轉型與升級。台灣也提出工業4.0政策，台中市更率各縣市之先，提出產業4.0；暗示並非只有在工業部門升級，還有農業與服務業。確實工業4.0的概念其實是整合了近來各式各樣的新興科技發展，所引領的一個新的生產模式，其中包含物聯網（IoT）、大數據（Big Data）、雲端運算（Cloud Computing）、4G/5G 無線網路發展等匯集而成的一個新的生產模式（Rifkin, 2014），其有別以往從生產自動化（生產力1.0／資本密集）、產業自動化（生產力2.0／技術密集）、產業自動化與企業 e 化（生產力3.0／創新密集），到一個包含訊號感測資料蒐集、數據分析決策之智慧自動化生產模式（生產力4.0／智慧密集）（行政院，2015）。這樣一個新的

生產模式，因為有軟體方面的大幅進步如雲端運算與儲存科技，以及無線傳輸與感測器及大數據的分析進展，使得智慧決策與預測、客製化的設計與更及時的市場反應變得可能。

　　在這樣一個嶄新的製造業大轉型的時代，工業先進國家並不想缺席，如美國歐巴馬政府便提出了美國再工業化的潮流，希望移往海外的美國業者能將工廠重新移回國內，而近來的跡象亦顯示出，美國製造業確實開始回流了（劉麗惠，2013）。除了美國國家政策的吸引外，中國大陸人口紅利日漸減少，勞工薪資漸增，也是美國將工廠移回本土的誘因。然而歐美製造業移回本土，卻依然需要面對美國社會少子化與老年化的問題。然而此次不一樣的是工業 4.0 的智慧工廠生產模式中，機器人產業所發展的人機協作的模式（Human Robot Collaboration）已漸漸成熟（Greenfield, 2015），使得歐美製造業的工廠回流，成為可能。從這方面看來大數據、機械人產業、雲端運算所構築的工業 4.0 生產模式，似乎是企業家創新對於少子化與老年化社會，生產力短缺的一個回應。同樣地，大數據、精密機械所觸發的智慧農業與植物工廠，似乎也是回應老農與缺工的農業產業一個解決策略。

　　這種生產模式的巨大轉變與產業分工，似乎與以往的趨勢完全相反，是地理學者眼中從後工業化進入再工業化時代？從產業經濟學家眼中從以往外包再變成內化成公司結構？這樣一個嶄新的製造業大轉型的時代跟以往有何不同？是本章所討論的重點。此波都市就業的再集中，強調創新而非製造；強調創業而非就業，強調知識而非資本，是造成另一波都市就業集中的主因，尤其往工業先進國的城市，都市就業呈現強者越強的趨勢，尤其以舊金山灣區矽谷（Silicon Valley）與西雅圖（Seattle）為代表。從台灣六都歷來的就業結構來看，也一樣呈現出強者越強的趨勢，就業機會不斷往城市集中，知識與資本的聚集似乎呈現不斷自我強化的現象，城鄉差距、所得差距、就業機會差距都沒有隨著時間而縮小，反而更形擴大，而這些都將成為未來城鄉治理與社會發展之巨大挑戰。以下將回顧都市就業與產業發展模式

及與空間分布的關係，並探討新興產業發展模式可能對於城鄉治理與空間結構的衝擊，作一討論。

3.2 都市就業與生產關係之結構與再結構

3.2.1 生產函數、生產關係與勞動分工

在傳統經濟學生產要素模型中的函數 F（L, K），考量的是資本設備（K）的支出與勞動力的薪資（L）最為重要。其中至為重要的便是勞動力與薪資在生產過程中扮演的角色。如果公司能將產品銷售在一定價格之上，可以包含其已投注的資金與勞動成本，並且包含正常利潤。這樣就可以支持廠商持續地投入與生產。但這樣的所謂產品生產過程多以經濟學的抽象模式來思考，卻完全沒有立基在任何產品實質特徵與產品特性的討論，也把產品與勞動力都視為一種同質品，大大忽略了生產過程中勞工與企業家中人的特質之差異以及產品製程的差異與知識資本的角色使其可以掌控生產製程，真正的生產關係其實遠遠較古典經濟學家所定義的函數來的複雜許多。

馬克思（Karl Max）率先作了更進一步的思考，認為這樣古典經濟的生產要素模型，則利潤與工資永遠會有一個負向的關係。兩者只能不斷爭奪該如何分享這社會的總剩餘（social surplus）。工人們常常想要組織起來去力爭他們的工資提高，而資本家們也不斷嘗試如何想方設法降低工資以提高利潤。而資本家與政府在社會上所建構的權力結構，就可在這樣生產過程的機制中，扮演主導的角色以及伴隨而來的價格掌控能力及所得分配的能力，剝削了勞工階級。然而在資本主義大量製造與資本家尋求資本積累的趨勢不可變動下，這樣的生產關係是無以為繼的，也是馬克思斷言資本主義社會終將走向崩解的一天。然而資本主義並沒有走向崩潰，因為馬克思的剩餘價值

理論，忽略了風險與不確定性及企業家角色。資本家可以拿走所謂的剩餘價值，是因為其承擔了風險才有高報酬，降低生產成本則是因企業家提出了重新安排生產要素的創意與溝通協調，創造有效管理制度，才能降低成本。所以企業家承擔了不可測的風險與剩餘責任（無過失責任），才能享受之後產品果真銷售一空的高報酬（張維迎，2010）。

但馬克思認為生產結構的改變才是推進社會結構被改變的動能，確實有其洞見，也將抽象的生產關係與結構帶入了社會關係與社會結構。而Harvey（1985, 1989）更將馬克思的生產結構與資本積累加入了空間與地理的關係。資本積累與不同時期的積累模式與迴路，確實影響了地理景觀，也是改變地理景觀的一個重要的力量。然而在馬克思將制度與人的關係帶入經濟與產業之際，也迫使傳統經濟學家們開始重新思考生產函數中複雜的人與社會及制度的關係。

其實早在古典經濟時期就有所謂舊制度經濟學派學者提出質疑，如Commons（1932）提出對於傳統新古典只著重於價格的分析，而忽略人類社會中最重要的是「交易」關係的批判，他認為經濟關係中交易遠比價格重要，因為交易從來都不是平順的而是充滿懷疑與衝突的，要經過折衝與協調後才可以完成交易，實現互惠的效果，這即是實現所謂帕雷托改善（pareto improvement）。而這樣的概念透過 Ronald Coase 與 Oliver Williamson 兩位經濟學諾貝爾獎得主戮力發展與系統化後，早已成為產業組織、結構與制度分析的重要理論，將在下節闡述。

3.2.2 產業及勞動分工之再結構：交易成本觀點

Coase 於 1937 年所發表的〈論廠商的本質〉一文提出了公司形成的原因；是因為某些交易在市場上的成本遠比它們透過公司組織內部交易的成本來的高，因此從市場上內化成公司內部交易，簡言之就是從 to buy（市場

買）轉成 to make（自己做）。但 Coase 認為這樣的關係是動態的，所以當工廠組織成本太高時，工廠製程就會透過外包到市場上購買。簡言之，Coase 提出了生產製程的關係需要思考的核心問題就是「自己作或外購的」（to make or to buy）的交易成本比較分析。而 Williamson 將 Coase 所提出來的問題作了更進一步的延伸與完整化。

Williamson（2000）認為可從三方面來找出交易特質（idiosyncrasy）與成本，分別是交易的持久性與頻率，如交易頻率高且為長期，則交易雙方愈容易產生信任，減少投機行為；交易的不確定性，不確定愈高交易成本愈高，以及交易財貨本身的特殊性（asset specificity），特殊性愈高，相互依賴性愈高，投機行為發生的風險也愈高。前三者類似都是為了衡量交易成本的多寡，因而此類的研究亦被歸屬於交易成本研究中的衡量成本學派（measurement cost branch），而 Williamson 交易成本理論中，被認為最重要的創見便是特殊資產的投資所伴隨而來的高風險，進而促進組織進行產權整合，這類研究便被歸類為治理成本學派（governance cost branch）（Williamson and Masten, 1999）。在實證研究中也以特殊資產投資最為呼應 Williamson 的理論看法（Klein and Shelanski, 1996; Macher and Richman, 2008）。而這些特殊資產按 Williamson（1983）的看法有基地特殊性（site specificity），因空間關係所導致的運輸與儲存成本；資產特殊性（asset specificity），如精密特殊設備投資；人力資源特殊性（human asset specificity），具有特殊技術與知識；專用特殊性（dedicated asset）如專供特殊使用目的的投資（陳建元，2010）。而在瞭解知道該項交易的特質後，便是選擇或比較何種制度處理該項交易有較低的交易成本。制度的選擇可從最自由且無風險的完全市場競爭下的市場機制，依次為：有風險但可用市場的方式（如契約）完成交易，混合型契約、公司組織、政府干預、政府組織（如圖3.1 所示）。其個人誘因之激勵程度也隨圖的左邊依次向右遞減。

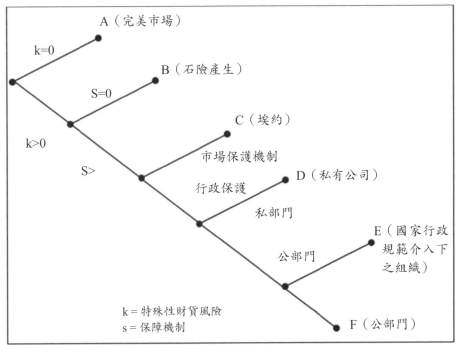

A（完美市場）

k=0

B（石險產生）

S=0

k>0

C（埃約）

市場保護機制

S>

D（私有公司）

行政保護

私部門

E（國家行政
規範介入下
之組織）

公部門

k = 特殊性財貨風險
s = 保障機制

F（公部門）

圖3.1　交易成本下的制度選擇路徑圖

資料來源：引自陳建元（2010）。

　　因此，生產關係其實可以化約為不同的交易特性與交易成本，決定該交易是否應該外包或內製以及什麼樣的產業組織適合哪種生產活動。因此若交易是容易量測、標準化與容易監督，則會形成作業流水線的模式內製，也可能外包。若交易充滿風險與難以量測投機行為，則會進行垂直整合，降低交易成本。

（一）公司內部勞動分工

　　就像是亞當斯密《國富論》中有關勞動力分工所舉的圖釘工廠故事。圖釘工廠一開始為個人工作坊，但當市場開始增長時，則這工作坊的製程會細分製程委由全職的技術工人所負責。圖釘的製程將會被重新組織並細分成不

同階段，如拉、強化、切割、鍛造、磨光等。當這樣的過程被適當的組織後，勞動工作變成一成不變，資方將更會有全貌的角度且更易調控製程、降低成本與監控勞工的績效（Marglin, 1974）。而這樣的模式雖能將人化為機器般有效率，但缺乏生產的社會關係與知識的學習與積累。也有可能將單一大公司的技術分工轉成社會關係（social division of labor）的分工，即打散成一系列製程的獨立公司或工作坊，這樣就會形成一個外部規模經濟或是產業群聚。

（二）垂直整合

產業組織發生垂直整合的情形往往就在內化生產過程，使其節省大量的交易成本（Williamson, 1975, 1985）。這些情況往往就發生在（1）交易資訊很不平均的分布在交易雙方當中，或是（2）未來的不確定性影響重大，無法內化在契約的但書之中。（3）未來的不確定極高，極難預測。都會造成風險極高的高交易成本，因此在這樣的情況下廠商就會希望透過垂直整合（vertical integration），以內化其交易成本。如一間 R&D 公司發展出對公司影響重大的創新，若無法透過契約規範確保其創新利益能夠為我公司所用，則最好將其整合於公司內部。相同的若有一間公司掌握我公司生產所需的專屬材料，則最好也是將其併購。這樣可解決雙方高度互依性的問題。最近的文獻也指出公司掌握特殊的 know-how 與產品的相容性也會成為併購的理由。如半導體廠與晶片測試，其產品間的特質就非常適合垂直整合。而半導體組裝相反的就不一定適合，還要看其科技資訊與知識與組裝交易活動的特性（Langlois, 1992）。

（三）垂直分散（外包）

當公司內部交易成本大於外部交易成本時，公司部分的製程就應該要外包。因為公司一旦規模過大則超出公司管理與溝通協調的能力，需要透過外

包以降低交易成本。三種重要的情況會是內部成本的比例大於外部（包）成本。第一個情況是市場對於最終產品的需求具有高度不確定性。若在這的情況下做後端整合，就會造成資源錯置。應該透過外包將此風險外部化。若形成為數不少且具獲利的公司，則整個系統的風險就會大大的降低了。第二種情況是特殊製程的生產活動，需要同時滿足多位客戶，使其必須專注於其本業，而將非本業的事務外包，而這外包業務自然也需專業以形成其規模經濟。第三種情況是勞動力市場非常分散，大型具有工會組織的公司，將會聘走大部分較為昂貴的主要人力。而它也會將一些製程工作外包由較小的公司完成，可以降低成本也會聘任一些沒有加入工會的勞工。當然近來也有一些研究顯示，越是一般性與標準化的生產製程也越容易被外包出去。當然也有其他一些理論如 Stigler（1951）視外包完全是規模經濟的函數關係。

因此，交易成本理論提供了一個對產業組織與生產關係與勞動分工之結構與再結構的動態分析方法。從交易成本理論可以看出，產業組織與生產結構的改變，主要在於各式資產特殊性投資與風險及不確定之間所帶來的問題，而產業組織與生產結構該如何有效分散風險與降低交易成本與生產成本，方能因應變化快速的全球化競爭下生存。這些產業結構與勞動分工的改變，當然也會影響都市就業與城鄉空間結構的改變。

3.3 都市產業結構變遷與空間分布：集中與分散

3.3.1 產業結構與空間分布

所以每個製程的交易成本變化，隨著科技或經濟情勢及制度改變，都會影響到產業組織與產業分工結構的改變。而這樣的產業再分工可能是在公司內的作業流水線的分工，但也可能是小公司林立與聚集的一種社會關係的分

工。而這樣的分工當然也會呈現在空間結構上。因為生產模式中上下游生產鏈的外包與外部增生的交易活動具有正向關係。由大企業所產生越多專業的小公司，將會更厚實這些公司彼此之間的互動與聯繫。相同也會伴隨水平競爭廠商的分化，這樣會使小廠商如滿天星斗，同時彼此互相依賴，演化出複雜且綿密的關係，誰也沒辦法獨存，形成一個依社會關係而勞動分工的網絡。這些廠商的聚集並非只是簡單的空間鄰近性，而是透過一個結構性的規則去形塑它聚集的態樣。彷彿具有引力般吸引廠商至某處聚集（Scott, 1998a, 1998b）。而廠商一方面一直有壓力在其廠區周邊進行生產鏈外包以降低其生產成本。但另外一面廠商也會進行垂直整合，重新整合外部分散在各區的公司，但這也會稀釋掉原本各公司間聯繫的關係。立基在不同市場結構與科技的情況下，我們往往看到依照這些相異原則下的垂直整合與外包，廠商的群聚與分散，同時在一個生產部門不同製程之間發生。

以 Scott（1998a）的研究便舉出了交易成本如何影響了產業分工結構與產業組織進而改變了空間結構，我們以 Scott 在90年代在美國的調查來看，以美國加州洛杉磯（Los Angeles）印刷電路板產業為例。印刷電路板產業（printed circuit board）是電子產業中一個高度專業的領域，它基本上就是有不同的塑膠薄版與化學蝕刻出不同的洞口，方便電子零組件的安裝與保護。而這些電路板都是為不同買家量身訂做，買家的需要可從單一原始電路板，到提供上千零組件安裝的複雜電路板，而主要的買家多是來自一般電子業與航太產業。印刷電路板主要分為單邊、雙邊與多層式電路板。在製程上，最重要的可分這兩個步驟：分別是將原料裁切成薄版與利用化學原料蝕刻洞口並塗上保護。

一般來說，這些廠商大多是中小型廠商和單一工廠，彼此有互動頻繁的外包行為，也有內部的專業分工；當然也有大型廠商，將所有印刷電路板製程全部都內化於電子產業下游的組裝公司內部。但業者都必須面對印刷電路板這個波動極大的市場風險與不確定性，還有因為每個電路板都是專門針對

客戶特製的，所以每次的設計都不同，也都需要創新，且需要與客戶密集討論與共同合作，都充滿高度不確定。從1968到1982年洛杉磯印刷電路板工廠從69間成長至150間。1968年其工廠的分布本來是很分散的，到1975年開始在橘郡與聖費納多谷產生群聚，現在約有120間工廠聚集在此區域。而這些工廠分布也很明顯產生郊區化與去中心化的現象，這在美國大都會地區也是蠻普遍的產業空間分布現象。但印刷電路板工廠明顯且分別聚集在南邊的橘郡與北邊聖費納多谷，絕非只是簡單的分布在都市外圍而已，而是有目的之組織，與考量當地勞動市場與內部生產組織及空間交易關係下的結果。

　　而印刷電路板最重要的就是塑膠薄片與化學原料。在1982年調查中發現印刷電路板的原料全部都來自所在的區域。從圖3.2左邊中可以看出17個印刷電路板工廠與其化學與薄板供應商聚集在一起。他們彼此在空間上的群聚，可以互動與服務彼此形成互惠效果。同時我們也發現在圖3.2右邊中在13個印刷電路板的工廠中，主要五個印刷電路板的大客戶也在這地區。這很明顯的呈現出印刷電路板與其客戶，在空間上具有一個很明顯的關係。

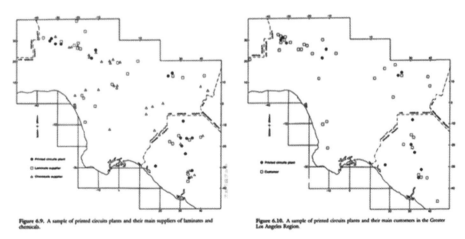

圖3.2　洛杉磯印刷電路板廠商空間分布圖
資料來源：引自 Scott (1998a).

　　而小廠很明顯的將非常專業的製程外包，如鑽洞、焊接熔絲、電鍍、多層薄片等。將這些製程外包，小廠可以避免購置相關資本設備的投入、減少資金壓力與增加資金運轉效率。Scott 從14家訪談的廠家中得到他們與其外包商的空間關係資訊顯示，如圖3.3，並沒有一個明顯的模式，但在橘郡中央的區域與聖費納多谷，還是都有群聚的現象。

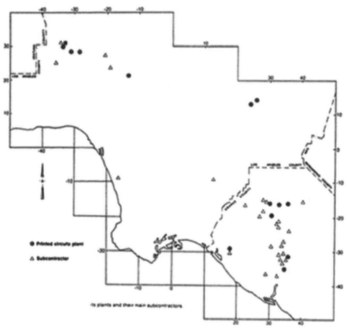

圖3.3　洛杉磯印刷電路板廠商與協力廠商間空間分布圖
資料來源：引自 Scott (1998a).

　　從上述的分析與發現，我們可以說因為緊密聚集複合體的關係，使得這些工廠可以發展出密切聯繫的經濟活動，使得垂直分散的生產模式可以產生，也有空間成本的節省優勢，如同橘郡區域的聚集。其次，我們也可以發現將製程外包的工廠，往往是小型的工廠也較不用標準化製程來大量生產的模式，因為他們無法負擔資本設備的固定折舊的資金壓力，只好跟其他小廠

透過專業化生產的外包模式將資源共享利用。相反地，大型工廠往往就是以大規模、標準化的方式大量生產，這樣也才有方法使其設備具有規模經濟。所以生產規模、資本化與外包行為，與市場的確定或不確定關係具有函數般的關係。市場不確定性高，就無法進行大規模資本設備投入，也就無法大量生產，也就只能進行垂直分散式的生產，空間上也就形成聚集分布的樣子。而不確定降低，越能促使工廠進行大規模投資與擴大產能。以被併購至大規模下游電子廠的印刷電路板的工廠來說，就是因為他們自己本身需求量大，所以不確定較低，也使得垂直整合所帶來的規模經濟得以展現。以大洛杉磯地區的大廠來說，平均聘用 98.8 位員工遠高於平均約聘 38.8 人獨立經營的工廠，空間上也就呈現出孤零零的分散在各處。

3.3.2 產業結構全球化

　　從 Scott 印刷電路板的研究可以發現，工廠會傾向密集的聚集在一起，建立起密切的關係，共享資源也減少成本。當時橘郡是目前大洛杉磯區域印刷電路板產業的核心。所以，Scott 認為小廠們彼此之間的交易關係結構，驅使他們往市中心聚集，而大廠們則因為土地與勞工成本的關係必須往郊區的地方設廠。Scott 的研究便是清楚呈現交易成本如何改變產業組織與分工結構，並進而改變空間結構。從 Scott 與 90 年代美國產業調查的案例可以發現，印刷電路板產業隨著科技的成熟導致不確定性降低、資產設備折舊的抵減與規模經濟效應的發酵，都使原本高科技的產業漸漸成熟，朝向大量製造的模式，進而遠離市中心以尋找更低廉的土地與勞工成本。

　　隨著進入 21 世紀，全球貿易協定與各國間貿易自由化的協定，成熟產業的外移早已不是從市區內移到市郊，而是跨國境的持續移動。以蘋果電腦發展的歷史來看，最先一批約兩百台的電腦，是在 1976 年間在賈伯斯的車庫內組裝而成的。80 年代則在加州的工廠內完成，但在 1992 年間蘋果電

腦已將部分零組件工廠遷至更遠的加州郊區與科羅拉多州，之後遷往以色列與新加坡，到了21世紀則是先台灣後中國大陸。各大知名廠商皆是遵循著蘋果電腦的模式，從市區到市郊，從國內到國外。至今大多廠商的生廠基地多以中國為核心，不只是因中國低廉的勞工與土地成本，而是他們具有非常彈性的生產結構，能夠非常快速反應市場的變化進而降低企業之風險（Moretti, 2013）。

全球化與供應鏈全球化對於都市發展與就業結構形成若干衝擊，最為弔詭的是，全球化一方面使大量商品價格降低，得利最多的是中低收入階級。然而隨著生產基地不斷的整合與外移，以尋求降低勞工與土地成本，也使得這些工業國家的中低收入族群的就業機會，受到最大的衝擊與影響。以美國來說在2000至2010十年間人口減少最多的城市是紐奧爾良市，當然是受到超級颶風卡崔娜所致，較為例外。但排第二的城市是汽車城底特律（減少25%），接著是克里夫蘭（減少17%），第四位是辛辛那提（減少10%）。這些都是美國原本重要的工業廊帶城市，現今隨著產業外移卻成為鐵鏽廊帶（Rush Belt）城市，廠商外移使基礎產業就業機會減少，會進一步帶走非基礎產業就業機會（比例約1：1.6），而人口大量外移也衍生出犯罪率提高、空屋與空城等問題，形成一個惡性循環（Moretti, 2013）。

然而就在鐵鏽廊帶的城市們為著生存與就業機會苦苦掙扎之際，在美國另一邊以創新為驅動力的高科技產業城市如舊金山與西雅圖，卻絲毫不受影響，在城市地價與物價不斷攀升之際，就業機會不但沒有減少，反而越來越多。而且隨著成熟產業的離去，都不斷有新創產業接棒，都市產業發展源泉似乎源源不斷，值得進一步探討。

3.4 創新驅動產業時代下都市就業結構之再集中與路徑依賴

3.4.1 創新、知識積累與產業發展：企業家角色

　　上一節中曾經提及 Scott 巧妙的利用了交易成本解釋產業結構與空間結構變遷的緣由，也利用了交易成本理論連結了產業與空間上產業群聚背後的社會關係。當然交易成本也可以連結到與知識財貨的重要性，因為人力素質之培育與知識的積累，也是如同前述的一種特殊性資產投資。產業為什麼會群聚以及創新所帶來的，都是產業發展中產生知識外溢（spill over）效果所致。但知識的種類很多，有些知識不像是透過閱讀即可學會的。有些是默會知識（tacit knowledge）需要透過實踐才可以領會，甚至有些知識往往根植於人的身上，無法離開個人而能複製。這也可以解釋為什麼有些公司透過垂直整合所整併的公司，因為重要人力資源的流失，而沒有發揮應有的綜效（North, 1990; Eggertsson, 1990）。

　　但是知識的擷取與學習需要透過時間學習並且歷經嘗試與修正錯誤，具有動態效果。但從 Coase 與 Williamson 所提出的交易成本則缺乏了動態的分析與企業家的角色。不管是以衡量交易成本為基礎的制度分析方法，還是以資產特殊性為衡量的治理交易成本的分析，它們的分析都缺乏了動態性。因為他們仍然假設在一固定時空狀態下的交易成本分析，忽略了科技與制度創新可能對既有交易成本與制度結構形成極大的影響。Langlois（1992）便認為現今交易成本比較研究，忽略了交易成本的重點在於「協商品質」（quality of coordination），但這協商品質卻不是當下即知的，反而需要時間去學習、犯錯、修正與創新的。所以動態交易成本即是反映在現實社會下，人因為有限理性的關係，需要學習與創新以找到降低交易成本的方法。

　　所以制度與科技的創新是攸關交易成本高低的一大變數。而創新又必

須提及企業家精神（entrepreneurship）與角色，也是在 Scott 的討論較為被忽略的一環，但卻是改變生產關係、交易成本與空間結構的一大變數。熊彼得（Schumpeter, 1961）是首位討論企業家創新活動對經濟波動影響的學者，他歸納 Cantillon（1755）、Say（1803）關於企業家的論述，認為由於競爭因此必須透過不斷的創新以保持優勢，而創新活動就能夠提升競爭力而帶動經濟發展。然而，熊彼得對創新的定義是指生產要素的新組合（new combination），而新組合包括新的產品、新的科技、新的供給、新的組織型態等等。海耶克（Hayek, 1945）強調所有的經濟問題都是知識利用的問題，根源於不確定性之問題，知識的形成有著必要的學習過程，因為每個人都無法擁有完美的知識，所以無法完全理解對方的想法，且覺察他人的行動是一項複雜的任務，當雙方的預期結果不同、想法與現實情況不一致，或者雙方改變了原本的計畫，那麼就會產生協調（coordination）上的問題。

海耶克說明：「每個人不過擁有一點點知識，他們自動自發的行為互相作用，會引起一個形勢，在這個形勢下，價格相當於成本。而且這個形勢，也可以只由某一個具有所有人的綜合知識之人設計指導而實現」（Hayek, 1945），他說明企業家能夠在認知的過程中綜合知識，界定與歸類出不同的環境類型，並加以模仿、內化。Schutz（1961）亦強調知識累積的過程，他以互為主體性的主觀詮釋說明企業家會想像一些尚未發生的、或也許永遠不會發生的事，然而，想像的內容源於他們過去或現在所累積的經驗與知識。在一個知識形塑的過程中，新的知識累積起來，有助於企業家解決企業經營中的新問題，故企業家的知識累積有其特定的歷史，進而構成屬於自己的知識存量（知識庫）（Schutz, 1970），且企業家則根據其知識庫，決定了對未來事件的預期（余赴禮、陳善瑜，2007）。

Kirzner（1973）將市場看作是「某種收集分散在整個經濟中的大量知識的社會工具」，因此在競爭激烈的市場過程中存在著不均衡的狀況。然而，Kirzner 把企業家放在了市場活動中的軸心地位，認為企業家是使

市場趨向均衡的力量所在，但不均衡的狀況就代表著有獲利機會（profit opportunity），企業家也可能在估計利潤與機會時發生錯誤，故 Kirzner 認為企業家的職能是對尚未被發覺機會的敏感機警（alertness）能力，亦進一步說明企業家不僅能察覺到機會，還能夠利用此機會來賺取更多的利潤，只要是發現未被他人察覺之利潤機會，就是一種企業家精神的體現（余赴禮等，2007）。此外，Kirzner（1973）也論證了個人有目的的行為如何直接導致了市場互動的學習過程，對此 Kirzner 則指出市場過程是作為人們行動的環境，企業家在動態市場過程包括錯誤、機會、發現和改正之行為，透過察覺機會、行動、錯誤，以及不斷修正、再行動的過程才能使計畫更加完善。因此 Kirzner 所主張的是另一種適應性企業家精神（adaptive entrepreneurship）（余赴禮等，2007）。

　　而 Benson（1998）更從社會關係與協調的面向討論企業家的能力，他指出市場產生問題時（交易成本），在企業家眼中卻是一個市場機會，但他卻必須發明自願的方式，取得眾人的合作。企業家的制度創新須立基在自願的基礎上。所以企業家必須讓他人覺得企業家是一位「有智慧的人」，而他過去合作行為的紀錄（即建立起良好的商譽）也成為企業家說服人們可以信任他們的主要信用（Benson, 1991）。在這些情況下，他所設計的規則，才能漸漸被大家所接受。所以很多產業群聚的形成，往往都是有企業家扮演著領導、協調與分享的角色，產業群聚確實背後是社會關係的網絡，而其中企業家則扮演著一個關鍵的角色。

　　從上述生產關係的文獻討論中可以看出，科技的變化確實會對於產業組織、城市結構與區域經濟產生莫大的影響。然而這些影響的核心並非是科技、資本與空間，而是「人」與「知識」，就是由勞工的技能、企業家的能力與創新及制度之間的互動與共演化而成（Michael, 2007），生產關係並非只是冷冰冰的要素之間的價格替代關係，而是人與人之間與制度之間的合作與信賴關係，一起面對未知的風險與強大的市場競爭，才是產業或個人能夠

生存下來的主因。

3.4.2 企業家創新、產業群聚與都市就業之再結構

產業分工從上述交易成本理論之分析與外包時代及生產供應鏈的全球化來看，似乎「世界是平的」，運輸成本與區位特殊性的重要性似乎越來越不重要。所以一個都市的就業機會與成長動能，端看其在全球生產供應鏈中所處位置的高低，遠勝於自己地方與區位的特殊性。然而交易成本分析若結合企業家理論，從人才與知識的特殊性出發，則可導出另一個截然不同的觀點：「空間區位很重要，世界不是平的。」因為，知識創造、學習與傳播具有空間特性，需要面對面溝通、實際操作與經驗回饋等，才有辦法取得默會的知識。因此以前區位的重要性是因為隨著距離運輸成本會增加，但在知識經濟時代中，區位的重要性在於，知識會隨著距離越遠而消散。以矽谷來說，新創公司最需要創投公司（Venture Capital）的協助，才能解決資金取得與運用的問題。然而，矽谷的創投公司卻表示其欲扶植的廠商，不能離開矽谷太遠，因為創投公司的角色，早已非只是給予金錢而已，而是要與扶植的廠商進行密集的輔導與協商，方能成功。所以在距離上不能離矽谷太遠（Moretti, 2013）。

其次，位於矽谷、西雅圖、德州奧斯汀等群聚的新創公司皆是極為專業領域的公司，且吸引全世界相關產業之頂尖廠商進駐，為了享受該產業群聚之知識外溢的好處，也表示相關領域人才在全世界裡只能在此尋覓工作，而也因此更容易轉換工作。若他們的配偶也是相同專業人士，則更是只能在這些產業群聚的區位找尋工作，更進一步也使全世界類似產業的公司也只能在此設置總部或研發中心，尋覓專業人才。這樣子相互回饋的作用，將形成一種「路徑依賴」式的產業群聚空間發展，無法被取代。當初 Amazon 將其總部遷至西雅圖時，便是因為那裡是 Microsoft 的總部，容易找尋合適的軟體

工程師，進一步強化了西雅圖作為電子商務的領導角色。而這些創新型的產業與公司其實具有龐大的能量，能夠帶動更多的就業機會與城市發展動能。

以臉書（Facebook）來說，雖然只有聘僱1,500位員工在其位於矽谷的Menlo Park，還有其他約1,000位分布於全美各地的員工，這樣的人數與傳統產業動輒以萬計的就業機會相比，似乎難以彌補因傳統產業外移而消失的工作機會。然而近來的研究卻顯示不同的情況。雖然Facebook直接聘僱的員工數不多。但是因為Facebook所衍生依此維生的app廠商卻很多，從統計來看與Facebook直接相關的app所衍生的工作機會約有53,000個，而間接衍生的工作至少130,000個。因此Facebook所衍生的工作薪資所得估計至少有120億美金左右。從這裡可以看出這些以創新為主的高科技產業，其帶動的相關基礎與非基礎產業的就業機會之動能是非常巨大的。以美國的資料顯示，這些高科技產業可帶動相關產業就業機會的能力約是1：5，遠比傳統製造業的1：1.6來的高。因為現今高科技產業雖具有高風險，但一旦成功就具有贏家通吃（winners take all）的高報酬特色。所以這些聚集在矽谷、西雅圖、奧斯汀、波士頓的網路、生技、電信等新創公司的員工，薪水更為豐厚也使其所帶動的內需型產業就業機會的能力，更加明顯。所以，我們可以看出若傳統產業移出而有適時的創新型高科技產業移入，則一來一往，就業機會不但不會減少，還會增加（Moretti, 2013）。

然而很可惜的是這些創新型產業的分布卻是以空間非常不均衡的方式呈現，上節所描述鐵鏽廊帶的城市，並沒有得到創新型高科技廠商的青睞。而原本已經具有眾多創新型廠商聚集的城市，雖然伴隨著越來越高的房價與物價，不但沒有嚇走這些創新型的高科技廠商，反而各加絡繹不絕。造成城市間的發展差距不斷加大，形成強者恆強的現象。以1976-2007期間申請的專利數來看，就可呈現出這樣的趨勢（Florida, 2011）。最底層的是美國的平均數，傳統產業為代表的匹茲堡也在底部。矽谷核心區的聖荷西則一支獨秀，遠遠超過其他城市。其他矽谷周邊之城市如舊金山與同屬加州之聖地牙哥與

西雅圖，近年來也呈現出快速成長的趨勢，而生技產業聞名的奧斯汀市也是呈現出這樣的趨勢。科技進步造成生產力的提升，進而推進就業機會與薪資，然而這樣的好處卻主要得利於教育程度較高之中高收入者，有能力利用科技的進步轉化為個人生產力的提升。而教育程度較低的中低收入者則無法享受這科技帶來的好處，形成薪資結構的空洞化。

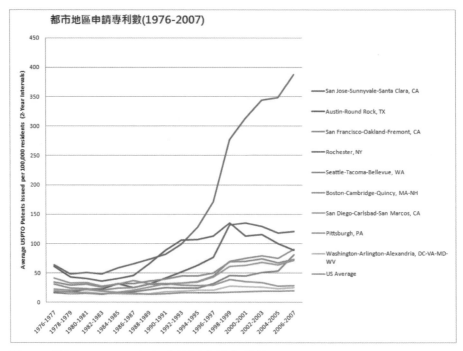

圖3.4 美國 1976-2007 **年都市地區申請專利數**
資料來源：Florida (2011).

因此，在這以創新驅動為主的產業發展時代下，區位與距離再次發揮它的重要性，而此次卻與以往不同。知識隨著距離而消散，所以知識的創造需要面對面的溝通與討論，但知識創造後的應用卻是全球的。人才與企業家才是產業群聚能成功與聚集的主要因素，也是降低產業發展的交易成本與生產成本主要關鍵因素。然而這樣的發展使得就業機會與財富趨向更為不均的極

化發展，城市與城市之間、國家與國家之間、人與人之間的財富與教育，差距都越來越大，是未來城市發展與治理最重要的挑戰。而台灣是否也有這樣的現象，值得關注。

3.5 台灣都市就業結構之衝擊與挑戰

　　行政院經濟部近來提出「四大智慧產業、六大新興產業、十大重點服務業」的產業政策，作為台灣未來重要的新創產業代表，分別是精緻農業、醫療照護、觀光旅遊、雲端運算、發明專利產業化、數位內容與流行音樂、美食國際化、國際醫療、會展、Wimax、國際物流、創新籌資、都市更新、華文電子商務、文化創意等未來台灣政府欲扶植的重點產業（詳細說明如表3.1）。而若利用台經院之統計資料，可以發現這些台灣新興產業與其專利數也呈現出空間極不均衡分布的現象。台北市在大多產業中都表現出一支獨秀的情況（表3.2）。如台北市的生產總額在雲端運算產業中占了台灣整體的53.83%、發明專利產業占了53.33%、數位內容與流行音樂占了58.58%、會展產業占了70.58%、Wimax 產業占了47.52%、創新籌資則占了54.6%。若再將新北市的分額也加總的話，則在台灣外來重要的新興產業中，台北都會區在多數產業中占了約6 至7 成的份額，非常的集中。

　　若我們再來看這些新興產業的家數與專利數，則依然呈現這樣的趨勢（如表3.3 所示），即便是在精緻農業中台北市的專利數依然占了最高的比例。雖然不若從生產總額那樣極端，台中與高雄在部分產業中占有較為重要比例如國際物流產業、都市更新、醫療照護、會展與華文電子商務。但總的來說，可以發現專利數主要集中在台灣六都的都市範圍中，尤其是台北、台中與高雄。可見台灣就業結構之再結構的趨勢與美國相較，是呈現出相同的趨勢，就是強者越強，區域間越來越不均衡發展，城市之間的財富、知識與

就業機會的差距不斷的在擴大之中。

因此，這些可想而來的趨勢與挑戰都需要都市規劃者與管理者深思，也是政府需要審慎面對。首先，區域不均衡的發展似乎已是一種常態，區域均衡反而是一個難以觸及的目標。但是台灣目前產業與就業市場高度集中於台北都會區，在國家發展上顯得具有較高風險，值得空間政策省思該如何調整。但從本章的分析中卻可看到這樣的不均衡發展，在未來卻只會越來越嚴重，台灣長期區域發展上重北輕南的問題，以及高鐵通車後，南部更加邊陲化的現象似乎短期內無法得到緩解。該如何吸引人才與企業家至中南部發展，需要中央與地方政府共同思考。如同像美國西雅圖這個城市在 1980 年代面臨產業外移與升級的問題而市容越發蕭條，但當 Microsoft 的比爾蓋茲決定將其總部遷回家鄉後，西雅圖便走上一條不一樣的發展道路，隨即吸引著 Amazon 也將總部遷至西雅圖，而西雅圖的基礎設施也漸漸完善起來。而當初當地只有幾間咖啡店的 Starbucks，現在早已發展成全世界最大的咖啡店業者了。

因此，產業發展與就業機會的空間不均衡現象，根植於人才與知識的聚集而非基礎設施與政府政策。一旦產業、人才與知識開始聚集，則會形成一個自我強化機制，政府無需也無力干預。況且這樣的外部性將會漸漸擴及整個都市，如房價、教育水平、文藝活動、預期壽命、政府稅收等，使整個城市生氣蓬勃。在這樣的情況下，傳統政府對於產業扶植的政策應該顯示於知識與創新的投資上與鼓勵創業，而非硬體建設。創業可能是未來最重要的就業機會，而創業需要吸引優秀人才與企業家的投入，這是發展產業的關鍵因素，也是政府未來產業政策的重點。

表 3.1　新興重要產業定義與普查產業範疇

產業別	100 年普查產業	產業範疇
精緻農業	農林漁牧	有機農業、農業生物技術、蘭花、石斑魚、觀賞魚、種苗及種禽畜、觀光旅遊業等產業
醫療照護	醫院、診所、其他醫療保健服務業	醫療業
觀光旅遊	住宿服務業、餐飲業	觀光旅遊業、飯店業、餐飲業、休閒農場業
雲端運算	電信業、電腦軟體設計業、電腦系統整合服務業、其他電腦系統設計服務業、資料處理、網站代管及相關服務業	電信業、製造業、資服業
發明專利產業化	其他法律服務業（專利師）、自由及工程科學研究發展服務業、綜合研究發展服務業、未分類其他專業、科學及技術服務業、非金融性無形資產租賃業	研究機構、學校、個人、企業
數位內容與流行音樂	聲音錄製及音樂出版業、書籍出版業、軟體出版業	數位遊戲、電腦動畫、數位出版、數位學習／典藏、數位影音、流行音樂、樂團
美食國際化	餐館業、非酒精飲料店業、酒精飲料店業、餐食攤販業、調理飲料攤販業、其他餐飲業	台灣小吃業、飯店餐飲業
國際醫療	醫院、診所、醫學檢驗服務業	由醫療服務產業串聯觀光旅行業者、飯店業者、交通業者、提供國際人士完善之醫療及旅行服務
會展	會議及展覽服務業	會展產業
Wimax	電信業	電信通訊、寬頻網路業
國際物流	汽車貨運業、海洋水運業、航空運輸業、船務代理業、海洋貨運承攬業、航空貨運承攬業、航空運輸輔助業、其他運輸輔助業、普通倉儲業、冷凍冷藏倉儲業	運輸業、倉儲業、貨運承攬業、船務代理業、報關業、快遞業

產業別	100 年普查產業	產業範疇
創新籌資	銀行業、金融控股業、證券業、其他金融業、投資顧問業、其他金融融輔助業；信託、基金及其他金融工具、票券金融業、證券金融業、其他證券業、投資顧問業、其他金融融輔助業	金融證券業、創投業
都市更新	不動產開發業（不動產租售、不動產經紀；不動產管理業、未分類其他不動產業）；建築服務業、工程服務及相關技術顧問業	營造業、建築業、信託業、不動產估價師
華文電子商務	電子購物及郵購業	電信通訊業、物流業、無實體店面銷售業、金融業、資訊業、網路平台業、快遞業
文化創意	新聞出版業、雜誌〈期刊〉出版業、書籍出版業、其他出版業、軟體出版業、影片製作業、影片後製服務業、影片發行業、影片放映業、聲音錄製及音樂出版業、廣播業、電視傳播業、有線及其他付費節目播送業、廣告業、工業設計業、其他專門設計服務業、攝影業、創作業、藝術表演業、藝術表演場所經營業、其他藝術表演輔助業	

資料來源：台北市申辦自由經濟示範區之可行性與規劃，台灣經濟研究院，2014 年。

表 3.2　新興重要產業發展概況

產業別	區域	家數	占全國比例	生產總額	占全國比例	生產總額／家數
醫療照護	全國	21031		602 217 998		28635
	台北市	3 186	15.15%	132 967 089	22.08%	41735
	新北市	2 964	14.09%	61 042 002	10.14%	20594
	桃園縣	1 434	6.82%	52 153 546	8.66%	36369
	台中市	3 236	15.39%	80 032 811	13.29%	24732
	台南市	1 840	8.75%	44 623 279	7.41%	24252
	高雄市	2 809	13.36%	76 475 279	12.70%	27225
觀光旅遊	全國	115878		541 640 465		4674
	台北市	15 931	13.75%	161 607 785	29.84%	10144
	新北市	11 433	9.87%	51 251 106	9.46%	4483
	桃園縣	8 292	7.16%	42 463 069	7.84%	5121
	台中市	13 723	11.84%	68 248 991	12.60%	4973
	台南市	11 455	9.89%	31 154 368	5.75%	2720
	高雄市	16 657	14.37%	64 963 672	11.99%	3900
雲端運算	全國	8751		583 445 253		66672
	台北市	3 263	37.29%	337 464 150	57.84%	103421
	新北市	1 616	18.47%	63 633 524	10.91%	39377
	桃園縣	508	5.81%	24 672 769	4.23%	48568
	台中市	1 076	12.30%	39 798 367	6.82%	36987
	台南市	411	4.70%	13 202 430	2.26%	32123
	高雄市	795	9.08%	47 432 985	8.13%	59664
發明專利產業化[1]	全國	1525		27 042 539		17733
	台北市	640	41.97%	15 857 905	58.64%	24778
	新北市	206	13.51%	4 637 551	17.15%	22512
	桃園縣	77	5.05%	680 287	2.52%	8835
	台中市	202	13.25%	1 676 805	6.20%	8301
	台南市	83	5.44%	1 337 740	4.95%	16117
	高雄市	131	8.59%	944 431	3.49%	7209

產業別	區域	家數	占全國比例	生產總額	占全國比例	生產總額／家數
數位內容與流行音樂	全國	2744		72 581 391		26451
	台北市	1 440	52.48%	48 276 357	66.51%	33525
	新北市	487	17.75%	14 181 997	19.54%	29121
	桃園縣	74	2.70%	1 015 338	1.40%	13721
	台中市	263	9.58%	2 837 802	3.91%	10790
	台南市	105	3.83%	3 340 055	4.60%	31810
	高雄市	158	5.76%	1 938 336	2.67%	12268
美食國際化[2]	全國	109612		436 440 472		3982
	台北市	15 477	14.12%	123 780 515	28.36%	7998
	新北市	11 078	10.11%	45 960 273	10.53%	4149
	桃園縣	8 050	7.34%	36 571 515	8.38%	4543
	台中市	13 342	12.17%	58 116 152	13.32%	4356
	台南市	11 192	10.21%	26 973 896	6.18%	2410
	高雄市	16 167	14.75%	53 740 457	12.31%	3324
國際醫療	全國	21031		602 217 998		28635
	台北市	3 186	15.15%	132 967 089	22.08%	41735
	新北市	2 964	14.09%	61 042 002	10.14%	20594
	桃園縣	1 434	6.82%	52 153 546	8.66%	36369
	台中市	3 236	15.39%	80 032 811	13.29%	24732
	台南市	1 840	8.75%	44 623 279	7.41%	24252
	高雄市	2 809	13.36%	76 475 279	12.70%	27225
會展	全國	249		4 662 881		18726
	台北市	134	53.82%	3 726 357	79.92%	27809
	新北市	35	14.06%	429 617	9.21%	12275
	桃園縣	11	4.42%	84 402	1.81%	7673
	台中市	18	7.23%	189 151	4.06%	10508
	台南市	13	5.22%	60 521	1.30%	4655
	高雄市	18	7.23%	107 068	2.30%	5948

產業別	區域	家數	占全國比例	生產總額	占全國比例	生產總額／家數
Wimax	全國	1287		401 313 338		311821
	台北市	313	24.32%	221 063 204	55.08%	706272
	新北市	216	16.78%	36 776 668	9.16%	170262
	桃園縣	79	6.14%	21 567 001	5.37%	273000
	台中市	153	11.89%	29 437 486	7.34%	192402
	台南市	95	7.38%	11 352 164	2.83%	119496
	高雄市	143	11.11%	36 808 836	9.17%	257404
國際物流	全國	14252		998 042 045		70028
	台北市	2 496	17.51%	450 027 392	45.09%	180299
	新北市	1 484	10.41%	35 850 271	3.59%	24158
	桃園縣	1 308	9.18%	162 912 619	16.32%	124551
	台中市	1 504	10.55%	44 255 971	4.43%	29426
	台南市	676	4.74%	14 000 030	1.40%	20710
	高雄市	2 474	17.36%	94 411 331	9.46%	38161
創新籌資[3]	全國	6213		925 424 611		148950
	台北市	2 355	37.90%	584 540 458	63.16%	248213
	新北市	856	13.78%	67 398 111	7.28%	78736
	桃園縣	432	6.95%	29 368 161	3.17%	67982
	台中市	633	10.19%	56 644 035	6.12%	89485
	台南市	346	5.57%	29 915 348	3.23%	86461
	高雄市	633	10.19%	53 672 786	5.80%	84791
都市更新	全國	19096		281 271 322		14729
	台北市	5 205	27.26%	136 220 244	48.43%	26171
	新北市	3 008	15.75%	36 725 908	13.06%	12209
	桃園縣	1 462	7.66%	18 170 211	6.46%	12428
	台中市	2 812	14.73%	27 146 537	9.65%	9654
	台南市	1 159	6.07%	8 662 049	3.08%	7474
	高雄市	1 894	9.92%	19 420 816	6.90%	10254

產業別	區域	家數	占全國比例	生產總額	占全國比例	生產總額／家數
華文電子商務	全國	3398		37 672 989		11087
	台北市	704	20.72%	27 077 861	71.88%	38463
	新北市	736	21.66%	5 513 128	14.63%	7491
	桃園縣	228	6.71%	1 359 650	3.61%	5963
	台中市	433	12.74%	1 694 324	4.50%	3913
	台南市	261	7.68%	394 394	1.05%	1511
	高雄市	393	11.57%	543 302	1.44%	1382
文化創意	全國	23016		433 082 578		18817
	台北市	7 652	33.25%	284 993 406	65.81%	37244
	新北市	3 839	16.68%	56 571 800	13.06%	14736
	桃園縣	1 303	5.66%	7 655 872	1.77%	5876
	台中市	2 886	12.54%	25 482 024	5.88%	8830
	台南市	1 389	6.03%	8 282 340	1.91%	5963
	高雄市	2 147	9.33%	17 967 329	4.15%	8369

註：[1] 自由及工程科學研究發展服務業、綜合研究發展服務業未列入普查。

　　[2] 餐食攤販業、調理飲料攤販業未列入普查。

　　[3] 信託、基金及其他金融工具未列入普查。

* 生產總額——非金融性無形資產租賃業、員工數、薪資總額為（D）無列入加總。

** 生產總額——非金融性無形資產租賃業無資料，無列入加總。

資料來源：100 年工商普查，行政院主計處，2014 年。

表 3.3 我國新興重要產業家數與專利數（不含生物技術、綠色能源、電動車、綠建材）-1

產業別	精緻農業 現有登記商業-農林漁牧業				醫療照護 醫療院所家數+護理機構家數+其他醫療機構家數				觀光旅遊 現有商業登記之住宿及餐飲業				雲端運算 現有商業登記之資訊及通訊傳播業				發明專利產業化 研究機構數量與高等教育總量加			
資料範圍	家數	家數百分比	專利數	專利數百分比	家數	家數百分比	專利數	專利數百分比	家數	家數百分比	專利數	專利數百分比	家數	家數百分比	專利數	專利數百分比	家數	家數百分比	專利數	專利數百分比
新北市	256	5%	38	14%	3,237	14%	201	22%	8,518	15%	0	0%	1,216	22%	2,570	37%	18	9%	0	0%
台北市	176	4%	48	17%	3,460	15%	246	27%	7,440	13%	0	0%	702	12%	1,720	25%	54	28%	0	0%
台中市	559	12%	42	15%	3,451	15%	133	15%	6,231	11%	0	0%	630	11%	105	1%	20	11%	0	0%
台南市	209	4%	28	10%	1,992	9%	57	6%	4,700	8%	0	0%	342	6%	68	1%	14	7%	0	0%
高雄市	368	8%	20	7%	3,058	13%	38	4%	7,949	14%	0	0%	970	17%	84	1%	17	9%	0	0%
宜蘭縣	237	5%	3	1%	368	2%	16	2%	1,810	3%	0	0%	71	1%	0	0%	3	2%	0	0%
桃園縣	169	4%	15	5%	1,588	7%	53	6%	4,277	7%	0	0%	298	5%	860	12%	13	7%	0	0%
新竹縣	104	2%	2	1%	383	2%	21	2%	1,415	2%	0	0%	70	1%	511	7%	2	1%	0	0%
苗栗縣	258	5%	4	1%	412	2%	21	2%	1,983	3%	0	0%	107	2%	55	1%	5	3%	0	0%
彰化縣	362	8%	37	13%	1,132	5%	41	5%	1,167	2%	0	0%	178	3%	21	0%	6	3%	0	0%
南投縣	463	10%	12	4%	469	2%	2	0%	1,331	2%	0	0%	183	3%	36	1%	2	1%	0	0%
雲林縣	234	5%	20	7%	549	2%	3	0%	869	2%	0	0%	81	1%	3	0.04%	3	2%	0	0%
嘉義縣	273	6%	4	1%	304	1%	34	4%	593	1%	0	0%	56	1%	3	0%	4	2%	0	0%
屏東縣	456	10%	2	1%	705	3%	5	1%	1,336	2%	0	0%	187	3%	3	0%	7	4%	0	0%
台東縣	178	4%	0	0%	183	1%	0	0%	1,505	3%	0	0%	83	1%	0	0%	2	1%	0	0%
花蓮縣	250	5%	0	0%	306	1%	0	0%	1,615	3%	0	0%	91	2%	0	0%	7	4%	0	0%
澎湖縣	29	1%	0	0%	101	0.4%	0	0%	734	1%	0	0%	37	1%	0	0%	1	1%	0	0%
基隆市	57	1%	0	0%	297	1%	1	0%	1,084	2%	0	0%	51	1%	9	0%	3	2%	0	0%
新竹市	38	1%	2	1%	444	2%	32	4%	1,899	3%	0	0%	186	3%	964	14%	6	3%	0	0%
嘉義市	43	1%	0	0%	426	2%	11	1%	976	2%	0	0%	85	2%	3	0.04%	3	1%	0	0%
金門縣	34	1%	0	0%	43	0.2%	0	0%	290	1%	0	0%	24	0.4%	0	0%	1	1%	0	0%
連江縣	18	0.4%	0	0%	8	0.03%	0	0%	153	0.3%	0	0%	5	0.1%	0	0%	0	0%	0	0%
合計	4,771	100%	277	100%	22,916	100%	897	100%	57,875	100%	0	0%	5,653	100%	7,012	100%	190	100%	0	0%

資料來源：台灣經濟研究院統計資料，2015 年。

表3.4 我國新興重要產業家數與專利數（不含生物技術、綠色能源、電動車、綠建材）-2

產業別	數位內容與流行音樂 現有商業登記之藝術、娛樂及休閒服務業				美食國際化 現有商業登記之住宿及餐飲業				國際醫療 醫療院所家數				會展 會議展覽服務業在支援服務業中				Wimax 現有商業登記之資訊及通訊傳播業			
資料範圍	家數	家數百分比	專利數	專利數百分比	家數	家數百分比	專利數	專利數百分比	家數	家數百分比	專利數	專利數百分比	家數	家數百分比	專利數	專利數百分比	家數	家數百分比	專利數	專利數百分比
新北市	1,965	13%	138	11%	8,518	15%	0	0%	3,011	14%	0	0%	2,809	13%	197	30%	1,216	22%	1,036	34%
台北市	1,508	10%	129	10%	7,440	13%	0	0%	3,253	15%	0	0%	912	4%	108	17%	702	12%	619	20%
台中市	1,667	11%	46	4%	6,231	11%	0	0%	3,213	15%	0	0%	2,751	13%	65	10%	630	11%	95	3%
台南市	1,198	8%	189	15%	4,700	8%	0	0%	1,815	9%	0	0%	1,465	7%	33	5%	342	6%	78	3%
高雄市	1,984	13%	9	1%	7,949	14%	0	0%	2,805	13%	0	0%	3,997	19%	16	2%	970	17%	22	1%
宜蘭縣	429	3%	0	0%	1,810	3%	0	0%	327	2%	0	0%	731	3%	9	1%	71	1%	0	0%
桃園縣	1,011	7%	120	9%	4,277	7%	0	0%	1,448	7%	0	0%	1,300	6%	70	11%	298	5%	371	12%
新竹縣	182	1%	122	9%	1,415	2%	0	0%	335	2%	0	0%	751	4%	30	5%	70	1%	308	10%
苗栗縣	484	3%	224	17%	1,983	3%	0	0%	376	2%	0	0%	892	4%	2	0.3%	107	2%	31	1%
彰化縣	594	4%	1	0.1%	1,167	2%	0	0%	1,041	5%	0	0%	630	3%	18	3%	178	3%	17	1%
南投縣	357	2%	1	0.1%	1,331	2%	0	0%	424	2%	0	0%	673	3%	4	1%	183	3%	9	0%
雲林縣	414	3%	0	0%	869	2%	0	0%	498	2%	0	0%	412	2%	1	0.2%	81	1%	0	0%
嘉義縣	271	2%	1	0.1%	593	1%	0	0%	267	1%	0	0%	598	3%	2	0.3%	56	1%	2	0.1%
屏東縣	994	7%	0	0%	1,336	2%	0	0%	651	3%	0	0%	663	3%	1	0.2%	187	3%	0	0%
台東縣	369	2%	0	0%	1,505	3%	0	0%	158	1%	0	0%	606	3%	0	0%	83	1%	0	0%
花蓮縣	314	2%	0	0%	1,615	3%	0	0%	275	1%	0	0%	482	2%	0	0%	91	2%	0	0%
澎湖縣	128	1%	0	0%	734	1%	0	0%	90	0%	0	0%	243	1%	0	0%	37	1%	0	0%
基隆市	274	2%	0	0%	1,084	2%	0	0%	281	1%	0	0%	359	2%	1	0%	51	1%	1	0.03%
新竹市	284	2%	306	24%	1,899	3%	0	0%	426	2%	0	0%	419	2%	94	14%	186	3%	468	15%
嘉義市	254	2%	0	0%	976	2%	0	0%	396	2%	0	0%	289	1%	0	0%	85	2%	9	0.3%
金門縣	69	0.5%	0	0%	290	0.5%	0	0%	40	0.2%	0	0%	107	1%	0	0%	24	0.4%	0	0%
連江縣	67	0.5%	0	0%	153	0.3%	0	0%	5	0.0%	0	0%	43	0.2%	0	0%	5	0.1%	0	0%
合計	14,817	100%	1,286	100%	57,875	100%	0	0%	21,135	100%	0	0%	21,132	100%	651	100%	5,653	100%	3,066	100%

資料來源：台灣經濟研究院統計資料，2015 年。

表 3.5　我國新興重要產業家數與專利數（不含生物技術、綠色能源、電動車、綠建材）-3

| 產業別 | 國際物流 | | | | 創新籌資 | | | | 都市更新 | | | | 華文電子商務 | | | | 高等教育 | | | |
| 資料範圍 | 運輸及倉諸業 | | | | 現有商業登記之金融及保險業 | | | | 現有商業登記之營造業 | | | | 批發及零售業 | | | | 教育部統計100學年度縣市別 學校數之大學暨院校 | | | |
	家數	百分比	專利數	百分比	家數	百分比	專利數	百分比	家數	百分比	專利數	百分比	家數	百分比	專利數	百分比	家數	百分比	專利數	百分比
新北市	10,913	40%	75	7%	388	15%	0	0%	11,668	19%	226	18%	78,531	17%	0	0%	17	11%	0	0%
台北市	5,533	20%	50	5%	296	12%	0	0%	1,861	3%	215	17%	28,811	6%	0	0%	25	17%	0	0%
台中市	1,324	5%	284	26%	377	15%	0	0%	6,643	11%	196	15%	56,126	12%	0	0%	17	11%	0	0%
台南市	423	2%	88	8%	217	8%	0	0%	4,552	7%	91	7%	34,066	7%	0	0%	14	9%	0	0%
高雄市	2,157	8%	150	14%	410	16%	0	0%	9,667	16%	170	13%	66,083	14%	0	0%	16	11%	0	0%
宜蘭縣	319	1%	0	0%	38	1%	0	0%	1,957	3%	12	1%	12,386	3%	0	0%	3	2%	0	0%
桃園縣	1,551	6%	36	3%	167	7%	0	0%	4,598	7%	98	8%	25,546	6%	0	0%	11	7%	0	0%
新竹縣	177	1%	88	8%	23	1%	0	0%	1,657	3%	19	1%	7,342	2%	0	0%	2	1%	0	0%
苗栗縣	460	2%	4	0.4%	54	2%	0	0%	2,739	4%	26	2%	17,751	4%	0	0%	3	2%	0	0%
彰化縣	371	1%	255	24%	130	5%	0	0%	2,276	4%	130	10%	20,716	4%	0	0%	5	3%	0	0%
南投縣	444	2%	8	1%	65	3%	0	0%	1,678	3%	10	1%	16,957	4%	0	0%	2	1%	0	0%
雲林縣	580	2%	2	0.2%	54	2%	0	0%	2,176	4%	5	0%	13,367	3%	0	0%	3	2%	0	0%
嘉義縣	37	0.1%	27	2%	41	2%	0	0%	1,375	2%	14	1%	10,009	2%	0	0%	4	3%	0	0%
屏東縣	249	1%	3	0.3%	73	3%	0	0%	2,664	4%	18	1%	16,726	4%	0	0%	7	5%	0	0%
台東縣	134	0.5%	0	0%	29	1%	0	0%	810	1%	1	0%	9,630	2%	0	0%	1	1%	0	0%
花蓮縣	673	2%	1	0.1%	37	1%	0	0%	1,932	3%	6	0%	9,646	2%	0	0%	5	3%	0	0%
澎湖縣	197	1%	0	0%	12	0.5%	0	0%	305	0.5%	0	0%	3,142	1%	0	0%	1	1%	0	0%
基隆市	1,192	4%	0	0%	25	1%	0	0%	1,173	2%	2	0%	5,463	1%	0	0%	3	2%	0	0%
新竹市	240	1%	5	0.5%	59	2%	0	0%	1,391	2%	14	1%	8,815	2%	0	0%	6	4%	0	0%
嘉義市	115	0.4%	5	0.5%	56	2%	0	0%	617	1%	37	3%	7,106	2%	0	0%	2	1%	0	0%
金門縣	74	0.3%	0	0%	4	0.2%	0	0%	348	1%	0	0%	13,487	3%	0	0%	1	1%	0	0%
連江縣	55	0.2%	0	0%	0	0%	0	0%	55	0.1%	0	0%	288	0.1%	0	0%	0	0%	0	0%
合計	27,218	100%	1,081	100%	2,555	100%	0	0%	62,142	100%	1,290	100%	461,994	100%	0	0%	148	100%	0	0%

資料來源：台灣經濟研究院統計資料，2015 年。

參考文獻

行政院（2015），**行政院生產力4.0發展方案**，台北：行政院。

余赴禮、陳善瑜（2007），企業家之主觀詮釋與市場協調理論，**創業管理研究期刊**，2（3）：1-19。

余赴禮、陳善瑜、嚴厚棟（2007），企業家精神與台灣之經濟發展，**創業管理研究季刊**，2（1）：143-164。

周志龍（2003），**全球化、台灣國土再結構與制度**，台北：詹氏書局。

陳坤宏（2012），**都市－空間結構**，高雄：麗文。

陳建元（2010），變遷的公共財理論與都市治理結構——從新古典到新制度經濟學之引介，**地理學報**，58：65-88。

張維迎（2010），**市場的邏輯**，世紀：上海。

臺灣經濟研究院（2014），**臺北市申辦自由經濟示範區之可行性與規劃**，台北：台北市政府。

劉麗惠（2013），製造業回流美國趨勢底定，**貿易**，262：42-45。

龍冠海（1978），**都市社會學理論與應用**，台北：三民書局。

Benson, B. L. (1991). An Evolutionary Contractarian View of Primitive Law, Review of Austrian Economics, 5: 65-89.

Benson, B. L. (1998). Economic Freedom and the Evolution of Law, Cato Journal, 18(2): 209-231.

Capello, R. (2007). Regional economics, London: Routledge.

Coase, R. H. (1937). The nature of the firm, Economics, 4(2): 386-405.

Commons, J. R. (1932). The problem of Correlating Law, Economics, and Ethics, Wisconsin Law Review: 3-26.

Eggertsson, T. (1990). Economic behavior and institutions, Cambridge: Cambridge University Press.

Florida, R. (2011). The Shifting Pattern of Patent Growth, the Atlantics, http://www.theatlantic.com/technology/archive/2011/10/the-shifting-patterns-of-patent-growth/246927/(2016.7.13)

Greenfield, D. (2015). Inside the Human-Robot Collaboration Trend, Automation World, http://www.automationworld.com/inside-human-robot-collaboration-trend

Harvey, D. (1985). The Urbanisation of Capital, London: Gage Bors.

Harvey, D. (1989). The Condition of Postmodernity, London: Blackwell.

Harvey, J. and Jowsey, E. (2004). Urban and Land Economics, London: Palgrave.

Hayek, F. (1945). The Use of Knowledge in Society, American Economic Review, 35: 519-530.

Kirzner, I. (1973). Competition and Entrepreneurship, Chicago: University of Chicago Press.

Klein, P. and Shelanski, H. A. (1996). Transaction cost economics in practice: applications and evidence, Journal of Market and Focused Management, 1: 281-300.

Langlois, R. N. (1992). Transaction-cost Economics in Real Time, Industrial and Corporate Change, 1(1): 99-127.

Macher, J. T. and Richman, B. D. (2008). Transaction cost economics: an assessment of empirical research in the social sciences, Business and Politics, 10(1): 1-63.

Michael, S. C. (2007). Transaction cost entrepreneurship, Journal of Business Venture, 22(3): 412–426.

Micklethwait, J. and Wooldridge, A. (2003). The Company: A Short History of a Revolutionary Idea, New York, Weidenfeld & Nicolson Book.

Moretti, E. (2013). The New Geography of Jobs, New York: Mariner Books.

North, D. (1990). Institutions, Institutional Change and Economic Performance, Cambridge: Cambridge University Press.

Saunders, D. (2012). Arrival City: The Final Migration and Our Next World, Toronto: Knopf Canada.

Schumpeter, J. A. (1961). The Theory of Economic Development, New York: Oxford University Press.

Schutz, A. (1970). On Phenomenology and Social Relations, Chicago: The University of Chicago Press.

Scott, A. (1988a). Metropolis: From the Division of Labor to Urban Form, Berkeley and Los Angeles: University of California Press.

Scott, A. (1988b). New Industrial Spaces: Flexible Production Organization and Regional Development in North America and Western Europe, London: Pion.

Stigler, G. T. (1951). The Division of Labor is Limited by the Extent of the Market, The Journal of Political Economy, 59(3): 185-193.

Studwell, J. (2014). How Asia Works: Success and Failure in the World's Most Dynamic Region, London: Profile Books.

Williamson, O. E. (1975). Markets and Hierarchies, New York: Free Press.

Williamson, O. E. (1983). Credible Commitments: Using hostages to support exchange, American Economic Review, 73: 519-40.

Williamson, O. E. (1985). The Economic Institutions of Capitalism, New York: Free Press.

Williamson, O. E. (2000). The new institutional economics: taking stock, looking ahead, Journal of Economic Literature, 38(September): 596-613.

Williamson, O. E. and Masten, S. E. (1999). Introduction, In Williamson, O. E. and Masten, S. E. (eds.) The Economics of Transaction costs, Cheltenham: Edward Elgar.

都市社會生活
Urban Social Life
凃函君、周士雄

　　都市是饒富多元性的區域，來自區域間、甚至國際間的都市移民不斷地改變都市的樣貌，並豐富都市聚落的內涵。勞動力分工是形構都市空間特質的重要因子，勞動力分工促成都市走向全球化、資本主義蓬勃發展，但也導致都市社會不均，並反映於都市居住空間的分異與隔離。都市體現消費時代的來臨，各類型的休閒空間各有消費族群，休閒空間更趨商品化，新小資產階級、仕紳化休閒現象的興起，引發我們去省思都市社會的認同與空間正義議題。本章依序探究都市社會的生活方式、社會空間、休閒場域，以及空間正義的理念與實踐，來瞭解今日都市社會生活的脈動。

4.1 都市社會與生活方式

　　在西方社會，不同階級根據聚落環境、通勤成本、勞動力分工等條件，來選擇工作與居住的區位，並形塑都會空間結構，郊區化或仕紳化現象帶動一波波資金的移轉，持續地改變都市的地景與紋理。資本主義的不均發展主

導階級的劃分，各階層力圖善用與轉化資本形式，來維繫或改變其階級地位，如此突顯都市的不均衡現象和社會再製密切相涉。

透過社會再製的概念，可以進一步獲悉貧與富的形成及其迴路。在人類社會變遷的歷史，都市規模日益擴大，並形成巨型城市，這是一個顯著的演變趨勢。巨型城市吸引人潮、資金、訊息大量匯聚，但城市的迅速發展也深化社會鴻溝，使都市無法超脫貧富二元的迴圈。因此，高度都市化對於都市聚落本身而言，既是機會也是考驗。

4.1.1 都市社會與生活的多樣性本質

1933 年「現代建築國際會議」（Congrès International d'Architecture Moderne, CIAM）提出的《雅典憲章》（Charter of Athens）為近代都市規劃的指導典範，該憲章結合城市及其周圍地區作整體檢視，並指陳都市規劃的目的在於維繫「居住」、「工作」、「遊憩」和「交通」四大功能的運作。順應新的都市潮流，2003 年由歐洲國家組成的歐洲都市規劃師協會（European Council of Town Planners, ECTP）於葡萄牙里斯本發表《新雅典憲章》（The New Charter of Athens 2003），該憲章內容大分為願景、議題和挑戰兩部分，願景涉及城市、社會、經濟、環境的連結性與空間整合，其中社會連結性包含社會均衡、多元文化、社會動員與服務，經濟連結性著重全球化與區域化、城市網絡與都市競爭優勢；議題和挑戰則因應願景點明都市未來的趨勢、問題與規劃者的承諾，憲章典範歷時轉移說明了都市發展的脈絡與環境具易變性（吳濟華、柯志昌，2010）。

芝加哥學派社會學者 Wirth（1938）於〈都市主義作為一種生活方式〉（Urbanism as a way of life）一文中，指出都市形式的三大特性，即都市是具有規模、高密度以及社群異質性顯著的聚落。都市的差異性與多元化展現在族裔、階級、工作、居住空間等面向的不同。就都市人口組成的異質性

而言，1950 年代西歐開放外籍勞工移入，但1965 至1973 年期間外籍勞工進入西歐的機會限縮，而美國因1965 年詹森總統簽署西拉法案（Hart-Cellar Act），該法案撤除外來移民的來源國限額，並提高移民入美的限制人數，以致大量外籍勞工移入美國都市，因此自1965 年之後美國開放外籍勞力，自1973 至1986 年美國共計提供2,600 萬份新工作機會。美國佛羅里達州南部的濱海城市邁阿密、西岸加州南部的洛杉磯與北部港口城市舊金山都具有甚高的移民率。洛杉磯為「多數屬少數族群」的移民城市，美國後現代地理學者 Soja 謂之「第三世界的首都」（the Capital of the Third World）；洛杉磯的移民比例高於全球化顯著的巨型城市——紐約，洛杉磯的移民比率較紐約多出11%，1965 迄1980 年期間，洛杉磯的移民人數約184 萬人，占全市總人數24.8%，47% 的外來移民為墨西哥人。邁阿密的移民中，59% 來自加勒比海的古巴。在舊金山，白人屬於少數族群（Lash and Urry, 1994; Cloke, Crang, and Goodwin, 1999）。

　　在美國大都市常見有亞裔、非裔、西班牙裔的外來移民，國際移工成為大都市重要的人力資源，外來的語言、生活實踐、信仰價值挹注都市地景予新文化元素，多元文化（multiculturalism）交流與行動豐富都市的社會生活風貌，並帶給都市持續發展的動力。

4.1.2 都市社會空間的結構樣貌

　　在西方社會，勞動力分工影響都會區內鄰里的形成與都市空間結構，許多藍領勞工的通勤習性受到更多限制，包含交通費用的成本，故降低其長距離通勤的意願，以致藍領勞工較白領勞工的住宅區更顯著聚集於工作地點周圍（Scott, 1988）。相對地，白領階級能夠負擔更多的交通成本，遂趨向聚居於自然環境佳、污染少與干擾少的區位。集體區位選擇與社會排除（social exclusion）的結果勾勒出西方都市的空間結構。

　　依循歷史階段，昔日北美社會的都市結構，都會區內部為藍領住宅區，藍領住宅區為白領郊區所環繞。誠如1925年美國芝加哥大學教授 Burgess 探究美國伊利諾州的芝加哥，並提出同心圓模式（Concentric Zone Model），以中心商業區（Central Business District, CBD）[1] 為中心，由中心往外的圈帶依序為：中心商業區、過渡帶、藍領住宅帶、白領住宅帶與通勤帶。白領住宅帶與最外圈的通勤帶都是資產階級的住宅區，和居住條件較不佳的過渡帶與藍領住宅帶形成對比（Scott, 1988）。

　　第二次世界大戰以降，許多製造業郊區化，藍領住宅區郊區化逐漸產生，白領與藍領二者的住宅區呈現間隔輻射狀（Scott, 1988），該現象對應美國學者 Hoyt 於1939年實證分析142個美國城市的租金後所提出的扇形模式（Sector Model）。以中心商業區為中心，外圍數個扇形區分別沿著交通要道往外幅散，扇形區有高租金的住宅區、中租金住宅區、低租金住宅區、工業區、運輸帶、教育與娛樂帶。整體而言，高租金的住宅區與低租金住宅區之間以中租金住宅區相隔。

　　上述郊區化現象的出現受到網路系統擴增、服務業的區位選擇更具彈性所影響，而 Harvey 則主張當都市資本積累遇到危機時，資本會以第二迴路（secondary circuit of capital）的形式轉移至郊區，以致促進郊區化的現象，亦即郊區成為空間修補（spatial fix）[2] 的場域（Harvey, 2005）。尤其在第二

1　中心商業區的特徵，包含：（1）商業活動種類最多，同類活動高度聚集，為都市內部規模最大的商業區；（2）地價與租金為全市最高，故一般住宅並不位於中心商業區；（3）因土地面積受限，故樓層高；（4）交通便捷，為易達性最高的區域；（5）中心商業區內通常含括行政中心，且該區往往是都市的起源地；（6）建築物的區位水平分布隨著與中心點的距離而改變；（7）中心商業區的範圍因都市經濟發展而擴張（劉南威，1997）。

2　Harvey（2005）於《新帝國主義》一書論述資本迴路時，主張當區域內的勞力與資本產生過度積累的現象時，可以透過時空修補的三種途徑來尋找資本的新出路：（1）時間上，透過投資計畫或社會支出，來延後資本重新進入迴路的時間；（2）空間上，開發他地的資源與市場；（3）合併上述的時空策略。Leyshon（2004）主張金融的棄置（abandonment）與排除（exclusion）即為「空間修補」，當資本家意識到原金融操作地點存在危機時，則棄置原投資區，並將經濟活動轉換至另一安全的地點，以利資本繼續累積運作。

次世界大戰以降，許多東歐與南歐國家的都市化現象迅速浮現，西班牙、法國、葡萄牙、義大利等國家的鄉村人口迅速外移且都市急速成長，諸多西北歐國家歷經快速郊區化、反都市化（counter-urbanization）與都市人口衰減的過程，白人中產階級郊區化的現象更為昭著（Cloke, Crang, and Goodwin, 1999）。

　　當白領逐漸取代藍領於都市中心的工作時，都市空間結構丕變，由於租隙（rent gap）的經濟要素與消費品味、風格的轉變，供給面與需求面共同影響白領勞工、中產階級移回內城區建立社區，導致美國大城市中心產生普遍的仕紳化（gentrification）[3] 再興現象。就資本積累的角度檢視，仕紳化現象亦促成建成環境的投資，並創造廣大的人口消費需求（Painter and Jeffrey, 2009; González and Medina, 2004; Scott, 1988）。

　　不同於 Burgess 與 Hoyt 的都市單一核心論述，1945 年 Harris 與 Ullman 提出多核心理論（multiple-nuclei theory），由於各種行業在獲利考量下的區位抉擇與聚集過程、地價租金的高低、歷史遺緒與區域特殊性等因素的多重影響，以致都市由 9 大區域所組成，包含：中心商業區、批發與輕工業區、藍領住宅區、中等家庭住宅區、高級住宅區、重工業區、外圍商業區、住宅郊區與工業郊區。其中，藍領住宅區多分布在中心商業區、批發與輕工業區周圍，而高級住宅區則往往與中心商業區、批發與輕工業區、藍領住宅區相互區隔，以尋求更良好的居住環境（劉南威，1997）。

4.1.3 都市社會生活的遞移：不均與社會再製

　　基於對大都市進行長遠的觀察，Scott（1988）主張都市的核心機能是由互賴的經濟活動所組成，經濟活動是物質生產的根基，並形成工作者的居住

3　仕紳化一詞可溯及 1960 年代倫敦的伊斯林頓（Islington）與紐約蘇活區（SoHo）中產階級返回市中心的潮流（Painter and Jeffrey, 2009）。

區，居住區的形構為都市社會空間的基礎，即勞動力分工與在地勞動力市場的運作，在區位上與機能上皆賦予都市內部社會空間特色。因此，Scott 著重當代都市空間由生產空間與社會空間所組成，而作為下層結構的生產空間大為影響上層結構的社會空間運作。Scott 的主張正呼應 Harvey（2005）於《新自由主義化的空間》（*Spaces of Neoliberalization*）所述及的「在『生活網絡』中社會歷程的物質鑲嵌」（the material embedding of social processes in "the web of life"），Harvey 評論布勞岱（Braudel）宣稱的「物質生活」（material life）、與哈伯瑪斯（Habermas）所轉向胡塞爾（Husserl）的「生活世界」（lifeworld）抽象化資本主義與商品化，以致輕忽作為物質基礎面向的資本主義體制對社會關係的宰制。

馬克思嘗言：「資本能在某處人們的手中大量增長，此因在它處有許多人正失去資本。」（Marx, 1987）不均是資本主義發展的必然特徵之一。資本、技術條件的落差、社會再製的迴圈等因素促成階級的劃分，階級區劃的內涵隨著歷史脈絡變遷而異，變遷過程展現於：（1）19 世紀工廠城鎮（factory town）時期：中產階級（bourgeoisie）與無產階級（proletarian）二者之間存在階級分野；（2）20 世紀中葉福特主義時期：白領（white-collar fraction）與藍領（blue-collar fraction）產生階級區隔；（3）後福特主義（post-fordist）時期：擁有高薪資、高技術的都市菁英與低薪資報酬者、失業者與無家可歸者組成異質的族群社會（Scott, 2008）。階級差異的現象多反映於社會空間上，在馬克思主義傳統的影響下，1970 年代以來眾多學者（如 David Harvey）採取空間不均衡的政治經濟視角，來檢視資本主義社會的不均地理。

資本主義生活形態於都會鄰里持續再製。Scott 主張「再製」一詞具雙重含義，即世代的接替、以及穩定的主體／意識型態之調適與工作生活之維繫。涉及資本主義都市內部的三大社會空間之再製要點值得關注：（1）鄰里的社會特徵對於家庭頗重要，鄰里是小孩教養與社會化的核心。白領與

藍領父母的教育見解顯著不同，父母的教育偏好源自其於工作場所所內化的
規範與價值觀，鄰里環境確保社會經濟於下一代再製，以避免下一代的社會
地位與階級向下流動；（2）鄰里是社會地位與勞動力市場地位的象徵。言談
舉止與衣著等等的綜合表現，皆可區別、強化社會與經濟地位，即角色履行
和符碼（code）表徵相涉，而美國社會學者 Goffman 的劇場研究則說明，在
所有的日常社會生活都存在著自我表現的戲劇演出，符號互動論（symbolic
interactionism）即奠基於 Goffman 的觀察；（3）鄰里是家庭之間發展有益社
會網絡之處。經由鄰里的社會同質性，社會網絡遂可形成與發展。網絡形成
人際間相互支持的系統，網絡可以傳遞工作機會、社會資訊，工人階級、少
數民族與都市新移民的社區鄰里往往必須依賴網絡資源來適應陌生的移入社
會，並且藉此來面對複雜的勞動力市場（Scott, 1988）。

　　Bourdieu（1989）具體提出四種可轉換、再製的資本形式：（1）經濟資
本：屬物質性財富；（2）社會資本：源自社會網絡與人際接觸，使群體和個
體的權力和資源增加；（3）文化資本：經由社會化或教育所獲得的知識和技
能；（4）象徵資本：符號、指稱的再現（Crang and Thrift, 2001）。Bourdieu
基於社會、經濟、文化的角度來闡明資本，而環境論述可以進一步豐富資本
的概念，即「環境資本」可與前述四種資本形式互換，並產生再製的效應。
都市社會不均現象的深化與跨世代延續可以透過再製的邏輯來加以解釋。

　　貧窮作為顯著的不均現象之一，貧窮的循環（圖4.1）由工作機會匱
乏（失業、被剝削）、教育缺乏、犯罪（非法、暴力）、居住條件差（擁擠的
貧民窟）、健康不佳、壓力等所形成，貧窮迴路涉及無產階級於個人、家庭
與社區小尺度生活空間內的負性循環，但較少觸及社會結構變遷的探究，
此正可採藉再製的結構性角度來相互參照（Johnston et al., 2000; Pain, et al.,
2001）。因此，透過不均、社會再製的觀點，可以一窺都市的社會景觀及其
空間性。

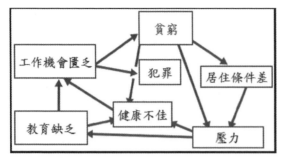

圖4.1　貧窮的循環
資料來源：Johnston et al., (2000).

4.1.4 全球化下的都市社會：巨型城市（Megacities）

　　都市化歷程不僅是人口往都市空間聚集的歷程，該歷程也突顯都市人口占整體社會人口結構的比例呈遞增趨勢。交通運輸革新提升易達性、都市供給多元工作機會皆促成都市成為具有正向拉力的節點，吸引廣大勞動力與資金的匯集。

　　2008年，全世界的都市居民人數首次超越農村人口數。世界都市化歷程將會持續在許多發展中國家迅速開展，推估2050年世界人口數將有70%的比例為都市人口。2007年開發中國家的人口數為24億人，2050年可能增至53億人（圖4.2），而已開發國家的都市人口也可能從2007年的9億人增長為2050年的11億人。自2007年迄2050年期間，就都市人口比例而言，開發中國家預計從44%增加為67%，而已開發國家則是從74%增長至86%（UN, 2009）。

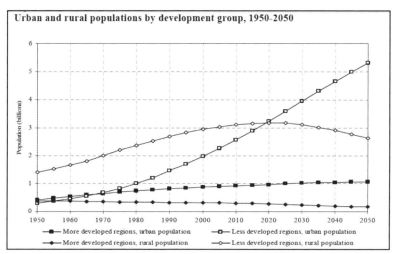

圖4.2　1950-2050 年發展中國家人口數
資料來源：UN (2009).

「巨型城市」的出現正是都市化與全球化／在地化的結果。聯合國從人口數來界定都會區是否已具備巨型城市的規模，即總人口數高於1,000 萬人的都會區可謂「巨型城市」，1970 年首列巨型城市者為日本東京與美國紐約，2011 年已達巨型城市的前十大都市，依序為日本東京、印度德里、墨西哥城、美國紐約、中國上海、巴西聖保羅、印度孟買、中國北京、孟加拉達卡與印度加爾各答。

就全球化而言，1980 年代以降，全球化一詞廣受討論。界線的消除，以及全球化是否造成同質性的平景（flatscape），並導致區域特色的消失，都是人文社會學界對全球化爭辯的焦點。早在16 世紀，歐洲的商業貿易版圖擴張至它洲，即標誌著全球經濟活動興起與增長的時代來臨；迄1970 年代初期，全球化的速度加快，時空壓縮彰顯該波全球化，這波全球化的驅動力來自跨國公司在面臨福特主義危機的窘境下，必須跨地域尋找新的獲利來源（Barker, 2008）。Tomlinson（1999）強調全球化在現代文化生活中扮演核心地位，他如是界定具多維性（multidimensionality）的「全球化」

歷程：「多維性與複雜連結（complex connectivity）密切相涉，由全球化所建立的連結之複雜性可延展至若干現象，社會科學家努力將這些劃分為諸類別，誠如我們目前所熟知的人類生活可細分為：經濟、政治、社會、人際間（interpersonal）、科技、環境與文化等等。全球化卻雜糅此一分類。」（Tomlinson, 1999）全球化的時空壓縮現象，促使一地的人口、經濟與社會等產生跨地域的時空動態連結，以及全球意識的形成，世界儼如地球村（global village）。

「世界資本主義經濟」與「國際勞動力分工」是構成全球化的重要面向[4]（Giddens, 1990）。巨型城市的「經濟全球化」歷程，往往提供高舉新自由主義（neo-liberalism）大纛的資本家進行彈性積累（flexible accumulation）的機會，並吸引一波波的外來者、族裔移民成為都市勞動階級，貧富差距的現象也在全球新自由主義化的聚集經濟過程中深化，因此饒富全球化特色的巨型城市並非全然單一化為「平景」，大規模的現代化都會區浮現社會空間的不均衡現象與接踵而來的許多社會問題，如富裕深鎖的門禁社區與邊陲的貧民窟、無家可歸者形成顯明的對比，而空間本身不僅只是不均現象的再現者與應變項，空間與地方更積極促成不均的難題，這是新寰宇主義（cosmopolitanism）全球治理下的世界公民必須面對的問題。

4.2 都市居住的社會與空間

提到都市生活中的人與社會現象，不得不正視居民對於組成都市空間結構的重要性。從社會學論點來看，都市是人類集居以及文明極致表現的空間，整個都市空間結構可以是居民生活習性所造成的結果，也可以是引

4　Giddens（1990）主張全球化的四大面向包含：世界資本主義經濟、國際勞動力分工、世界軍事秩序與民族國家體系。

導都市居民形成其生活習性的重要因素。Linder（1996）認為城市不僅是物理結構物，還是個社會的複雜階層與區分描繪其上的人類社群，其具體論點是來自於 Park（1967）以居住的自然區域來論述，也就是「在都市社群範圍內——在人類居住的自然區內，事實上——有些運作力量容易使其人口和機構產生有條理且典型的群集」（Park, 1967，引自 Parker 著，王志弘、徐苔玲譯，2007）。這種基於生態模型的自然區（natural area）群集的論述，透過 Burgess 的實際觀察並反映到都市地理空間的分布上，而形成分區地帶，就是指大體上類似的活動和工作範圍的場所（Guest, 1997）。顯然「自然區」是描述都市居住社會與空間的重要基本論點，Hatt（1982）將自然區解釋為兩種概念，一種是由自然界限所圍成的空間單元，另一種是由一群基於共生關係的人們所居住的空間單元（陳坤宏，2012）。除了社會觀點的立論基礎外，Scott（1988）也從經濟變遷的觀點來觀察美國都會地區城市內所存在的社會空間隔離（sociospatial segregation）形式。顯然，人類群集發展的社會特徵是建構人類活動空間隔離的內在因素，然而體現在都市空間的發展特質，仍受到許多外在因素的影響，其中最重要的莫過於資本主義發展所帶來的波及效應。

資本主義於 19 世紀發跡並強勢向外擴張，特別是透過殖民侵略的過程，全面性地滲透並宰制全球人們的價值觀。這不僅影響社會的經濟運作體制以及人們的活動行為，也為了配合達到資本累積的目的而影響全球各地空間發展的建構（construction）與再建構（reconstruction）。郭恩慈（2011）即認為此種全球化資本的高速流通及累積，不僅產生不平均的地理空間劃分，也重組整個世界的空間類型，構成了不同的空間區域，例如以後工業經濟模式所重建的「仕紳化」市中心區域；甚至，人們在其中的活動形式樣態（包含居住活動與休閒活動），皆是要配合資本累積的要求。她在《東亞城市空間生產——探索東京、上海、香港的城市文化》一書中提及，Harvey 在 Haussmann 的巴黎規劃與設計的整理中，將資本主義的資本流動運作過程中

所形成的空間分為住宅空間（包括西部中產階級聚居地、東西橫向貧富區間分隔）、市場空間（包括百貨公司、市場貨品國際化、仕紳化都市設計）以及公共休閒娛樂空間（包括免費的公園與廣場，以及收費的歌劇院、劇院、舞廳、咖啡館）。這個都市空間面貌雖然是呈現19世紀的巴黎藍圖，但竟然和當下21世紀所謂後現代的都市高度相似。

4.2.1 二元化的居住生活：貧與富

　　都市是由各式各樣居民與活動所組成，理論上應該具有相當多樣化特徵的空間。然而，許多的都市經驗顯示，現代都市空間似乎有愈來愈能感受出貧與富的兩極化景象，並且反映在住宅、商業、休閒等面向。Simon Parker（2003）在 *Urban Theory and the Urban Experience: Encountering the City* 一書中提及 Mollenkopf 與 Castells（1991）的「雙元城市」（the dual city）概念，指出城市中同時存在擁有高薪的管理、專業與技術官僚的工作，以及低薪、低技術且通常族裔複雜的服務階級，但不住在一起。其原因多來自於資本主義城市在全球化分工趨勢下的空間流動，在整個都市化過程中所產生對於都市生活空間需求的兩極化現象，導致某些地區的仕紳化（gentrification）（亦即富裕的移入者獲得的居住與商業空間）以及其他地區的族裔隔離化（ghettoisation）（亦即低收入者占居住人口很高的比例），這種貧與富的社會區分持續存在，並且透過空間隔離表現出來（王志弘、徐苔玲譯，2007）。

　　早期的都市隔離研究主要聚焦於生態學範型的論述，包含 Park 與 Burgess 等社會學者所強調不同階級與族裔群體彼此競爭資源與生活空間，很像動物在自然界的行為（Brown, 1981；王志弘、徐苔玲譯，2007）。後來的政治經濟學研究，開始認為這種人口與土地使用的空間分布現象，關鍵其實是資本與國家之間的動態。即便如此，Parker 仍認為居住區位的「選擇／限制」決定因素，依然有其直覺和經驗上的吸引力，可以作為解釋城市裡

族群隔離變異的架構（王志弘、徐苔玲譯，2007）。在 Scott（1988）針對美國大都會地區的研究中，從資本與生產演進的觀點提出美國城市存在社會分層（social stratification）與空間隔離（spatial segregation）有愈來愈明顯的現象，而且造成這個趨勢的主要原因是所得上的差異。然而所得差異的背後卻是一連串的人種、族群、移民、教育等在生產與就業上的社會性議題；在都市空間上，由於低工資就業機會的吸引因素以及藍領工人階級的凝聚性與低度移動性，造成都市中某些區域的貧民區林立現象。

　　此種貧富二元的都市居住生活空間一直存在。早在古典人文生態學的各種理論中，包含 Burgess 的同心圓理論、Hoyt 的扇形理論、Harris 與 Ullman 的多核心理論以及 Shevky 與 Bell 的社會地區分析等，除了都市活動與生產機能的集中發展現象外，在住宅區域的分布上也有著類似居民屬性的群集現象，例如同心圓理論中提到頹廢住宅所在的過渡區（第二圈）、第二代移民與較高級勞工所居住的勞工獨立住宅區（第三圈）、中產階級與專業人員所居住的較高級住宅區（第四圈）；扇形理論提出的住宅區域分布的通則是以租金高低來界定，較高的住宅租金區分布於沿放射狀交通道路至城市外圍的區域，而較低住宅租金的地區則主要存在於市中心區或向外延伸；多核心理論中對於住宅區域分布的描述，提到高級住宅區位在排水良好的高地以及遠離噪音、惡臭及鐵路沿線的地點，而低級住宅區則多在工廠、鐵路沿線附近（陳坤宏，2012）。在現代都市中，隨處可見入侵（invasion）與承繼（succession）等都市生態過程的階段現象，有些居住地區隨著社區老舊而產生不間斷的住宅下濾現象（down filter），低所得族群因無力移出窳陋社區而出現都市中的貧區；有些居住地區則透過都市更新手段產生仕紳化現象，低所得族群則因無力購屋或負擔高租金被迫遷離，因此形成都市中的富區。當然，都市新開發區或住宅重劃區的新住宅社區，在房地產市場利益導向的帶動下，多數仍然走向高價位的豪宅社區或高級社區，形成都市中另一個新興的富區。顯然，這種二元化的居住生活，不論展現在社會階層或地理空間

上，都將不斷地重演以往都市發展論述的劇情。

4.2.2 生產與消費變遷下的居住社會：常民社區

入侵（invasion）與承繼（succession）是在城市生態論述中的重要現象。特別是在都市空間競爭的狀態下，位處於經濟較為富裕的中產階級，經常是掌控居住與活動區位選擇權的群體，迫使經濟或社會較弱勢的群體停留或移入都市發展中最窳陋與不具效益的區位。Herbert Gans 在《都市鄉民》（*The Urban Villagers*, 1962）研究中，發現了值得注意的「階級防衛性」，家庭會拒絕接受某些居住區位或職業。因此，這些弱勢或移民的社區，逐漸形成其社區生活的「內向」文化。他們拒絕中產階級的方式，是基於對中產階級世界的恐懼，一方面是體認到自身缺少參與中產階級世界的技能，一方面是缺少與中產階級人士互動的移情能力。這可能是缺乏教育、技能與自信的一些綜合表現。對於這種弱勢或移民社區生活，有些很有價值或特色的面向，也經常因貧民窟的清除計畫而喪失。

造成城市中特定居民的聚居區的原因，大體上有幾種論點：（王志弘、徐苔玲譯，2007）

（一）共享認同性：具有此種概念的主體，形成了一種選擇聚集在單一地區的「選擇性社區」，原因是認為臨近性可以帶來宗教、文化、經濟和社會上的好處。例如中國早期的宗族聚落。

（二）政治強制性：居民受命或受迫必須居住於特定的地區。例如17世紀初的威尼斯，猶太人被迫住在島上特定區。又例如台灣的眷村。

（三）經濟強制性：基於經濟弱勢族群的一些考量而自然形成的一種現代聚集區域，主要是指「都市底層階級」或「新都市貧民」的聚居區。由於經濟弱勢所形成的無力感，他們無法大膽離開公共住宅區，或破敗的低租金公寓。

　　英國的經驗與美國不同，倫敦的城市聚居區的形成較少受到自由放任政治與政府冷漠態度的影響；反而，在二次世界大戰後國家提供越來越高比例的住居處，大部分有補助，且到了 1970 年代，這種供應幾乎完全導向於低收入的個人與家庭的進住。雖然勞動市場也受到製造業衰頹的冷冽寒風吹襲，但卻因為社會民主的干預主義策略而有所改善，這種策略盡可能在最貧困的地區（許多位於內城地區），鎖定訓練和資源為目標（Rex, 1988: 63；王志弘、徐苔玲譯，2007）。此外，倫敦也沒有美國城市那種「有色人種區」。倫敦新移民取得住處的過程，大多是承繼自原先資產階級搬移郊區所拋棄的住宅，這些被拋棄遺留下來的住宅由房東廉價購入，再分隔成為可容納三至四個家庭的房間，共用一間浴室、廚房與廁所。這是一種去仕紳化或下濾的過程，逐漸荒廢的住宅由某些社會階級和族裔群體進住，而形成一個較弱勢族群的聚居區。過程與美國類似，然而並沒有居住者僅限於某一種族或排除某些族群的現象（王志弘、徐苔玲譯，2007）。

4.2.3 隔離化的居住空間：門禁社區

　　仕紳化（gentrification）最初是由社會學家 Ruth Glass 用來描述中產階級移入者，抵達了倫敦市中心幾個原本是低收入群體居住的特定地區。後來被社會學家與地理學家採用來描述中產階級對世界許多其他地區的貧窮和少數族裔都市鄰里的「入侵」。仕紳化的形式很多，不必然涉及強制遷移；事實上，大多是由於「市場」的決定（Sumka, 1979 in Arkinson, 2000）。仕紳化者住在市中心區的動機各有不同，包括靠近工作場所、追求較高品質的不動產等。比較不富裕的中產階級家戶，基於對較完整教育、公共設施、生活機能等的期盼，可能形成共同的地區認同與集體消費並促使地方政府依照他們的期盼來運作，例如公園綠地、交通堵塞和犯罪（Butler and Robson, 2001）。根據 Neil Smith 的看法，這就是 Harvey 等所稱「第二資本迴路」

——資本投入於土地和房地產——的特色。此種被 Harvey 所稱為「雅痞式的烏托邦」（Yuppies Utopia）的重建式仕紳化更新區必須先將原本居住於此的低收入群眾搬離，以重建為供現代仕紳從事休閒／消費的商業區以及高品味的高級住區。而中產階級所占用的住宅建築，一向都是自成一國、警衛森嚴，將不合資格居住於此的人們拒之於外，形成一個「厚牆保護下的社區」（gated community），或稱為「門禁社區」。無論如何，貧窮的人們都是被排斥於中產階級的生活空間，只能聚居於都市的邊緣。無論世界自稱如何進步，城市卻永恆保持著分裂、資源不平均分配與空間不平均發展的狀態（郭恩慈，2011）。

Ash Amin 與 Stephen Graham（2009）在 *Unsettling Cities: Movement/ Settlement* 一書中第一章提到，David Dillion 認為當代美國城市已轉變成一連串的飛地（enclave）空間，在實質上與關係上由門禁與圍牆封閉起來。這種傾向迅速成為美國的常態：1997 年美國有超過兩萬個門禁社區，容納了三百萬間家屋（王志弘譯，2009）。門禁社區的圍牆只是一個開端，社區內可能還裝設了監視錄影機、紅外線感應器、移動檢測器等各式各項的保全設備甚或聘任武裝警衛。佛羅里達州波卡瑞騰（Boca Raton）的一個門禁社區聖安德魯（St Andrews），每年花費超過一百萬美元於直升機與專業犬的巡邏。洛杉磯北方的一處私人社區隱古（Hidden Valley），則裝設了反恐怖分子護樁，用來對付非居民的入侵（Dillion, 1994；王志弘譯，2009)。

門禁社區的出現與盛行，雖然也被認為是一種因應中產階級居住需求下的市場產物，如 David Dillion（1994）所言，是廣泛的私人化運動的一部分，它的出現牽涉了對政府維持街道治安、穩固鄰里與地產價值以及對管理公共領域能力的懷疑等，人們的因應之道是自力救濟（王志弘譯，2009）。然而，對都市社會而言，卻存在著許多令人擔憂的問題，例如 Jane Jacobs 認為，門禁社區是新都市部落主義（tribalism）的標記，將會導致種族與族裔群體的對抗（Dillion, 1994）；Teresa Caldeira（1996）提及 1991 年代的聖

保羅在所得較高的家庭移往城市郊外建立屬於自己的獨立圈地的趨勢下，成為一個分歧碎裂的城市；此外，Dillion 與 Caldeira 也都指出飛地社區的發展，是要極大化與相同社經地位和文化群體的內部連結，同時切斷那些會迫使這些群體在城市裡，和其他社會、族裔與收入群體混處的連結。依據 Dillion 與 Caldeira 的說法，這種發展明白打破了都市作為共享空間的觀念（王志弘譯，2009）。

　　門禁社區所造成的社會隔離現象，可從 Micklethwait 與 Wooldridge（2000）所稱包括高所得、高度網絡化的國際專業與主管階級的「寰宇人」（the cosmocrats）的描述看出端倪：寰宇人逐漸與社會其餘部分切離，自己構成一個世界中的世界，透過無數的全球網絡彼此連結，但卻與自身社會中比較保守的成員隔絕……他們比較有可能花時間透過電話或資訊網絡與全世界的同儕聊天，而不是跟街角國民住宅的鄰居談話。柯司特……很簡潔地撮要了這個問題：「菁英是寰宇主義的，人民是在地的。」寰宇人所需要的服務不是托兒所、地方飲食店、巴士服務與老人日間照護，而是寬頻多媒體纜線設施、24 小時宅配、高級酒吧與餐廳、以及附設健身房的居家。由於一般勞工階級鄰里對於這種「雅痞」的入侵經常是懷有敵意的，使得修復或新建其居住豪宅社區特別注重「防禦」與「安全」，而且在許多核心城市裡，進一步鞏固有產者與無產者之間的明顯可見區隔（王志弘、徐苔玲譯，2007）。

4.3 都市休閒的社會與空間

　　在資本主義的論述中，都市居民的生計強烈依賴都市經濟中的生產與交易機制，都市經濟成長則有賴社會再生產與生活的過程。經濟與社會其實是建構在相互影響的因果關係上，這個論點也出現在許多都市社會與空

間分析的研究。本節介紹近代都市休閒的社會與空間現象，也著重於資本主義影響的過程與結果。郭恩慈（2011）在《東亞城市空間生產——探索東京、上海、香港的城市文化》一書中的理論探討，描述了 David Harvey 的歷史地理學對資本主義批判，審視了現代都市的形成及轉化；並整理了 Lefebvre、Bourdieu、Baudrillard 以及 Featherstone 等社會學家的理論，揭示現今都市文化（由藝術到日常生活）如何整體受到消費主義的完全控制。Lefebvre 認為現代社會正不停地擴張與發展，而「擴張」乃是經濟生產的全球化過程，「發展」是現代社會不斷地都市化，而城市的日常生活更是完全被消費主義所控制（郭恩慈，2011）。換言之，現代社會人們的休閒時間也幾乎完全受到消費市場控制，消費主義生產了所有休閒生活經驗的內容，並且作了緊密的安排，從而引導都市發展空間的規劃與設計。這些論述主要是從資本主義作為服務大眾消費的角色開始，隨著工業化成長帶來商品選擇的多樣性以及大眾消費能力的提升，人們有愈來愈多物質生活上的選擇，其帶來市場分眾以及對更多類型產品的需求，致使年輕人被賦予更大的選擇權（Bocock, 1995），而此種市場分眾的過程其實也意味著階級分層的社會實踐（Bourdieu, 1984）。這對於都市休閒生活的最重要課題在於都市普遍追求經濟繁榮的趨勢下，並且存在著以能夠滿足中高階層消費為發展目標的規劃價值時，都市的高消費時代必然來臨，一般居民或中下階層居民如何生存其中？都市規劃中所強調應該滿足居民所需要的多元化生活，必須獲得特別的重視。

4.3.1 多元化的休閒生活

Jane Jacobs（1961）認為城市是由無數的部分所構成，而每一部分也都由「多樣性」所構成，這對於大城市而言是很自然的；由於城市具備的多樣性，因此能夠容納許多的人口居住、提供充足的生活條件以及創造多元的活

動選擇等。Ash Amin 與 Stephen Graham（2009）亦指出，城市公共場所依然是各種群體混雜與共存的空間。實際上，城市作為交會地點的想法，指出了迄今最常見的公共空間用途，從街道、廣場與公園，到購物區、市場和受歡迎的餐館等，乃是不同群體與文化為了滿足需求、認同、關係世界而群集爭取空間（王志弘譯，2009）。從都市計畫的規劃觀點來看，透過各種機能空間的劃設，確實使得都市生活兼具多元選擇並呈現廣泛包容的態度。反映在都市休閒生活的機能空間可以是消費為主的商業區、調解生活壓力與促進人際交流等目的的公園與廣場用地、增進身心健康與教育機能的運動場域或社教場館等用地。

就休閒生活的發展而論，休閒空間與活動是一個被歷史界定的社會，夏鑄九（1993）在〈休閒空間的初步理論思考〉一文中指出，人類社會所曾經存在的許多休閒空間都是伴隨著發展歷程而產生，並以台灣的具體經驗來說明，從日本殖民時代產生的山區溫泉地的「招待所」、「療養所」等；50、60 年代期間為服務駐台美軍而產生的酒吧、餐廳等；70 年代初期成為日本資本國際化所形成國民旅遊海外化的廉價旅遊基地；70 年代之後由於台灣急速工業化後帶來旅遊型態轉變的過程，出現了周末假日的尖峰旅遊潮、商務旅遊盛行，同時也由於經濟發展造就的新興中產階級休閒的高消費化、精緻化與追求自然傾向，因此產生許多俱樂部性質的休閒度假空間，包括高爾夫球場、渡假村、濱海別墅等。然而另一方面，位於經濟生產最底層、承擔最多生活壓力的非技術性勞工，其都市日常的休閒型態往往是藉由投機性或刺激性的活動方式來轉移壓力與舒緩工作情緒，例如飆車、投注彩券等。80 年代之後，隨著都市化程度升高所帶來的大量都會人口與小家庭，加上家庭消費支出結構改善而加大娛樂消遣文教支出與運輸通訊支出，因此出現大型遊樂中心、風景區遊憩設施與旅館之開發等。顯然都市休閒生活不僅是個人的休閒行為與空間需求，更是受到一個特定時代背景下的社會變遷過程所形塑，是一個不斷轉變的議題。

4.3.2 大眾化的休閒空間：公共空間

在工業化年代尚未來臨之前的都市，生活物資普遍不充裕，大眾休閒活動也顯得單純而有限，除了接近自然環境的旅行、踏青、狩獵等活動外，藉由民俗信仰等社會文化性的節慶是重要的集體休閒活動。當然，與經濟生產有極大關聯性的市集活動也成為日常生活中的經常性個人休閒。工業革命所帶來的都市化、資本化、隔離化等空間與社會的變遷，當然也影響休閒活動與空間，夏鑄九（1993）即認為休閒實踐得經由隨時間改變的關係來思考，而近代的休閒關係的特殊組織形式有四點傾向：私人化、個體化、商業化與安撫性。此論點其實也是著眼於消費主義的大環境下，人們在現代都市中如何建構日常生活與休閒方式的論述。

Lefebvre（1958）在 *The Critique of Everyday Life* 第一冊中指出，工業開始大量生產供大眾使用的商品，同時也產出「平民大眾」的日常生活方式（popular lifestyle）。城市空間大量使用工業科技產品，不論是室外環境的街道照明、維生基盤設施或者是室內的恆溫、恆光環境等；生活素質也愈來愈傾向於以物質環境之豐儉程度來衡量。同樣地，人們在工作暇餘所進行的放鬆、減壓、休息、運動強身等休閒活動，也逐漸在資本市場上出現能夠滿足休閒需求的產品，例如在二次大戰前至 60 年代間出現的收音機、電視、電影、卡拉 OK、電子遊戲機等，以及新近流行的運動器材、Wii 遊戲機、電腦網路遊戲、行動裝置遊戲等。人們生活的環境已經完全是一個科技環境，人們一般的價值意向，也傾向認為愈科技化的城市就是愈進步與富裕的城市（郭恩慈，2011）。夏鑄九（1991）在對於台灣休閒空間與時間的經驗觀察中，亦藉由從酒家走唱（Nakasi）、卡拉 OK、MTV 到 KTV 的進程，闡述了休閒活動與休閒產業的共同演進；在工業科技支持休閒產業的發展中，隨著休閒產品價格平民化以及都市民眾所得水準提升，使得 KTV 蔚為都市人的日常休閒活動，不僅存在於 KTV 場所、餐廳等消費空間，也進入鄰里公園

成為公共空間中的大眾休閒活動。這些科技的演進，不斷地深切改變著人們的日常生活模式，甚至人們的休閒幾乎受到消費市場控制，消費主義生產了所有休閒生活經驗的內容，並且作了緊密安排。其對於現代都市休閒活動與公共空間的影響，本文從公園空間以及街區空間兩個方面來介紹。

（一）公園空間

「公園」是都市生活中最具公共性的休閒空間，是對於都市四大基本機能中的「休閒」機能的最佳體現。好的公園設計必須能夠吸引周邊各階層居民的頻繁使用，並且呼應周邊整體環境的特質，包括自然、社會與文化等環境；一個乏人使用的公園，將成為都市中被閒置的空間，甚至成為避之唯恐不及的危險空間。郭恩慈（2011）在《東亞城市空間生產——探索東京、上海、香港的城市文化》一書中，提到了 Brower（1996）所界定的「鄰里關係」有三大特點：四處洋溢民眾交往的氣氛（ambience）、民眾積極投入鄰里生活（engagement）以及鄰里環境提供了日常生活所需的各種選擇（choice），並認為其所觀察研究的香港屯門公園案例是一個多采多姿的娛樂及社交生活的、充滿歡愉氣氛、對周遭居民充滿生活意義的地方。在這裡，人們建立起對鄰里空間的熟識感（public familiarity）、對民眾鄰里的相識與相知（mutual understanding），也由此獲取了社會資本（social capital），這正好體現了 Friedmann（2002）所界定的「社會空間」。

然而，屯門公園的老年人跳舞活動卻受到政府單位的驅離，並以霸權視野（hegemonic perspective）製造的歧視性言論將他們貶斥為一群應該被「淨化」的「噪音製造者」、「刁民」（郭恩慈，2011）。此案例不僅被郭恩慈認為是典型的以中產階級的立場及單純考慮空間的經濟效益來判定公共空間的使用方法，也強權地監控公共空間成為嚴守規律的地方；Ash Amin 與 Stephen Graham（2009）也認為公共空間過去被視為是共享的空間或社會互動場所的理解已不再是理所當然，例如許多都市評論家主張暴力犯罪率高的

城市，例如洛杉磯，乃是未來城市的典型（例如 Davis, 1990; Soja, 1989），他們認為公共空間正被重新設計為監控的地方，以排除具有威脅的群體（王志弘譯，2009）。在 Sharon Zukin（1993）*Landscapes of Power: From Detroit to Disney World* 一書中，更是認為許多的市中心區再發展計畫中，經常藉由排除的手段來保障富人與菁英們的安全，導致地方的公共價值與社會文化與多樣性屈服於市場價值。在這樣的趨勢下，未來議程的主要焦點應該是公共價值的觀念，這不單指自然與社會力量之間的價值，也應該藉由限制開發以保有公共價值，以確保成長是由地方控制來加以節制。因此，公共價值並非無法與自我利益共存。雖然它回應了市場力量，但與私人價值不同，它也反映了地方的文化（王志弘、王玥民、徐苔玲譯，2010）。

（二）街區空間

　　「逛街」可說是都市居民長久以來最頻繁與最廉價的休閒活動之一，這是一種即興式、無目的性的休閒行為，而且是普遍存在於都市街區空間的。在都市規劃中，市中心商業區是最重要的商業機能空間，它必須滿足就業、消費、休閒等功能，因此存在著最高發展容積與允許最多元都市生活所需的活動，也因此出現數量最多、規模最大的商店，成為滿足都市居民逛街需求的地點。從商業機能與空間關係來看，早期商業空間發展型態是一種專業聚集化的形式，專業化指的是一家商店只提供單一的技術服務或商品，例如米店、布店、香店、青草店等，聚集化指的是相同類型商店通常聚集在城市中的相同街區範圍內，例如米街、布店街、金仔街等。隨著人類生活複雜化但追求便利化的趨勢，商品種類、功能、樣式等愈發繁複，專業化的小店無法容納齊全的眾多商品，因此現代商業型態走入大型化、商品多樣化型態，例如百貨公司、購物中心、商店街等型態，而這也呼應著都市民眾的逛街需求。

　　此外，逛街不僅是一種純粹購物行為，詹宏志（1991）認為造成消費

者選擇逛街活動的原因，可從「交易費用」的觀點來解讀，逛街是一種「訊息取得」的行為。透過逛街可熟悉各種商品的存在，可比較各種商品的價格，可瞭解各家商店的特性等，這些訊息對於當時的交易及未來的交易都是有用而有利益的，因此消費者樂意負擔「逛街的成本」；逛街也是一種「發現」的樂趣，發現新商店或新商品成為一種城市人的生活特色，逛街更是這種特色的體現方式。在今日網路時代，透過臉書（Facebook）等即時通訊的傳遞，更是都市人普遍風行的休閒行為模式。在台灣，「夜市」是最具代表性的常民休閒空間，「逛夜市」更是都市裡最重要的夜間休閒活動，也是最能充分展現民間活力的場所。夜市中呈現的密集感是吸引人的特色之一，這包含高密度的攤販數量、商品種類、逛街人潮等所帶來的豐富感與擁擠感，親民的商品價格更是吸引社會中下階層願意消費的主因，這也成為台灣都市中，包容性最廣泛的休閒空間。我們可以在夜市中看到各階層、各年齡層、各種族、各國籍的人們遊走於擁擠狹隘的空間中，這不僅是一種消費行為空間，也是一種體驗城市擁擠感的絕佳空間，更是觀察都市底層思想與價值觀的場域。

4.3.3 仕紳化的休閒空間：消費空間

在資本主義深化發展的過程中，都市正變成一種資本化與商品化的社會，各種企業符號、商品標誌不僅侵蝕著街道空間，也全面攻占都市人的生活，形成都市生活的最重要表徵。這不僅存在於大眾生活的公共空間中，對於擁有較多財富的仕紳階級的消費空間影響更大。例如，各種品牌的便利商店，已經成為現代都市社區中一種可以辨識的生活符號，一般人可能無法指認出住家附近的銀行或政府機構的位置，但通常都能夠知道住家附近的便利商店位置。近年來如雨後春筍般不斷出現的咖啡店是另外一例，它是一種販賣商品、品味與空間的商店，簡單說，咖啡不單是具有「使用價值」的商

品，更是具有「象徵價值」的商品，喝咖啡因此成為一種表徵身分的生活方式，在哪裡喝咖啡成為一種追求時尚的代名詞；咖啡店的經營也不斷回應著此等需求，因此可以看到訴求設計前衛、氣氛溫馨、視野美景、莊園品牌與沖泡技術等店家，目的即在於吸引那些注重價值定位的年輕人與仕紳階級的消費。然而，隨著仕紳化而來的，是從外地遷進的高收入居民，消費的提高和新商業的發展並沒有真正讓多數的當地人實質受惠，反而導致房地產的價格不合理上揚，迫使原本的居民和在當地頗有歷史的店家無法負擔而必須遷出，屬於當地最傳統的地方生活空間大幅度被仕紳化的消費空間所取代。

顯然，仕紳化消費空間被許多人視為是一種代表都市繁榮與進步的形象，能夠在此區域中進行消費式的休閒活動，不論是用餐、購物、藝術參觀等，已經成為人們具體化其自身品味的實踐，並且顯示其在社會階層上的位置。Featherstone（2007）以「小資產階級」（petit bourgeoisie）來界定那些有能力追求象徵高品味產品與服務的社會中層族群，主要是透過物質消費來區隔較低階層並企圖接近使用貴重物品的上層階級。此外，消費主義也利用文化資本進行社會階層分級，因此，有些小資產階級以「新興文化」去確定自己的認同及社會位置，所以經常出入文化場所，例如現代藝術館、畫廊、小劇場等，他們被 Featherstone 稱為「新小資產階級」。消費主義為迎合其需求，將所有物品變成符號，並運用這個符號系統來釐定人們的社會地位階級，例如品牌。許多現代城市為配合消費主義的大環境，於 80 年代開始以「文化」為主題來包裝，通常是藉由城市歷史與生活習慣的美感化以及城市空間的藝術化等兩種途徑來達成。此種主流概念深深影響市中心的重建，並具體成為市中心區仕紳化之重要規劃策略。任何與文化相關的事物，諸如文化組織、歷史建築、傳統巷弄、傳統慶典、傳統食物等，都被賦予現代美感與藝術化而改造為消費商品，例如老街商圈組織、博物館、主題餐廳、特色咖啡、民宿等。政府與都市文化團體亦都積極復興傳統慶典與文物創新等，

使城市中心成為能夠吸引中產階級、專業人士、追求潮流文化等階層人士前來休閒與消費的區域。位於日本東京的六本木新城是近年都市更新非常重要的案例，其規劃設計方向就是將經濟資本換算為文化象徵資本的策略，透過平易近人的藝術品在街道上與商場內四處擺放，以虛擬的公共空間文化 / 節日慶典文化來裝扮成公園廣場等公共空間，高度渲染該地段的文化氣息。小資產階級、新富們為要顯富自身（在文化上）的秀異（distinction），於是就趨之若鶩地來「朝聖」，並將六本木據為己有（租或購工作或居住單位），好讓自己獲取這高尚的身分認同。藝術自身，也在此境況中完全失掉其原有的意義（郭恩慈，2011）。然而，這種都市消費空間逐步全面性商業化的結果，仍然值得我們進一步觀察對於地方民眾認同的分歧、都市歷史與時代精神的展現、以及常民社會的文化脈絡等面向的影響，如何避免大眾休閒空間淪為小眾的消費空間，應當是都市實質空間規劃應該深入考量的議題。

4.4 都市社會與空間的正義

　　都市高度發展的繁榮景象，也隱藏著種種都市問題，包含都市更新下的居住正義。當代都市居民對於社會生活的期待，往往必須透過群體的力量集結與具體行動的落實，來表達訴求，遂產生都市社會運動。社群運動仰賴特定論述的演繹，以及制度與在地行動之間的轉譯與溝通。以台北市為例，1980 年代以降，都市運動轉趨活躍，市民關注生活空間的品質、歷史襲產的保存與活化。公館寶藏巖定調於「藝居共生」的文化治理型態，揭示社群運動增能的歷程，以及對空間正義的主體追尋，而寶藏巖的留存也回應當代受全球化衝擊的都市，如何持續尋找在地的新舊元素來形塑都市意象，保有特殊性與競爭力。

4.4.1 都市社會運動與空間正義

社會運動的界定，即：「一群人組織起來，在它們所屬的社會或團體中，進行促進或抗拒社會變遷的集體行動現象。」（瞿海源、王振寰編，2002）群體組織的動員，源自社會群體間認同意識的差別，導致認同政治的產生。認同政治乃是許多社會運動的基石，目的在於透過集體的力量來改革並創造新生活秩序，舉凡勞工運動、民權運動、反全球化運動與環境保護運動皆屬社會運動。1970年代，Castells 提出「都市社會運動」一詞，強調都市是勞動力再生產的場域，資本主義發展促使更多的社會再生產工具轉由都市政府所支配與宰制，包含住宅、教育等，因此都市社會運動的訴求目標往往為都市政府（Painter and Jeffrey, 2009）。

針對社會運動發生的機制，西方的社會運動理論，主要有：（1）結構緊張論（Structural Strain Theory）：為1960年代以前的主要社會運動理論，該理論說明社會存在的結構性壓力造成個體心理的焦慮感，個人進一步透過社會運動參與來轉移不安。（2）資源動員論（Resource Mobilization Model）：美國學者 McCarthy 與 Zald（1977）主張社會團體發起社會運動主要是受到外來資源與作用力之觸發，社會運動的領導人在資源充足的狀況下，能夠創發與激化運動所需的心理狀態。（3）政治過程論：該理論著重社會運動的政治歷程，社會經濟的變遷改變政治結構，即社會變遷導致當權者與挑戰者之間的權力關係有所異動，再加上草根力量的組織與動員，使受迫者產生欲改變現狀的「認知解放」（cognitive liberation）意向，社會運動遂萌生。（4）新社會運動論（New Social Movements Theory）：資本主義社會朝向後工業化發展，民間社會為維護既有生活方式、文化認同主體性，進而對抗國家與資本主義所主導的價值（瞿海源、王振寰編，2002）。

社會運動往往與社會正義的概念相涉。Harvey（2001）以特殊性與普遍性二者共生的辯證關係來論述都市社會正義歷程，社會正義的概念透過特定

情境的抽象化而獲致普遍性，普遍被接受的原則或規範被建立後，一旦於特定環境中的特定行動被履行時，則普遍性再次復歸於特殊性。Harvey 認為的特殊性為情境脈絡，而普遍性為正義之抽象建立。

特殊與普遍不斷循環的中介機制即轉譯，Harvey 採用 James White「正義如轉譯」（justice as translation）的觀點，轉譯著重在差異中建立共同語言（common language），來達到社群互相理解與集體化的目的，轉譯也能促使抽象的正義在特定情境中獲致具體的意義。具體而言，轉譯包含國家制度、在地草根行動，藉由特殊－轉譯－普遍三者反覆的辯證歷程，都市空間秩序方能形塑（Harvey, 2001）。轉譯在於開創共同理解的平台，但轉譯並不泯除差異。因此，都市社會運動關切、聆聽與尊重多元聲音，不斷閱讀他者文本的基調符合後現代的精神。

社會認同的政治化仰藉論述與資源的形成與運用（Painter and Jeffrey, 2009），因此，存在（being）的轉變涉及能動性[5]，Harvey 認為處處皆有能動性，人人亦咸具能動性。潛在的能動性如果被動員而形成政治—生態計畫，則必須進行「之間」（between）的連結。具體言之，能動性落實為政治計畫的歷程必須經由以下扣連，諸如想像「與」論述、論述「與」權力、權力「與」制度、制度「與」實踐「與」社會關係等等之間的鏈結，亦即去尋求跨越社會歷程中各階段的若干連結方式。政治協商攸關能動性標的之聚焦，透過群體之間的對話、連結來共同找尋目標、共同去界定與建構其它（alternative）可能的世界。重要的是，去思考群體如何動員能動性以利政治計畫之形成，以及政治的歷程為何，並瞭解處於相異情境中的人們在跨越不同論證領域時之互為主體過程（Harvey, 1995）。

5　Giddens（1984）主張，能動者（agents）與結構二者並非各自獨立的既定現象，二者展現二元性（duality）而非二元論的關係。能動者涉及行動（action）的反身性監控、行動的合理化，以及行動的驅動。「能動性」（agency）不僅只關乎人們行事時的意圖，能動性更指涉行事的能力，因此能動性隱含著權力（power）的操持。

4.4.2 居住的空間正義：以台北市寶藏巖為例

　　1980 年代末期迄1990 年代中期，台北市的都市社會運動多屬隱性文化訴求，社會運動的動員目標多針對居住生活品質，例如反對鄰避設施或爭取特定公共設施；1990 年代末期以後，社會運動訴求文化內涵者漸增，顯性文化的作用日益彰顯，如史蹟保存運動，而長久被漠視的邊陲性遺產、庶民歷史遺跡也受到關切而成為深具反身性的場域，而位於公館新店溪畔的寶藏巖則兼備隱性與顯性文化的性質（表4.1）（王志弘，2010）。

表4.1　都市社會運動的文化形態與內涵

型態 內涵	隱性文化作用	顯性文化作用
運動訴求	捍衛集體消費的供應 排斥鄰避設施以維護生活品質 保障工作權益	史蹟保存、特定歷史意義和記憶的（再）界定與宣揚 特殊群體和社區的認同主張與塑造 邊緣生活方式的正當化
運動手段	媒體宣傳、政府與議會遊說、示威遊行等	標舉特定文化內涵為運動策略 常出現與（前衛）藝文活動和再現策略的連結
文化內涵指涉	（經常是中產階級式的）生活方式、美學品味、倫理價值觀	作為目標的歷史意義、記憶、文化認同，以及作為手段的論述、再現、知識、符號等
文化作用效果	階級劃界與排他政治 特定中產美學品味、倫理價值與生活風格的確認	特定歷史、記憶、認同及其蘊含的非主流價值和美學品味 文化意識與覺察的提升

資料來源：引用自王志弘（2010），頁46。

　　清代時期，今寶藏巖聚落建有石壁潭寺。日治時期，寶藏巖聚落開始興建，日軍駐紮於此，故聚落開發受限。1960-1970 年代初期，原駐軍撤離以及福和橋落成改變當地區位，外省老兵、都市新移民自力移居寶藏巖，聚落於1970-1980 年代沿著丘陵地迅速開展（翁誌聰，2011；台北市政府，

2009），作為一個移居的都市飛地，寶藏巖有著「台灣調景嶺」的稱號。具區位邊陲性的寶藏巖再現都市資本積累過程中，都市不均發展的現象（張立本，2011），而居民與各界的爭辯、反拆遷運動，以及官方的政策意志造就今日的寶藏巖。

社會運動往往由不同地理尺度所共同形塑，並在權力網絡中尋求定位。1980 年 7 月，台北市政府公告寶藏巖由水源保護地正式劃入臨水區的「中正 297 號（永福）公園」，全區面臨被拆遷的處境；1994 迄 1995 年間，居民數度透過里長、市議會向台北市政府表達暫緩拆除計畫（翁誌聰，2011）。1998 年，寶藏巖為「第一屆弱勢社區博覽會」的舉辦地點，台北市市長於博覽會上簽署「都市改革支票」，爾後社會局調查社區居民的去留意願，調查結果顯示約 7 成居民冀望「就地安置」，2000 年寶藏巖的主管單位——公園處委託台大城鄉所執行研究，研究提出三個方案，分別為：（1）聚落／生態／藝文公園，規劃社會住宅來安置居民；（2）聚落／藝文展演園區，就地安置居民；（3）福利性公共住宅，就地安置居民。2001 年 8 月，「中正 297 號公園拆遷安置專案小組」決定採用「聚落／藝文展演園區」方案，改由文化局為寶藏巖的主管機構；但當年 11 月，在都市水岸安全的立論下，公園處與建管處赴寶藏巖的臨水區張貼拆除通知單，卻引發居民抗爭，以及輿論譁然該拆遷計畫尚待全盤考量後再執行，但 12 月中旬公園處終將臨水區空屋拆除計畫付諸實踐（張立本，2005, 2011；翁誌聰，2011）。

2000 年代以降，學界轉以文化藝術為策略，力圖保留寶藏巖，如學生團體找尋往昔以寶藏巖為背景所拍攝的影像資料，包括台灣著名導演侯孝賢於 1996 年拍攝的《南國再見，南國》、1997 年日本導演三池崇史的作品《雨狗》等等，並藉此主動積極與市政府洽談舉行藝文活動，如 2002 年影展主辦單位——文化局會同台大城鄉所、寶藏巖社區組織以及台灣電影文化協會共同舉辦「第五屆台北藝術節：寶藏巖新發現影展」。2004 年台北市政府公告，基於「寶藏巖歷史聚落為非正式營造過程所形成之自然聚落，風格獨

特且無法重現，為戰後弱勢者自力造屋聚落之代表」，寶藏巖聚落全區定調為歷史建築，為台北市首處官定歷史聚落。2010 年代寶藏巖的文化藝術活動更加蓬勃展開。2010 年，寶藏巖國際藝術村開村營運，文化局委由台北市文化基金會管理運作，至今持續有本土與國際藝術家駐村展覽創作（張立本，2011；翁誌聰，2011；文化部文化資產局網站）。

　　台北市文化基金會主導寶藏巖的再生，1990 年代末期寶藏巖的未來營運方向即定調為「藝術村」，在「藝居共生」的經營理念下，寶藏巖成為兼具文藝氣息與常民生活特色的「後博物館」」（post-museum）。2000 年博物館學者 Hooper Greenhill 提出後博物館的觀點，有別於當代博物館循「物」的展示、保存與研究之菁英式營運策略，後博物館則是以「人」為本，著重整個社區就是一個博物館的單位，社區居民的景物、故事與歷史都是展示的內容，博物館與社區成為一個共同體，易言之，社區居民即生活於草根性顯著的博物館中，居民保有其主體性（廖世璋，2014）。因此，寶藏巖在社會運動的數度轉譯過程中，抗爭者自原初的抗爭動員轉為和官方進行對話與協商，並由原初帶有仕紳化色彩的拆遷政策，轉向文化治理的共生型態。基金會投資第二迴路，藉由「駐村計畫」與「青年會所計畫」，來規劃出藝文空間、藝術家工作室、微型群聚（micro loft），以及住宿空間，供文藝創作與消費，這些文化產業的聚集與交流進一步產生駐村商家之間的外部經濟效益與文化綜效（陳瀅世等，2015）。

　　從寶藏巖原初的被拆除計畫到保留，以及部分居民在文化局「藝居共生」的理念下繼續留居於「寶藏家園」而論，暫且擱置寶藏家園是否完全融入藝術村而成為互為主體的後博物館，可見的是，寶藏巖在政策激化、外界介入的始末，已從自在（in itself）的實體存在邁向自為（for itself）的集體心智覺知歷程（Harvey, 2001），參與反拆遷運動即再現社區培力、增能（empowerment）之建構，且個體與宏觀的政治經濟獲致連結。

4.5 都市社會生活的展望

　　由福特主義轉向後福特式生產是美國都市郊區化的原因之一，尤其當代資本主義明顯質變導致都市結構變遷，Scott 主張當代工業社會並非後工業社會，宜用「晚近資本主義工業化」（late capitalist industrialization）一詞，來指稱當代美國社會的生產活動，無論是採用後工業社會或晚近資本主義的用語，皆可洞悉工業化深刻影響著都市的發展與內涵。

　　勞動力分工、階級意識、仕紳化、隔離鄰里與門禁社區的概念與理論源自西方社會。值得省思的是，基於東西方脈絡不同，台灣階級問題的浮現、現象，以及台灣社會空間的再現方式有別於歐美社會。就本章述及的隔離空間言之，美國房屋稅決定學區劃分，因此美國的區域分隔現象比東方社會顯著；而門禁社區的建立也受到治安、私人產權、宅邸意識、天災、種族與階級等因素不同程度的影響，這些政治經濟、社會歷程咸植基於區域差異。

　　就都市內部的區域組成上，台灣有地緣團體、眷村與都市原住民聚落等，並伴隨著部落社會移居、認同形塑甚至拆遷的困境，如1940-1950 年代地緣團體仍扮演重要的社區凝聚角色，台北市艋舺的龍山寺、彰化市定光佛廟即是街庄認同的根基；1980 年代以降，台灣建商於都市建造集合式住宅、門禁社區，形塑新時代的鄰里認同（王振寰、瞿海源編，1999）。綜觀台灣的都市問題，台灣都會邊緣地帶的問題並不亞於都會中心，如台灣都會邊緣較都市中心欠缺公共設施，以及層出不窮的都市更新事件、都市環境問題——空氣污染、熱島效應、水污染、防災都考驗都市社會生活的願景。

參考文獻

王振寰、瞿海源編（1999），**社會學與臺灣社會**，台北：巨流。

王志弘譯（2009），John Allen, Doreen Massey 與 Michael Pryke 主編，**騷動的城市：移動／定著**，台北：群學。

王志弘（2010），都市社會運動的顯性文化轉向？ 1990 年代迄今的台北經驗，**國立台灣大學建築與城鄉研究學報**，16：39-64。

王志弘、徐苔玲譯（2007），Simon Parker 原著，**遇見都市：理論與經驗**，台北：群學。

王志弘、王玥民、徐苔玲譯（2010），Sharon Zukin 原著，**權力地景：從底特律到迪士尼世界**，台北：群學。

台北市政府（2009），**寶藏巖共生聚落**，台北：台北市政府。

吳濟華、柯志昌（2010），城市治理典範移轉與環境治理的趨勢——雅典憲章的啟示，**城市學學刊**，1（1）：1-26。

夏鑄九（1993），**空間，歷史與社會：論文選（1987-1992）**，台北：台灣社會研究叢刊。

翁誌聰（2011），**走過寶藏巖——口述歷史**，台北：台北市文獻委員會。

張立本（2005），**一九九〇年代以降臺北市空間生產與都市社會運動：寶藏巖聚落反拆遷運動的文化策略**，世新大學社會發展研究所碩士論文。

張立本（2011），**台北市寶藏巖違建運動——都市治理與社會運動的文化策略**，收錄於王志弘主編文化治理與空間政治，台北：群學。

陳坤宏（2012），**都市—空間結構**，高雄：麗文。

陳瀅世、林育諄、涂函君、吳秉聲、蘇淑娟、陳坤宏（2015），**文化經濟在都市空間發展的體現與歷程：台灣四個都市個案比較的理論意涵**，中國地理學會2015年年會暨地理學術研討會。

郭恩慈（2011），**東亞城市空間生產——探索東京、上海、香港的城市文**

化，台北：田園城市文化事業公司。

詹志宏（1991），**城市人——城市空間的感覺、符號和解釋**，台北：天下。

廖世璋（2014），後博物館的地方實踐——寶藏巖，**博物館學季刊**，28
（1）：35-71。

趙偉妏譯（2010），Scott Lash 與 John Urry 著（1994），**符號與空間的經濟分
析**，台北：韋伯文化。

劉南威（1997），**地理景觀**，台北：台灣珠海出版有限公司。

瞿海源、王振寰編（2002），**社會學與台灣社會**，台北：巨流。

Barker, C. (2008). Cultural Studies-Theory and Practice, London: Sage.

Cloke, P., Crang, P. and Goodwin, M. (1999). Introducing Human Geographies,
London: Arnold.

Crang, M. and Thrift, N. (2001). Thinking Space, London and New York:
Routledge.

Giddens, A. (1984). The Constitution of Society: Outline of the Theory of
Structuration, Berkeley and Los Angeles: University of California Press.

Giddens, A. (1990). The Consequences of Modernity, Cambridge: Polity Press.

Harvey, D. (1995). Nature, politics and possibilities: a debate with David Harvey
and Donna Haraway, Environment and Planning D: Society and Space, 13:
507-27.

Harvey, D. (2001). Spaces of Capital: Towards a Critical Geography, Edinburgh:
Edinburgh University Press.

Harvey, D. (2005a). The New Imperialism, New York: Oxford University Press.

Harvey, D. (2005b). Spaces of Neoliberalization: Toward a Theory of Uneven
Geographical Development, Stuttgart: Franz Steiner Verlag.

Johnston, R. J, Gregory, D., Pratt, G. and Watts, M. (2000). The Dictionary of
Human Geography. 4th edition, Oxford: Blackwell.

Leyshon, A. (2004). The Limits to Capital and Geographies of Money, Antipode, 36(3): 461-469.

Marx, K. (1987). Capital Volume 1, New York: International.

Pain, R., Gough, J., Mowl, G., Barke, M., MacFarlene, R. and Fuller, D. (2001). Introducing Social Geographies, New York: Oxford University.

Painter, J. and Jeffrey, A. (2009). Political Geography: An Introduction to Space and Power, London: Sage.

González , R. and Medina, J. (2004). Theories, Models and Urban Realities, From New York to Kathmandu, Dela, 21: 69-81.

Scott, A. (1988). Metropolis: From the Division of Labor to Urban Form, Berkeley: University of California Press.

Scott, A. (2008). Social Economy of the Metropolis: Cognitive-Cultural Capitalism and the Global Resurgence of Cities, Oxford: Oxford University Press.

Tomlinson, J. (1999). Globalization and Culture, Chicago: University of Chicago Press.

United Nations (2009).World demographic trends, UN.http://www.un.org/zh/documents/view_doc.asp?symbol=E/CN.9/2009/6&referer=http://www.un.org/zh/development/population/urbanization.shtml&Lang=E

Wirth, L. (1938). Urbanism as A Way of Life . American Journal of Sociology, 44 (1): 1-24.

文化部文化資產局網站，http://www.boch.gov.tw/boch/frontsite/(2016.2.3)

第
5
章

都市創意性
Urban Creativity
陳瀅世、吳秉聲

　　查爾斯・蘭德利（Charles Landry）在西元 2000 年的《創意城市》一書明確指出了不能再靠19 世紀以來的傳統辦法來回應21 世紀的新挑戰。他特別提到「21 世紀將是城市世紀，所以『創意城市』成為一種行動的號召」（Landry, 2000: 61）。蘭德利認為天然資源、市場通路與區位等在過去經常被認為是城市的重要資源，但現在正逐步由智慧、慾望、動機、創意與想像力等取代。可以說「創意」就是當今城市的命脈，應該將城市的觀察焦點放在「人」的身上。

　　本章首先將在第一節說明何謂都市創意性，以及創意城市的理論與類型；第二節討論創意在城市裡如何展現；第三節將焦點置於創意城市中「人」這一個關鍵的角色；第四節則透過具體案例來說明都市創意性。第五節綜整，並提出台灣都市創意的現況與未來。

5.1 都市創意與創意城市

5.1.1 都市創意性的意涵與價值

（一）何謂「創意」（Creativity）

「創意」意謂率先提出不同於以往眾人所知聞的想法與見解，詞意近似於創新、創見。「創意性」則指某事物或現象具備「創意」特徵。只是在東西文化中的「創意」意涵與發展還是有著相當差異。在中國文史記載所出現的「創意」往往是以當代觀點重新釋義歷代文典，賦於新意。三國的張揖《廣雅・釋詁一》亦提到：「創，始也。」即「創」有初始的意涵，然而《道德經》：「萬物作而弗始也」，意謂著順其自然而運作，無跡可循其「始」；《道德經》亦曰：「無名，萬物之始也」，萬物之始無可名狀。在此「創」為假借字，作動詞，為「開創」始無前例的狀態。從上述文典可理解中國古文明認為產生「創」舉是順天地，渾然自成，無法追溯初始條件，意指創造是一種天賦能力。

在英文中 "creativity" 的拉丁語字根是 creō，衍生為 create，此字最早出現於英國14世紀，專指「神造」（divine creation）；即使部分學者認為舊約創世紀是西方早期基督世界的創意，然而此非現代的「創意」（creativity）意涵。因為當時一切創造現象都指向「神意」（Runco and Albert, 2010），而是到了18世紀啟蒙時期因開始盛行自由主義與新古典主義，強調美學倫理，重視運用想像力，進而使科學探索長足進展，才開始將創意指稱人類創造事物的相關行為。因啟蒙運動所提倡的理性思維與科學方法也奠定了18世紀末工業革命的基礎。這段現代文明進程中的關鍵就在於人類的創意獲得發揮空間與機會。因為人類創意持續發展，造就不同時代，提升生活福祉，促進人類文化演進的動力。

但創意不僅限於藝術或科學，也呈現在各層面，例如工藝師研發新

技巧、材料或工具，或是勞工改進生產程序，增進品質管理，均可稱之為「創意」。歐盟從文化經濟產業觀點，將「創意」定義為一種跨部門與綜合專業的方法，融合藝術、經濟、科學與技術的創新。創意則是由各種創新（innovation）過程交互作用的一種程序，並且利用文化資源，作為非文化部門（non-cultural sectors）產品製造過程中的「中間投入」（intermediate consumption）[1]，能提升消費價值，增加競爭力，也因此被視為創新資源（KEA, 2006: 36, 45）。Schumpeter（1950）提出創造性破壞（creative destruction）的經濟發展觀點，他認為產業競爭引發創意與生產技術創新，進而帶起另一波的經濟循環。因此經濟學者將創意視同能創造經濟價值的創新（KEA, 2006: 41）。

　　文化創意層面包含多樣文化與不同藝術表現形態的創意。人類歷史演進過程所留下的創意，無論有形或無形，一部分持續服務當代的人類生活，另一部分逐漸被新創意替換而淘汰，成了文化遺產。聯合國教科文組織（United Naitons Educational, Scientific and Cultural Organisaiton, UNESCO）在《世界遺產公約執行作業準則》（Operational Guidelines for the Implementation of the World Heritage Convention）中以具有傑出的普世價值，代表人類創意智慧的巨作作為世界文化遺產獲選的標準之一（UNESCO, 2012）。台灣依《文化資產保存法》所定義文化資產是指具有歷史、文化、藝術、科學等價值的古蹟、遺址、文化景觀、傳統藝術、民俗及有關文物、古物、自然地景等。

　　文化資產代表人類歷史的片段，展示曾發生的故事，有助於瞭解人類過去種種生活狀態。保存文化資產是為下一代保留歷史記憶，也提供不同族群間彼此有機會瞭解對方的故事，能促使彼此理解個別差異，認同文化多樣化的價值，提供創意的基礎，也因為保留豐富多元文化，提供深厚悠長的文

1　中間投入是指人力與固定資本以外之要素投入。

化精神，成了文化創意的泉源。台灣曾在1995年推動文化產業化，產業文化化的口號，與當時文建會積極推動社區營造相關，但是兩者目標不完全相同。文化產業化也引發藝術文化商品化等同膚淺化的疑慮，此觀點早在1944年 Horkheimer 與 Adorno 進行啟蒙辯證中有諸多批判與討論[2]，在研擬文化產業政策時值得審慎評估。

（二）從文化產業到創意產業

　　文化可以指稱是藝術，也可以是一個族群的共同價值與生活形式。依據廣義的文化定義推演文化產業的範圍包羅萬象，舉凡具備特定族群意象與精神意義的生活產品與服務，依照工業生產標準製造、再生產、進入物流等等一系列程序的活動。狹義的文化產業特指將藝術靈魂灌注於生活產品與服務，使得文化產業不同於非文化產業。文化創意產業產出的品質則是強調具有高度「精神」面向。當一般傳統產業製品從追求實用價值，進化到強調體驗美感價值，則可歸納為文化創意產品，例如私有住宅的建築案，從坪數需求為優先，晉升到美感訴求。

　　歐盟為了定義文化對經濟的影響，在2006年調查報告資料區分文化部門（cultural sector）與創意部門（creative sector）；文化部門又區分為非產業（non industrial sectors）與文化產業（cultural industries）。非產業的文化項目是指無法再製與產業化，但可消費的作品、服務與文化遺產，例如視覺藝術中的書畫、雕刻、攝影等等，表演藝術中的歌劇、戲劇、交響樂、馬戲團，文化遺產有博物館、文化遺址、考古遺址、圖書館與文獻資料館，文化服務則是指音樂會、文化慶典、藝文展覽、以及藝術品與骨董拍賣會等等；文化

2　原始資料來源：Horkheimer und Theodor W. Adorno: *Dialektik der Aufklärung*, hektografiertes Manuskript 1944 (aus Anlass des 50. Geburtstags von Friedrich Pollock). 目前可見版本 Horkheimer: *Dialektik der Aufklärung und Schriften 1940-1950*, (Gesammelte Schriften, 19 Bände, hrsg. von Gunzelin Schmid Noerr, Band 5), S. Fischer, Frankfurt 1987 (3. Aufl. 2003).

產業項目概指能夠量產、大眾化傳播與輸出的文化產品，例如書籍與影音之出版物，也涵蓋電玩遊戲、廣播、音樂、新聞雜誌等等。至於創意部門中，文化變成是一項創意元素，投入在非文化作品的生產活動中，包含風格設計、室內設計、產品設計、建築設計與廣告（KEA, 2006）。

　　實際上，創意產業（creative industries）不是新創產業，而是建立在現行產業基礎之上，賦於新概念，以文化與藝術構想提高其產業附加價值。1990 年代早期澳洲最先使用創意產業一詞，之後擴展至歐洲（Baycan, 2011）。英國於 1997 提出工業創意小組，之後中國、香港、新加坡、紐澳等國相繼提出以文化為主軸的產業發展政策（薛保瑕，2002）。根據聯合國教科文組織的最新報告指出 2015 年全球產值達 2 兆 2,500 億美元，相當於 3% 的全球生產毛額，提供 29.5 百萬的就業機會（UNESCO, 2015）[3]。聯合國貿易暨發展會議（United Nations Conference on Trade and Development，簡稱 UNCTAD）認知到創意經濟在世界經濟動態的重要性，給發展中國家帶來龐大的成長機會，從 2008 年到 2010 年出版 2 期《創意經濟報告》（*Creative Economy Report*），概述強化創業經濟時，政府所應扮演的催化角色，落實在通過政策，法規與機構；同時將創業產業視為脫貧的經濟發展機會，尤其是非洲地區，已針對莫尚比克（Mozambique）與尚比亞（Zambia）發表兩份強化創意產業發展策略的系列專書（Creative Industries Country Studies Series）[4]。UNCTAD（2010）報告指出全球創意經濟中 41 個已開發國家的創意經濟約占 51.18％，158 個發展中國家有 48.03％；雖然開宗明義地指出創意經濟並不是萬能的，但無可否認確實可能提供更多的彈性、包容與恢復環境的可行途徑。然而 Beukelaer（2014）[5] 認為 UNCTAD（2010）報

---

[3]　資料來源：Cultural Times – the First Global Map of Cultural and Creative Industries on 3 December. http://www.worldcreative.org/

[4]　資料來源：http://unctad.org/en/pages/publications/Creative-Industries-Country-Studies-Series. aspx

[5]　De Beukelaer, C. (2014). Creative industries in "developing" countries: Questioning country classifications in the UNCTAD creative economy reports. *Cultural Trends*, 23(4): 232-251.

告將中國（8.8 億人口，約占世界人口12%）一併列入發展中國家所做的分析結果過於粗糙，因為單一個中國在2010年世界創意產業出口量即占有25.51%，49個後段班的低開發國卻只占0.11%，顯然刻板的國家分類已不適用。

台灣在2002年開始推動文化創意產業，並定義其為來自創意與文化積累，透過智慧財產權的形成與運用，有潛力創造財富與就業機會，並促進全民美學素養，使國民生活環境提升的產業。台灣列舉15項文創產業類別（文化創意產業發展法，2010）：（1）視覺藝術產業；（2）音樂及表演藝術產業；（3）文化資產應用及展演設施產業；（4）工藝產業；（5）電影產業；（6）廣播電視產業；（7）出版產業；（8）廣告產業；（9）產品設計產業；（10）視覺傳達設計產業；（11）設計品牌時尚產業；（12）建築設計產業；（13）數位內容產業；（14）創意生活產業；（15）流行音樂及文化內容產業；（16）其他經中央主管機關指定之產業。其主管單位除了文化部本身，尚有經濟部與內政部。根據2015年修正版的文化創意產業內容與範圍，特指（1）文化創意產業所提供之產品或服務應呈現透過創意，將文化元素加以應用、展現或發揮之特質；（2）文化創意產業其既有內容以數位化呈現，或透過其他流通載具傳播，不影響其產業別認定。文化創意產業無論是以家數或營業額計算，均高度集中在台北市[6]。文化部統計其主管的八項產業之發展趨勢顯示：2015年的產業企業31,517家，比2014年增加0.89%，營業額總數429.253百萬元，較前一年衰退2.91%；以文化資產應用及展演設施產業增長最多，視覺藝術產業消退最為嚴重（文化部，2016）[7]。這些數據說明台灣的創意產業發展尚未具備經濟效益，另外無形的精神效益難以量化！純然從經濟效應看待文化創意產業，甚至以貨幣評估，恐陷入換湯不

6　文化統計：文創產業家數與營業額，http://stat.moc.gov.tw/HS_UserItemResultView.aspx?id=14
7　文化部（2016），國內外文化產業訊息及趨勢分析雙月報，檢視 http://stat.moc.gov.tw/StatisticsResearchList.aspx

換藥的陷阱。創意並非是一個內部可測得的絕對值，即使可以，也只是測得一個相對值（Pratt, 2010）。畢竟，文化創意產業的核心價值（core value）即在於文化創意的生成（culture and creative production）（薛保瑕，2002）。

5.1.2 創意城市的興起與網絡的建立

（一）創意城市的出現

　　將創意經濟構想應用到發展都市經濟，即引出創意城市（Creative Cities）的發想；創意逐漸取代區位、自然資源與市場通路，成為都市活力的基本關鍵力，甚至將全世界的各大都市重新定位（UNCTAD, 2010）。"Creative City" 一詞首次出現於 1988 年澳洲墨爾本議會所舉行的一場研討會上，聚焦在如何將藝術與文化融入都市發展規劃。Yencken（1988）提出創意城市是關注所有市民舒活的物質條件，特別是弱勢族群，同時也是一個情感滿足的城市，且能激發所有市民的創意。創意規劃（creative planning）是基於文化資源與整體概念，將每個問題當成機會，每一項弱勢都是潛在優勢，甚至能夠無中生有（Landry, 2006）。

　　創意城市的規劃概念到了 1990 年初受到關注，引發更多開放與想像的討論（Landry, 2005），例如創意城市是一個全面富有想像力的地方，有創意的官僚體系、創意人、機構、學校與大學等等，在公私與社群層面均鼓勵創意與合法使用想像力，提出可能解決任一種都市問題的智庫。除一般都市該有的建築、街道與下水道等硬體之外，應建置軟硬體組合的創意基礎設施（creative infrastructure），硬體是指傳統的地方區位因素，包含勞動力、交通便利的辦公空間、便捷的大眾運輸、通訊服務等等；軟體則意指高質量的區位因素：路徑依賴理論（path dependence）與簇群形構（cluster formation），例如具吸引力的適居環境、包容折衷的生活型態、多元活力的文化場域，以及提供社會網絡、分享空間，促進創意人互動的締結組織（connective tissues）。

Landry（1995）認為「創意」（Creativity）是都市的活水命脈，是種族與文化互動交流出新的構想、工藝與制度等等。都市創意性價值在於獨特性與真實性，特別是表現在藝術與文化遺產，見證都市自身的歷史與傳說故事，是構成都市社區獨特的身分認同，使其在全球化競爭舞台上擁有一席之地（Bradford, 2004）。一個城市的獨特性與真實性基本上表現在藝術與文化遺產、商業與社區三方面，而所表現的品質與密度對其創意能力有極大的影響（Baycan, 2011）。維護地方文化資源即是一項文化基礎設施（cultural infrastructure）建設，促進創意經濟的真正資產。因此加強都市的文化品質，藝術與文化遺產的保存是發展創意城市的重要策略。綜合 UNCTAD 報告可歸納創意城市的意涵為：（1）藝術與文化的基礎設施；（2）創意經濟；（3）等同於一個強大的創意階層；（4）培育創意文化的一個地方。而創意城市所具備的創意資產（creative assets）意指：（1）創意階層與創意產業；（2）文化產業與文化創業；（3）創新與文化企業精神（Florida, 2002; UNCTAD, 2008）。

地方、文化與經濟是共生體，當都市在文化與經濟景觀上所構成的鑑別度越高，越能利用地方獨有的知名度，則競爭力越高（Power and Scott, 2004）。都市往往是創作者尋覓展示機會的平台，同時是國際旅客體驗客居地文化創意最便捷的場域，使得都市成為知識、風尚與意義的搖籃（Zukin, 1995）。當高科技製造業移往中國與印度之亞洲大國，改變了全球勞動力的遷移方向。而上世紀流行文化發源地的歐美城市自認為在文化創意產業仍具有優勢，將文化視為為一個經濟產業，作為多媒體工業的基礎，是地方經濟復甦的資源。對一些福特主義時期的工業城而言，文化作為重建意象的主軸，例如在工業遺址上，形塑藝術文化氣息與休閒氛圍，排除老舊工業令人不悅的環境污染印象，企圖吸引全球的創意階層。許多都市均以「都市復興」（urban revitalization or renaissance）作為都市治理政策，以成為全球創意

城市為目標[8]。然而許多都市推廣的文化創意卻是大同小異，刻板的象徵主義，簡化文創意涵，使得文化商品化、大眾化，行銷策略只是一系列複製的口號。

（二）創意城市網絡的建立

聯合國教科文組織創意城市網絡（UCCN）創立於 2004 年，致力於促進與將創意視為可持續發展戰略因素的城市之間的合作。截至 2015 年 12 月共有來自 54 個國家的 116 座城市共同參與構成[9]，共同肩負著使創意和文化產業成為地區發展戰略的核心，同時積極開展國際合作等共同使命。這個網絡涵蓋了手工藝與民間藝術、設計、電影、美食、文學、媒體藝術和音樂等七個領域。

藉由此一網絡，各成員城市積極分享最佳實踐，並努力發展包括公私及公民社會在內的的各類合作夥伴關係，以期達到如下目的：

1. 加強文化活動、產品和服務的創建、製作、傳播和宣傳。

2. 建立創意和創新樞紐，拓寬文化領域創意人員和專業人士的發展機遇。

3. 完善人們接觸和參與文化生活的方式，尤其是邊緣化族群和弱勢群體及個人參與文化生活的方式。

4. 將文化與創意充分納入可持續發展規劃中。

創意城市網絡是聯合國教科文組織的特殊夥伴，不僅反應了創意是促進可持續發展的動力平台，同時也反映了創意是行動與創新的本源，這一點對於 2015 後發展議程的實施尤為重要。在發展前期，至 2009 年僅宣布 19 個城市，但這些城市多數擁有 UNESCO 世界文化遺產，例如文學之城愛丁堡（Edinburgh）新舊城本身即是，墨爾本城（Melbourne）內的皇家展

8　參考 UNESCO List of creative cities，資料來源：http://zh.unesco.org/

9　資料來源：http://en.unesco.org/creative-cities/events/uccn-today-116-cities-54-countries

覽館，設計之城布宜諾斯艾利斯（Buenos Aires）的聖安納（Santa Ana）是瓜納尼耶穌會之路，電影之城布雷德福德（Bradford）即在薩爾泰世界文化遺址（Saltaire World Heritage Site）範圍內，手工藝與民間藝術之城阿斯旺（Aswan）的努比亞遺址，音樂城市賽維利亞（Seville）擁有三項世界文化遺產。而聖達菲（Santa Fe）則是鄰近美國原住民族部落遺址陶斯部落（Taos Pueblo），美食之都波帕揚（Popayan）的復活節遊行即在 2009 年被納入世界人類口傳與無形文化遺產之列。從這些案例可以發現饒富趣味的常民文化活動發生在歷史城鎮，塑造在地場所精神。

　　文化資源豐富的城市空間是發展文化創意產業的優質載體，能夠加入 UNESCO 創意城市網絡不僅是搭上都市行銷的全球高速網，也等同加入了全球文化產業價值鏈。創意城市網絡是 UNESCO 跳脫物質與非物質文化遺產保存的限制，從整體生態與文化生育地的全方位觀點，關注市民的創意，以及文化空間，使傳統社會文化能隨時代變遷而持續，進而刺激文化產業發展。

5.2 創意性之所在

5.2.1 都市理論與創意城市

（一）創意時代的都市理論

　　因為產業創意與革新，導致都市空間變遷。市中心擴大到沒落，量產製造業外移，邊際城市崛起，創新技術之群聚與移轉，國際空間分工，文化商品化與都市更新等等，都是許多都市社會評論的議題。都市發展動態過程中難免有許多新舊交錯的對立元素，看似互不相容，卻能共存，例如 Scott（2008）認為 20 世紀初的芝加哥發展成一個結合密集工業與商業，建築創新

與文學探索，多樣化共生的都市型態。每個時代的都市社會學者觀察問題現象，致力於提出新的都市規劃理論，認同將創意作為解決都市窠臼的工具之一，解決都市問題的規劃構想，透過創意的思維與策略，修正規劃程序與再造空間紋理。

Landry（2014）[10] 分別以 "The CityX.0"、"The Planning X.0" 以及 "Transport X.0" 等數位用語重新定義都市發展類型。所謂的 "The City 0.0" 概指歷史城市，而 "The City 1.0" 則指工業城市、機械化量產，以及其決策程序由上而下的特性。"The City 2.0" 是指1990年之後，具高科技產業與科學園區的產業特徵，都市設計作為優先的決策工具，並且開始注重城市的表情與氛圍，因此逐漸改善公共空間與設施，文化與消費活動熱絡。"The City 3.0" 則進一步傳承了 "The City 2.0" 的優勢，利用公民的集體想像力和智慧的決策，共同形塑、創造自己的城市，強烈關注公共領域、人性化和美感，因為考量到城市全感官體驗，而被稱為「軟性都市主義」（soft urbanism）。

在 "The City 1.0" 中的規劃將土地利用規劃功能分為住宅、工作與休閒區，但公共參與程度不高，也不鼓勵這樣的參與，可以視為 "Planning 1.0"。而其運輸觀點是建設適合開車的城市，可視為 "Transport 1.0"；"The City 2.0" 中的 "Planning 2.0" 以更全面的方式看待城市，鏈結自然物理、社會和經濟環境，使得 "Transport 2.0" 更加強移動力和連結性，此階段的城市不再以車行為主，而是適宜步行，呈現綠樹成蔭的道路景觀；"The City 3.0" 中的 "Planning3.0" 觀點是摒除嚴格的土地利用要點，代之以混合使用，可說是傾向整體綜合經濟、文化、自然和社會的思維。在這裡，生態意識與跨文化理念已無法被忽視。其方式是採取跨部門夥伴協作，以確保公民參與機會，並可以積極解決問題。

總體而言，"The City 3.0" 的心智模式是將城市視為一個有機體，通過

---

10 資料來源：http://charleslandry.com/blog/the-city-1-0/

自我運作的彈性，一種自我適應型城市。組織上更靈活，橫向和跨部門工作成為常態，對風險有更大承擔能力。進一步看，就是以創新技術創造一個智慧經濟（smart economic）、智慧的移動性（smart mobility）及智慧的生活環境，實現智能化的城市服務。藉由分析來收集市民意見，並利用所有城市的機構與單位的資訊，研擬最佳策略。其中，運輸上的 "Transport 3.0" 是進化到「無縫接軌」（seamless connectivity）的階段，而這唯有智慧化，並重新思考治理策略，透過跨部門協調，跨機構的資源，以綜合方式快速作出回應才可能實現。

Landry（2014）歸納創意時代的兩項關鍵特徵。其一，創意工作是在所謂的「第三地」（third place）。既不在家，也不在辦公室，而是移動中的工作地點與時間，成了「這裡和那裡」和「隨時隨地」的現象；另一關鍵特徵是快顯文化（a pop-up culture），一夜之間出現的文化活動與地方，然後消失，僅短暫存在。在 Landry 觀點裡的 "The City3.0" 是一個不斷變化的世界，只是當前許多部門或機構的操作系統部分仍維持著1.0 的功能，不免產生斷層的問題。為使新都市與經濟形態運作良好，需要相對應的法規和激勵制度。

在歐洲，創意城市崛起多數因其文化底蘊的基礎，其中有大量來自傳統產業精緻琢磨而成的地方品牌；另一種創意城市是基於解決都市發展的窠臼所刻意提出創意構想規劃。從硬體方面引入新科技工具，而在軟體方面採用各種社區營造手法。同時，也出現從環境保護、熱島效應、生物多樣性、健康與適居等議題為名的城市願景，例如從環保節能觀點塑造綠色城市（green city），提倡維護生態廊道與自然主義的生態城市（eco city），講求美感體驗與安居福祉的慢活城市（slow city），推崇新興科技使生活便捷的智慧城市（smart city）等等。然而，創意並非在每個地方或任何時間都能成功。Pratt（2010）就以英國經驗指出創意城市並非解決所有都市問題的萬靈丹（a solve-all），他呼籲應該重新從政策與學術面向去關注文化與創意的內

在價值。

　　目前各國積極應用物聯網 IoT（Internet of Things）投資都市發展，多半用在偵測水電能源消費、污染與垃圾、公共交通運輸、停車空間等等公共事務，私部門則是 B2B 的決策系統與勞資媒介。美英歐盟投資研發 IoT 應用在公共事務，現階段採產官學合作方式，研發更聰慧靈敏的公共基礎設施。對政府而言需要更專精高智慧科技的人才，私部門與個人更重視隱私安全。不可諱言的，智慧科技應用於都市治理與建設規劃，能提供更多數據資訊在策略參考，甚至改變都市開發設計的程序。

（二）區位決策與規劃

　　創意性與都市空間的重要連結之一在於創意產業與創意人的區位決策（locational decision）（Scott, 2006; Yigitcanlar et al., 2008）。Baycan（2011）認為吸引創意產業進駐通常取決於軟體區位因素：路徑依賴理論（path dependence）與簇群形構（cluster formation）。路徑依賴是有關都市的歷史發展途徑，以及其對現在與未來的影響結果。路徑依賴的邏輯是指都市專業化創意與革新能夠吸引人才，缺乏歷史連結的創意傳統，相當於不具備創意基礎設施在先，因此難以形構創意簇群。換言之，創意簇群（creative cluster）經常是伴隨著路徑依賴論而發展（Musterd et al., 2007; Wu, 2005）。

　　有別於一般產業簇群不同，創意簇群是一個首要體現創意，其次才是產業發展的匯集場域。創意簇群依據其型態與發展的差異特性來選擇區位，不同於商業集群型態幾乎聚集在便利的市中心。強烈需求聚集在市中心的文化活動有多媒體與娛樂業工作者、設計人與廣告商；專業創意的經理人、財務法律顧問則是遍布分散於全市區。創意簇群的區別在於社會客體（social object）、目標內涵與文化發展；尤其值得注意的地方更新計畫所涉及的資產保存、文化旅遊與觀光經濟的主要目標都不相同，附加條件也不同。目前創意簇群普遍地被視為目標，也成了產業群聚政策中最常用的工具，用以推動

都市區域經濟轉型為創意與知識密集經濟。

即使基於產業群聚效益，理論上強調創意中心化的重要，但實際上，創意企業有遷往市郊或是副中心的趨勢，原因可能是市中心原本的經濟社會問題，或者另一特區的創意環境較具有吸引力。都市區域發展政策的中心化與去中心化之間是呈現實務與理論的悖論（Nachum and Keeble, 2003）。Yigitcanlar 等人（2008）認為投資創意產業的區位條件應反映其特定需求而定，無論是更新現存都市中心聚落，或者是開發新市區。都市中心社區要培養創意潛能，必須處理衍生自日趨嚴重的社會不平等、社會排斥、空間隔離、文化張力等等社會問題之間交叉壓力。創意世代的都市永續任務應找出新的解決方法，以翻轉上述工業發展以來的都市黑暗面（Baycan, 2011）。Flaming（2007）在北歐的創意經濟綠皮書中，建議都市推廣創意產業政策應考量下列要點：

1. 應優先考量現存資產的再評價與利用。如果忽略現實問題，只為虛應當前需求就採新開發的政策，常易導致錯誤後果。

2. 避免制式的活動與慣例的操作，所引入的文化活動，不應強制實施。

3. 創意場域建設（creative place-building）的方法應避免過度對焦在創意產業附加價值的工具性，例如包辦從社會包容到文化旅遊等等，這一系列應辦事項，可能變成創意商業不願承擔的包袱。

Sasaki（2010）則提供日本經驗，指出創意城市所具有的六項特質：

1. 創意城市的都市經濟系統裡，不是只有藝術家與科學家可以自由發揮創意，而是任何工作者與工藝者都能從事創作與靈活產製，且過程中經得起全球化的威脅。

2. 創意城市裡配備大學，高職院校與研究所，具有支持科學與藝術創意，以及文化設施例如劇院與圖書館。有一個非常活躍的非營利部門組織合作的協會與機構，以便保護中小工藝企業的權利。如此建立一個新企業容易開創，創意工作有良好支持的環境，首先創意城市須有

必要的社會基礎設施，以支持創意人與創意活動。

3. 都市是以產業成長改善市民生活品質與提供永續的社會服務，因此促進新興產業發展的環境、福利、醫藥服務與藝術。換句話說，創意城市的產業動態與文化生活維持良好平衡，生產與消費也能和諧發展。

4. 創意城市是一個有權力規定生產與消費發展空間的都市，以及保留都市環境，具有能促進市民創意力與感受力的美麗空間

5. 創意城市有市民參與市政的機制，可保證通用性與市民創意，即此城市是由大範圍行政管理支持小區自主性的系統，能統籌管理大規模的區域環境。

6. 具備自己的財政與擅長制定政策的卓越人才，而能維持創意與自主的行政管理。

Landry（2002）認為成功的創意城市是依循決心的方向，而非確定的路徑，都市規劃工作像是推動願景，並非僅是狹隘的技術程序；身為夢想家的治理單位應積極投入，研擬便利與彈性的發展政策，轉換願景為實踐行動。

5.2.2　空間場域與創意

（一）創意環境

都市競爭力是營造一個創意人偏好的「創意環境」（creative milieu）與場所品質（quality of place），以便吸引強大的創意階層。創意環境是促進地方發展創意力、競爭力與凝聚力的關鍵資源與設施，此名詞首先由Törnqvist（1983）提出。創意環境有四個特性：人際的資源傳遞、智庫或資訊儲存、特定活動的權限、以及取自前三項特性的某種創新事物。那麼建構一個創意環境的先前條件是：（1）提供健全的財務基礎，但不受法規強制；（2）基本的原創智慧財產權；（3）平衡經驗需求與真實機會；（4）多樣化的環境；（5）良好的內外部交流與通訊；（6）結構不穩定性與促進協同發展。

Landry（2002）定義「創意環境」為一個區位樞紐，連結軟硬體創意基礎設施（soft and hard creative infrastructure）。Gertler（2004）認為建設創意城市應把握兩個關鍵：（1）必須投資在創意環境的軟硬體基礎設施；（2）擬定公共政策的關鍵應在培育都市的創意資產（creative assets）與創意軟硬體基礎設施。進一步，Scott（2006）則提出「創意領域」（creative field）的概念，認為單憑創意階級無法持續發展都市創意性，也就是創意性必須是動態的，導向能激發學習與創新的實務形式，即所謂的「創意領域效果」（creative field effect）。

（二）場所價值

都市創意核心表現在三方面：藝術與文化遺產、媒體與娛樂產業，以及創意商業服務的 B2B（the creative business to business services）。其中，最重要的是附加價值的服務。實務上，設計、廣告與娛樂推動經濟創新，形塑成所謂體驗經濟（experience economy），因此可說創意城市本身即是一個創意經濟體，也等同是一個龐大的創意階層（UNCTAD, 2010）。

在都市作為文化發展與創意展示的場所的前提下，都市創意性的核心在於呈現其創意性的價值，有兩項原則，一是價值整合，二是價值優先於效用。價值優先於效用的原則應用於都市舊城更新。都市發展除了擴大建地，引入新建築之外，往往為了在逐漸沒落的舊城區注入活水，推行所謂都市更新計畫。雖然拆除是最快速的作法，但是新建築景觀卻無法取代歷史價值。因此應該以保留歷史元素意涵的文化價值為優先，臨近的新建築應考量整體景觀諧和的美感，通常以相近色調，避免突兀感，甚至為舊建築保留原有的空間感與天際線，兼容並蓄新舊建築景觀的價值感。Okano 與 Samson（2010）認為創意城市重要的是使人能感受到文化都市品牌塑造的價值，善用設計與藝術手法的綜合功能，規劃公共空間從國家主義的單一身分認同，轉換到多族群身分認同，從扎根地方的自然與記憶場域，到展望全球化治理

的公共空間等四種意涵，均能彰顯其都市的文化與精神，尤其地方場域與全球化的公共空間塑造，甚為重要，應實現平衡價值。

　　Scott（2006）擔憂全球創意城市興起，難免重蹈覆轍過去許多工業時期的大都會，經常產生都市景觀上貧富比鄰的飛地（enclaves），因此建議制定具體改善政策，對於一向被排除在生產，就業與社會生活首善特區之外的都市空間，更應給予高度重視，傾力打造全然的創意城市。

5.3 創意性之源泉

5.3.1 都市創意人才

（一）創意新貴、創意人才與創意階層

　　Florida（2002）提出「創意階層」（Creative Class）的概念，係泛指高密度知識產業的工作者。大致分類成「超級核心創意人才」（super creative core group）、「現代社會的思想領袖」（thought leadership），與較廣泛的「創意專家」（creative professionals）。不過在實務上其實很難區別創意與非創意人才，例如精算師，或許有革新方案的能力，卻無變化的工作性質即可能被自動化所取代，因此創意階層難以與實際職業類別相比對。創意階層是一個跳脫傳統職業別的人力資本分類型態，特性上除了高壓的腦力工作之外，通常是個性化與自我主張的一群精英，對於多元社會採取開放與寬容的態度。

　　不同於傳統人力資本理論，Florida 的理論特點有兩個：其一是指認經濟成長的關鍵人力資源為創意人才；其二是區位決策取決於人才對地方的偏好。他認為原本是以企業為中心的經濟體制，正轉向以人驅動（people driven）系統，即公司遷移到人才聚集，而不是人屈就工作地點而遷移，因此都市需要人氣（people climate）與商業氣息（business climate）。此論點引

發概念上的重大轉變，喚起一個關注創意人的創意世代（creative age）。

Eger（2006）認為創造一個21世紀城市，沒太多技術問題，不外乎是創造工作機會、財富與生活品質。為了適應新知識經濟與社會，社群應重組，以教育市民有關工作性質產生的全球化革命。為了成功，城市必須準備使市民自組社群，去教育下一代迎接創意經濟的新挑戰。其核心是要確認藝術與文化對促進創意經濟發展所扮演的重要角色，最後需要一個擅長應用藝術、文化與商業之間鏈結的創意社群（creative communities）。相對於創意階層、創意中心或是創意簇群，創意社群是個組織鬆散、機動互聯與主題式的組合，內容卻涵蓋上述三者，它能敏感地反映一個區域的創意產業特性與文化生態現況。

（二）兼容並蓄的創意城市

人才偏好聚集在生活機能便利，門檻低的大都市地區，而創意產業正需求創意階層而進駐大都市。Jacobs（1961）認為都市多樣性，在經濟與文化上，需要具備綿密，相互支持的用途。Florida（2005）認為，城市發展的關鍵在於城市社會環境的多樣性、寬容性和創造性所吸引而來的創意階層，不限於民族與次文化族群（subculture groups），因此形成兼容並蓄、多樣性的創意城市。

Duxbury（2015）分析歐盟的明日城市願景（the cities for tomorrow）對於民主、文化對話與多元議題，多元是根植於文化、認同、歷史與遺產所連結的社會多元與不同文化表徵，因此強調歷史建築與公共空間之都市景觀的遺產價值在於能提供在地居民認同此都市環境。總言之，都市發展創意仍離不開土地歸屬感與身分認同，才能吸引創意階層，無論是在地留駐或是外來遷入的創意人口。但包容多元（tolerant and diverse）在部分區域卻是難以解釋，尤其在普遍具有排外意識，或是傳統保守的社會。Angelopoulos等人（2015）在澳洲的調查研究證明創意階層變化與多元之間是不穩定的低度相關。

　　Florida（2005）提出的同性戀指數成了創意社群象徵，強烈暗示這都是一群思想開放前衛，生活如波西米亞生活風格的年輕藝術家。這種顛覆傳統的理論導致普遍誤解創意階層聚集了藝術家與同性戀。Scott 即批判 Florida 的創意階層所指稱的一些特定族群。Scott（2006）認為創意並非過往移入城市的電腦駭客、滑板客、同性戀者，以及所謂的波西米亞人等等的簡單概念，而是應當透過複雜交織的生產，工作與社會生活關係，在特定都市紋理中所產生的有機發展。

　　Sasaki（2010）的實證研究指出引入創意階層，並非就自動形成創意城市，他以金澤市案例說明，成功創意城市需要文化基礎的生產系統，文化生產與文化消費平衡良好，能累積文化資產的優勢；他認為大阪市失敗是缺少扎根的整體規劃政策，但各地發起生動與包容多元的草根性運動，未來大阪成為多元文化的創意城市，仍可期待。

　　　　Florida（2015）認為創意城市可以拯救積弱的國家，是基於族群多元化的論點，而社會多元化程度是都市化指標之一，持續都市化發展則是國家政局穩定的象徵。國家不穩定時，都市化難以發展，都市功能縮小，越小越弱，影響國安問題，於是軍事進駐而破壞人口成長，都市化降低，而擴大動盪不安的惡性循環結果。弱國是指經濟低度開發，同時對於種族、宗教與性別差異的寬容度較低；而強國的都市不只是經濟發展好，生活環境品質高，關鍵是創造安全，更多寬容，暴力少的世界。Florida 認為提高都市化，能包容各族群的地方，可減少培育出恐怖分子的溫床。

　　以上 Florida（2015）的論調傾向強調環境決定論（Determinism），而忽略人類能自主選擇，有能力改變客觀物質條件，或是政治社會環境的可能性。至少以目前人居環境來看，是傾向環境可能論（Possibilism）。一方面，都市化是政治或經濟發展的結果，不穩定的政治經濟環境無法造就都市發展。逆向操作是否可行？歷史上曾有過都市高度發展而能抑制戰爭發生嗎？只有為了維護巴黎的文化遺產不遭摧毀，而甘於投降的法國。從都市層

級來看，大都會中心往往是恐怖分子選擇的目標；從都市治理來看，與其高度都市化，不如多核心都市區域平衡發展，更具備分散風險的能力。

　　Moretti（2012）認為具有吸引力的城市通常先有較好的經濟發展，才有能力將大量財富投資於藝術與文化，再作為經濟發展的引擎，因經濟成功更傾向文化多元與開放。以西雅圖為例，原本是人口少，經濟低落的城市，直到1980年代微軟從新墨西哥遷移至西雅圖，使其成為資訊軟體產業樞紐，連結大量的創新公司，也帶來對文化氛圍的需求。從歷史發展來看西雅圖，微軟遷址決策是發展的催化劑，創新集群產生了良好居住地。另外，Florida認為柏林是全世界最酷的城市之一，吸引歐洲各地的創意人才（Florida and Tinagli, 2004）。但歷史發展來看，1992年之前，西柏林的失業率是德國第一，薪資成長倒數第二，當時西柏林的創意階層很多是失業狀況，30% 社會學家，40% 藝術家是領失業救濟金，也是一個商業與製造業很少，閒置空間多，租金低的一個遊戲場，但顯然創意階層是供過於求（Krätke, 2010）。1990年統一後的柏林是歐盟第三大城市，重新取得首都地位，政治角色是柏林經濟與社會文化多元化的主要原因。兩德統一初期經常有排外衝突事件，有色種族易受攻擊，近年柏林移民政策開放，但也持續進行許多配套措施，其中是戶籍登記與查核，嚴格限制移民過度集中，另外將新移民視為重要經濟發展資源，例如籌辦亞太週，謀合許多歐亞技術合作計畫，進而促進貿易往來。

5.3.2 創意募集與微創企業

　　創意人才與創意產業的發展程度通常是作為都市創意性的指標。Duxbury（2004）在加拿大創意城市網絡規劃實務的建議是都市創新改革需要具有集體意願（collective will）、願景實際（visionary fit）、強大的社群網絡（strong community networks）、策略資源（strategic resources），以及彈

性與時間等等。其中，「願景實際」是指社區願景理應符合實際狀況，且可行、理智考量在地資源與限制的條件。因此社區願景規劃原則應重視每個地方的獨特性、歷史發展與資產，強調真實性、文化遺產與地方認同。可以說願景實際是一項奠基在地方知識、文化生態系統與感受度的藝術創意工作。而所謂「策略資源」是指多層面的，包含運用資金，有足夠時間、專業與技術、知識與資訊的人才，以及建立網絡的社會關係與空間，因此都市的創意性依賴足夠時間、專業與技術、知識與資訊的人才，而歷史文化途徑是創意基礎設施，也是形構創意簇群的條件，藉此培育在地創意人，也吸引外來人才。

　　在不確定市場接受度之前，文創工作者通常偏向採群眾募資（crowd-funding and crowd-investing）與運用共同工作空間（co-working space）的方式建立基礎。但是台灣目前群眾募資方案以社會行動之募捐為主，因法規限制，尚無法推行債權與股權型態的群眾募資方案。而共同工作空間仿如空間租賃的另類型態，供需雙方都具備彈性與便利性的優點。對於個人工作室或微企業而言，共同工作空間既能擴大社會網絡，又能解決空間租金過高的困擾。共同工作空間初期發展通常先由志同道合的文創工作者組成一起承租空間的社群，可再對外招募夥伴，彈性維持空間使用，例如台灣 Changee、台中好伴共同工作室等等。其執行方式為翻轉閒置空間用途，與自由工作者及團隊分享空間資源。

　　之後逐漸演化成針對不同專業需求而規劃的多樣性商業型共同工作空間。在國內，例如政治大學成立學術性之共用工作空間，名為創意創新創業交易所，又稱「創立方」，為台灣第一間以「共同工作空間」為名之場所，或者是結合城市、大學、產業資源的成功大學創意基地 C-Hub，希望透過創意發想、實作原型、體驗學習、創新創業以及城市實踐，達到與產業互動、城市育成等願景；在國外，例如德國的心智空間（mindspace）在柏林、漢堡與以色列的特拉芙城分別設置共同工作空間，資金募集來自諸如臉書與微

軟等等企業贊助，確保能提供最佳軟硬體設施服務。

　　吸引與留住人才策略，柏林市政府的作法是集結歐盟區域發展基金、市政府文化局、市政府經濟暨科研局、市政府創意經濟工作小組等等四個團隊共同成立支持系統。財務方案的基金主要來自市政府經濟暨科研局的專案組織「未來計畫」（Project Future），同時也進行人力培訓與需求調查研究報告。至於文化局的財務支助是針對純藝術、表演藝術、文學與音樂，其他領域跨文化產業，如果屬非營利者也可獲得補助。另外連結多家銀行提供不同類型的創業貸款，例如柏林創投銀行提供 25,000 歐元快速小額首次申貸。特定針對文創產業的群眾募資方案在柏林也相當盛行，例如「募集柏林」（Crowdfunding Belrin）提供平台，集結這類籌募與投資計畫的資訊，相關活動、市場發展、議題討論等等。柏林藝術大學成立生涯與轉介服務中心（Carrer & Transfer Service Center）。

5.4 創意性之展現

5.4.1 創意指標與指數

（一）創意指標

　　創意城市的發想是為了回應全球化的事實。全球化促進各種文化交流頻繁，許多國際大都會，例如倫敦、巴黎、東京與紐約，匯集各種人才與多元文化，展示豐沛的創意產業成果。都市創意性原本是一個模糊抽象的概念，逐漸被各國納入都市行銷策略之一環，以利於網羅人才，增加全球競爭力，因此各國研擬創意性指標作為檢視都市治理成效的工具。將這些創意指標透過統計方法換算成創意指數，可相互比較不同城市的創意力與特質。

　　目前創意指標系統發展分別有 Florida 提出的 3Ts theory，以及 Landry

的全方位都市創意指標。Florida（2002）歸納科技（Technology）、人才
（Talent）、包容（Tolerance）是當今創意經濟發展的關鍵因素，簡稱3Ts
理論，並成功驗證了區域經濟發展中3Ts對薪資與收入的影響（Florida,
2008）。目前美國、英國、歐盟與香港均參考 Florida 的架構，規劃實際可
運作與統計分析的都市創意性指標系統（葉晉嘉，2010）。Landry（2008）
從全方位的都市治理角度，規劃 9 項指標評估都市創意力，包含關鍵多
數（critical mass）、多元性（diversity）、可及性（accessibility）、安全與保
障（safety and security）、身分認同與特色（identity and distinctiveness）、
創新性（innovation）、聯繫與綜效（linkage and synergy）、競爭力
（competitiveness）、組織能力（organizational capacity）。並為確保都市創意
性萌芽與循環發展，提出創意迴圈（the cycle of creativity）的想法（見圖
5.1）：（1）促進構想匯集能力與人力；（2）將構想化為實務；（3）為構想建
立網路，增加流通與行銷；（4）建立轉移機制的平台，例如低價出租空間、
育成單位、展覽與展示機會等；（5）建立市場與客群，以及進行討論形成新
的觀念。

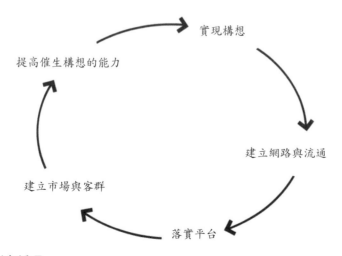

圖5.1　創意循環
資料來源：Landry (2008: 310).

（二）創意指數

雖然出現許多研究競相評比國際經濟創意能力的表現，但目前並無公認的標準與指數。以下是目前常被提及的創意指數研究方案：

1. 歐聯創意指數（Euro-Creativity Index）

Florida and Tinagli（2004）以3Ts 理論架構為基礎，分別設計3 項指標，共9 項指標，分析了14 個歐洲國家。特點是有附加兩項近期趨勢評估方法，稱為歐盟創意趨勢指數與歐盟創意力矩陣（Euro-Creative Trend Index and the Euro-Creativity Matrix）。

表5.1　歐聯創意指數之指標

創意階層指數 （The Creative Class Index）	創意產業從業者占全數從業人口的比率
人力資本指數 （The Human Capital Index）	25-64 歲人口中具備四年制大學以上學歷的比率
科技人才指數 （The Scientific Talent Index）	每千人擁有科學家和工程師的數量
研發指數（R&D Index）	研發支出占 GDP 的比率
創新指數（Innovation Index）	每百萬人擁有的專利數
高科技創新指數 （High-Tech Innovation Index）	每百萬人擁有在生物技術、信息技術、製藥以及航天等高技術領域的專利數
態度指數（The attitude Index）	檢視對少數族群寬容態度的人數比率
價值指數（The Value Index）	一個國家表現出傳統 vs. 現代的程度或世俗價值觀
自我表現指數（The Self-Expression Index）	一個國家評價個人權利與自我表現的重視程度

2. 香港創意指數（Hong Kong Creativity Index）

Hui 等人（2004）以5 項創意能力（Creative Capacity）為基礎建構上百個創意指標，優點是涵蓋了社會文化參數的特性，且能描繪各種創意因素的

相互影響。五項創意資本為：（1）機構資本（structural/institutional capital）；
（2）人力資本（human capital）；（3）社會資本（social capital）；（4）文化資本（cultural capital）；（5）創意表現（manifestations of creativity）。

3. 創意經濟綜合指數（Composite Index of the Creative Economy）

Bowen, Moesen 和 Sleuwaegen（2006）所定義的創意資本有三層面：創新、創業精神與開放性；各層面分別有3項指標。優點是所引入的新方法：設定內在權重（endogenous weighting），每個實體都具備獨特、最適合本身的權重。

4. 歐洲創意指數（European Creativity Index）

Kern 與 Runge（2009）為歐盟研擬32個指標，區分為6個次指數項目：（1）人力資本；（2）開放與多元程度；（3）文化環境；（4）科技；（5）激勵創作之法規；（6）創意產出成果。這套指數的優點是結合現有創意、創新與社會經濟發展框架中的文化指標。

5. 全球創意性指數（Global Creativity Index，簡稱 GCI）

Florida 等人（2011）以3Ts 建構成7個變項的 GCI 整體指數，採用2000 年至2009 年的數據，分析82個國家，但忽略時間序列的影響因素。特點是能與6 項常引用的社會經濟指數作比較，分別為人均國內生產毛額（GDP per capital）、收入不均（Income Inequality）、全球競爭指數（Global Competitiveness Index）、全球創業指數（Global Entrepreneurship Index）、人類發展指數（Human Development Index）、生活滿意度（Happiness/Life Satisfaction）。

6. 義大利創意指數（Italian Creativity Index，簡稱 ICI）

Carta（2012）歸納可應用於都市規劃實務的義大利創意指標，包含文化、交流與合作之創意三要素，以及技術革新、永續環境、社會凝聚力與生活品質等等四項創意表現。核算的指數僅作為描述與解釋之用，目的在可直接瞭解每個城市的創意發展現況與類型，並非評比整體條件或是發展趨勢。特別的是並非計算創意階層的現況與吸引力，而是創意活力（creative dynamism），詳細分析都市更新的投資計畫，評估其能否以卓越文化體系創造價值。義大利以城為名的各個省份 ICI>0.5，依序為羅馬（Roma）、米蘭（Milano）、波隆納（Bologna）、翠斯特（Trieste）與翡冷翠（Firenze）、熱那亞（Genova）、杜林（Torino）、帕瑪（Parma），幾乎全在羅馬以北，比對 3Ts 理論的人才、技術與容忍度三項指標，結果發現此 8 個省份的技術創新排行正巧名列在前 8 名，杜林最明顯以技術創新取勝，而熱那亞的優勢是人才，在文化、合作、永續環境與社會凝聚力等等指標表現良好。

5.4.2 都市意象與行銷

轉移創意群聚的成功效益，必須透過行動方案來傳播與穩固都市意象，以增加品牌價值與信用，進而吸引外來投資、人口與用戶，以及獲認證的旗艦計畫進駐（Carta, 2012）。

（一）創意都市意象

都市意象（urban image）不僅是視覺感知的形態，而是呈現一種地方感，包含普遍的象徵意涵與構念（the general meaning and idea）。其中又可從物質與非物質面向來看：物質是指街道、建築等具體設施，非物質是指居民生活面向、組織機構等等。品牌化過程必須創造令人回味的敘事，具備強烈的空間連結感（Vanolo, 2008）。例如古都本身的文化底蘊與多元文

化匯集，不斷啟發創意構想，使其呈現極具吸引力的都市意象或都市形象（urban imaginary）。或者透過都市治理手段，使其成為文化創意產業的展示平台，而呈現文化之都新面貌。

　　都市意象亦可細分為內部意象（the internal image）與外部意象（the external image）。一個都市的內部意象是指居民與地方運動者所認同的具體地理特徵。外部意象則是指建築、街道與俗民藝術的再現，通常呈現在影視與多媒體的傳播。外來遊客或未曾到訪過的觀者，都能辨識代表此地方的外部意象，是一種模糊、簡化的地方文化與日常實踐（Vanolo, 2010）。這類再現空間（space of representation）被稱之為社會假想的濃縮空間（Lefebvre, 1974），也相當於 Urry（1990）所指稱的觀光客的凝視是一種意識框架（ideological framing），是一套由都市行銷專家所刻意選擇的故事版本。

　　創意都市的意象，其呈現的樣貌可能是結構上的改變，並且足以吸引創意階層進駐的「酷城」（cool town）（Florida, 2002），或是一個國際知名建築師設計的新地標建築，新舊融合的景觀建築、多樣文化並呈的豐富場域，但這些只是表面視覺形象，重要的是地方場域精神。

　　Vanolo（2010）就歸納歐盟赫爾辛基、哥本哈根、阿姆斯特丹與畢爾包四個創意城市的都市行銷內涵，雖有些小差異，但不外乎對焦在五項主題：建築地標作為文化園區或是交通轉運站、聚眾交流訊息的公共空間、寬容不同族群的差異、地方藝術的景致及高等教育。

　　單以建築地標而言，赫爾辛基、哥本哈根與阿姆斯特丹的建築地標都是歷史建築，唯有畢爾包的都市意象是以當代建築古根漢美術館著名，但這不是獲選為聯合國創意城市的唯一理由。至少畢爾包經歷幾十年的社會、文化與經濟改造，潔淨水域，美化公共空間景觀，修整交通門面，以及改善治安，從鋼鐵與造船重工業轉型成以設計與文化為都市發展策略核心的創意城市，均有賴公私部門的支持與廣泛的社群參與。

　　目前許多都市創意性均著力在建構都市意象，投入資本從開發硬體設

施，到組織活動，其目的均是為了提供全方位的社會與經濟品質，生動的都市體驗，使之成為具有匯集創意構想能力的都市，吸引創意階層（Vanolo, 2010）。形成一個創意城市的意象特質，不僅是具備有創造性的公部門，也有充滿活力的民間組織、研究機構與個人等等，「人」是地方意象之一，即在地人的生活與生產活動建構一個城市的風景，硬體設施僅是因應活動需求，或激發活力而建築。

以日本濱松市為例，塑造都市意象在凸顯原有的樂器產業與相關音樂活動，而在2014年獲評選為聯合國創意都市聯網（UNESCO Creative Cities Network）音樂之都。濱松傳統樂器產業以鋼琴製造為主，擁有收藏豐富的樂器博物館，國際音樂比賽聯合會，經常舉辦音樂相關之節慶與藝術表演、音樂研習營、樂聽媒體製作，以及音樂活動的管理、策畫等等課程；創意產業聯繫為音效設計與媒體藝術之間建立合作。台中市是台灣樂器製造廠集中地，以薩克斯風最為著名，另有爵士樂鼓與鋼琴代工廠，有歷史悠久的國立台灣交響樂團，相當成功的台中爵士音樂節，2015年台中國家歌劇院落成，至此稍具音樂之都的粗略條件，雖然目前無法令人對台中產生音樂意象或認同，因軟硬體音樂環境未盡完善，有待形塑音樂創意氛圍，以及發揮音樂人口與活動之活力，才能成功產生音樂創意群聚效應。

（二）創意與都市更新

文化創意產業經常是都市再結構（urban restructuring）、場域更新（place-based regeneration）、行銷策略的前哨。透過文化聚落（cultural quarters）、創意簇群，或者都市行銷概念運作，使文化創意產業有助於都市落後區更新與空屋再利用的推廣。1980年代的美國為拯救破敗的市中心區，以商業為主的更新模式，投資創意產業，在市區內引進許多文化策略性倡議，對焦在餵養現存的創意簇群（Bagwell, 2008; Durmaz, Platt and Yigitcanlar, 2010）。將特定的文化設施與創意產業高度集中於特定區位，使其發揮群聚力量，在都

市計畫土地使用項目上稱之為文化特區（cultural district）。本土化的文化特區設置已然成為都市永續與文化消費內需增長的範例。

　　文化主導更新（culture-led regeneration）通常與都市行銷（city marketing）掛勾，而都市行銷又直接連結至都市競爭力與地方認同（Kalandides and Lange, 2007）。全球化競爭之下，世界都市傾向以文化與創意刻畫出品牌，進行文化品牌化（culture branding），塑造屬於場域品質（quality of place）的創意氛圍、藝文氣息、自由倡議的空氣等等。文化主導都市更新（culture-led regeneration）與都市行銷策略也受到部分學者的質疑，一般認為負面影響多於正面效益：

1. 容易導致都市更新區仕紳化、社區內部衝突、喪失經濟實惠的租售屋、低收入戶被迫遷離，而因此喪失社會多元化（Musterd et al., 2007）。

2. 都市行銷經常企圖粉飾社會問題的實情，例如種族、階層與性別極端化，動員美感力量，應用圖像與意象塑造都市，而掠過都市也有貧窮破敗角落的真實面（Kalandides and Lange, 2007）。

3. 行銷策略所引入的文化活動，參加者的來源地、數量與人口比例，缺少調查資料。

4. 當缺乏高技術的人口與能力，都市經濟的變化仍能朝向創意經濟發展嗎？因為無能涉入技術門檻的人力，或是缺乏技術經驗與社會網絡，終將被排除在社會經濟系統之外（Musterd et al., 2007）。

5. 針對都市更新引發的文化與經濟發展爭議，Morrison（2003）引薦「再評價」（revaluing）的概念，針對被社會隔離的人與地方，基本上需要重新賦於價值，需要更多的包容；缺乏文化正義（cultural justice）的認知與尊重，會導致無法彌補的政策後果。

　　文化主導社區更新成功的案例，以美籍華裔藝術家葉蕾蕾的怡樂村（The Village of Arts and Humanities）最為人稱道。她以藝術、教育和園林潛

移默化社區居民，花了18年的時間將一個骯髒、吸毒和被人遺忘的一個美國北費城貧民黑人區，變成一個全國知名、美麗、生機勃勃和有希望的社區（池農深，2011）。從點到面的效益影響，怡樂村改造範圍包括20多條街，萬人受益。自1994年，葉蕾蕾開始到世界許多貧困地區工作，2004年成立了一個新的組織「赤足藝人」（Barefoot Artists, Inc.），發起以創意與美感為媒介，進行社會癒合與革新，吸引更多藝術家參與，投入全球各地貧困社區的修復、自我賦權和社會革新的推動[11]。

5.5 台灣發展現況與思考未來

都市創意性之核心原本聚焦在將藝術與文化元素融入都市發展規劃，有別於慣行的都市計畫專業官僚系統。都市創意性的出發點在關注所有市民舒活的物質條件，特別是弱勢族群，同時是一個情感滿足的城市，能激發所有市民的創意（Yencken, 1988）。然而此創意發想的後續發展，經 Landry 與 Florida 推波助瀾地以「創意城市」之名為都市發展趨勢，演變成全球都市爭相冠上「創意」標籤為競爭與行銷策略，甚至追求達標的「創意指數」。爾後在都市更新、產業升級等等政策面向，紛紛宣稱「文化創意」為導向，試圖以文化形象，爭取認同，以及吸引投資。過去以藝術與文化元素為媒介的都市更新成功案例，均經過漫長歲月，逐漸提升藝術文化素養，並內化為社區認同。但過度強調文化創意的工具性，特別關注包裝行銷的效益，則可能重新退回官僚體制的都市治理模式，所建設而成的城市已經不是市民城市，而是政治謀略下的樣板城市。

---

11 資料來源：赤腳藝術家網站，http://barefootartists.org/

5.5.1 台灣在地的案例

　　以台灣而言，各縣市都有一個以上的文創意園區，官辦民營，或是自發社群，各種經營管理型態俱全，呈現小島特有的社會多樣化。以集各種產業資源於一地的台北市為例，從 2011 年開始積極投入「創意台北」的政策，規劃 11 處創意街區，提倡日常生活的巷弄美學，作為城市行銷之手段，並獲得舉辦 2016 年世界設計之都。台灣其他各都市的創意性，確實經常表現在小尺度的一些街區與巷弄，但尚缺少都市計畫程序的創意，對於由下而上的廣納市民意見、全方面考量各階層市民需求等等開放溝通管道，都市計畫專業者與業務主管單位仍停留在 plan1.0，傾向工具性實務與追求時效的慣性思維。

　　台灣的都市創意性表現，從文化建設案到以文化創意為名之場域為案例作一初步分類與說明：

（一）地標式文化公共建設

　　以促進文化藝術素養為目的之公共建設案，新進投資完成者的代表，在公部門公辦民營案有台中市之國家歌劇院，即符合國際著名建築師簽名式的地標建築，然位於新開發區中心，所以腹地缺乏，不足以彰顯氣勢。原本週圍土地早已矗立許多高價住宅豪廈，以及兩家百貨公司為主的商業帶，使交通壅塞加劇。此外，私部門則是位於台南都會公園內的奇美博物館。為展示企業家許文龍個人典藏品，有西方藝術品、兵器、樂器、動物標本，特別的是從世界各地購回的台灣原住民文物。建築師依業主的觀點折衷地完成了一棟具西方歷史式樣的現代建築，期望帶起台南的文藝復興。此一地標建築刻意設計且置入西方古典建築語彙，連拷貝的戶外雕塑也具備授權，說明了台灣普遍的美感經驗與代工業的關係，不須設計構想，但必須具備品牌授權，只可惜缺乏與地域性連結的思考。

（二）懷舊老街復甦運動

老街復甦運動最早發生在老鄉鎮與舊市區，無論發展或沒落，老街屋都因權利關係者的期望與需求，而面臨拆除的命運，爾後經地方文史團體發起守護運動，以及學術團體的調查研究成果，使管理單位改旋易轍。台灣第一街在1994年因居民需求擴寬，剷除兩旁老屋。鹿港即使早在1986年透過都市計畫將古市街劃為古蹟保存區，但有

照片 5.1　**台南市海安路裝置藝術**（資料來源：吳秉聲拍攝）

同樣開發壓力。當時一處仍具生活功能，但外觀與時俱進的舊街屋，尚未納入文化資產保護法的適用範圍。湖口與三峽老街也是引發此爭議，保存之道是以營建署「創造城鄉新風貌計畫」補助修繕工程。不同於安平老街的活絡，相對寧靜的台南市神農街在1999年由台南市政府著手推動歷史空間再生工作計畫，2004年以「海安路藝術造街」等計畫推動來活化此區域（照片5.1）。2008年財團法人古都保存再生文教基金會則推動「老屋欣力」計畫，透過民間對舊房子再利用案例的引介，讓民眾能夠重視歷史空間營造的價值與時代性，以喚醒社會大眾關注舊建築的保存與再生（照片5.2）。此時期的神農街也因為年輕藝術工作者進駐原有的空屋而開始有了轉變。逐漸地，神農街也因此從一個居住與傳統行業混合的空間型態轉變為以文化創意與觀光為發展導向的街道。

（三）閒置空間再造文化聚落

閒置空間再利用的類型可依原用途與規模區分為生產與住宅聚落。生產聚落包含華山創意文化園區、高雄駁二藝術特區、台中摘星計畫（審計新

村、光復新村與摘星山莊）、台東鐵花村音樂聚落，以及各地糖廠轉變成的文創園區，例如十鼓、橋頭與台東糖廠。住宅聚落則有寶藏巖與范特喜綠光計畫。多數是公部門主導，藝文團體承接經營管理，提供給年輕創意階層可負擔租金的工作與展示空間。唯有范特喜微創文化是私部門自主發起的文創育成中心，2011 年在台中市勤美草悟道週遭的舊社區住宅轉變成文創基地，採承租、改造、招募展店一貫作業，以社區營造方式凝聚共識願景，是從點線面，逐漸擴大範圍的文創聚落。綠園道的區位優勢

照片 5.2　**老屋欣力案例：草祭書店**（資料來源：古都保存再生文教基金會提供）

在於易達性，廣場市集串連誠品百貨商業活動，營造整體週末假日的休憩氛圍，使得人潮絡繹不絕。除此之外，范特喜的成功關鍵在於堅持價值，保留老屋，但仍難以避免租金上漲的壓力。無論公私部門投資經營，租金一直是穩定文創階層的主要因素，他們會因為租金上漲而移動，願意播遷到另一個園區。除了租金負擔較輕，空間管理也相當重要，自由運用的空間往往能凝聚心力，活潑氣氛不同於隔間的工作室。這種遷移行為，不僅提高交流訊息頻率，也是創作者追尋謬思的途徑，不斷尋夢的場域。

（四）繭居式獨立藝文空間

繭居式是指藝文空間獨立處於非藝文特性的環境內，通常顯得寂寥或唐突。過去集結式的書店街像是都市創意性的獨特樣貌所在，但現今文化部登錄的162家獨立書店[12]分散在全台灣各城鄉鎮的主街道或巷弄內。這些書店的營運類型多樣，以舊書與絕版書最多，有設定主題書，例如專售繪本、生活風格專書雜誌，同時販售小創意禮品，另有兼營青年旅館或咖啡廳。伴隨書店風貌的是藝文沙龍，經常性的藝文講座、寫作坊、讀書會、書畫特展等等吸引文創階層的重要活動，成了分享與交流思想的場域並激發創意的氛圍。不過，在現今電子媒體成了主流，電子書滑指可得，實體書的閱讀者逐漸流失，實體書店存在的意義備受挑戰。

此外，文化藝術展演空間不再局限於一般所認知的美術館，或是藝術中心，這些年出現越來越多元的展演空間，繭居在行人暫停的小角落的咖啡廳兼營藝文沙龍是一種型態，例如波西米亞人咖啡館、利用各樓層電梯外的公共空間作為展演空間的台南老爺行旅6789 Gallery（照片5.3）與礁溪 The One Gallery 。 最另類的是位於台南市東區住宅巷弄內的文賢油漆工程行，自2000年成立至今，已有180位藝術家的作品在此展出，打出「從場所出發」的口號聚集年輕藝術家。

照片 5.3　老爺行旅所舉辦的「城像 CityLine 步行城市的象限」展覽（資料來源：古都保存再生文教基金會提供）

---

[12] 資料來源：文化部獨立書店整合協助資訊網，http://www.indiebookshop.org/?page_id=23

5.5.2 重新思考未來

　　台灣在與世界各國互動的發展過程中，也不斷地透過創意觀點尋求自身的識別。只是在如同前述的各項案例中，有些已達一定成果，有些可能因此衍生更多未預料到的問題。那麼，面對未來應該有什麼樣的思考？不妨再回想 Landry 所強調的「創意城市」作為一種行動的號召，應該將城市的觀察焦點放在「人」的身上，使得從人而生的「創意」成為城市永續發展的命脈。

　　根據 Carsten（2014）[13] 參與的「德國建築文化圖覽2030/2050」（Baukulturatlas 2030/2050 in Germany），研究德國未來的三種發展情境：第一，去中心的創客經濟（a maker economy）崛起，未來很可能不再出現大規模的產業群聚；第二，重新思考折衷式的創造財富（alternative wealth-creation），不再以經濟成長模式為導向，而且都市的公共議題將更加關注有感的財富分配與生活品質；第三，新能源型態對城鄉景觀的影響。進一步看，第一種情境是因為數位科技強化雲端與動態服務發展，帶動客製化生產與消費模式，例如3D 列印便是。如此，生產勞動不再受限於時間與空間，需求與供應端都在資訊流裡面彼此交會，實體的產業群聚效益逐漸降低；第二種情境則是因為數位工具的便利，每個人的勞動與消費顯得更為彈性，也因善用利用資源，更容易創造財富。相對地，政府單位在治理上更應與民眾維持更緊密的互動關係，以更全面滿足人民的生活需求；第三種情境是因傳統能源枯竭與氣候變遷，永續發展成為全球經濟社會發展的共同目標，各國積極研發應用與推廣可持續的新能源型態。因此，出現了從大型風力發電到社區小型的風車，或說太陽能板逐漸替代建築樓頂，甚至架設在廢耕的農田與棄養的魚池上，這是城鄉景觀的根本性轉變。

---

13 Carsten, S. (2014). Interview: Stefan Carsten. "Planning the Unknown". in Webpage "Beyond plan B". http://beyondplanb.eu/ (2016/07/13)

　　若瞭解上述未來發展的情境後，回頭再檢視先前所提的台灣都市創意空間的各種呈現，無論從「地標式文化公共建設」、「懷舊老街復甦運動」、「閒置空間再造文化聚落」或「繭居式獨立藝文空間」等類型，都應該重新去思考當實體環境可能不再是未來最首要的焦點時，最核心的部分會是什麼？也許，創意社群與創意環境兩個面向應該是未來我們可以持續關注的。

　　面對未來的高度不確定性（the uncertainty），我們會發現面對都市議題，傳統上的地理學、都市發展或建築等專業已經不符需求，所需的將是所有的社會科學專業，或者是生物、空間科學專業，或者是來自城鄉的地方專家。以一種組織鬆散、機動互聯與主題式的組合的社群方式來運作，面對新的挑戰，反映一個區域的創意產業特性與文化生態現況。同時需要一個更開放、更透明與包容的環境，因此藉由建構有效的知識體系，蒐集、組織與圖像化各種數位資訊，提供都市規劃與設計所用，並且創立更為開放的教育平台，使一般民眾提升知識，增進參與規劃等議題。總之，發展一個兼容並蓄的創意社群與建構一個涵容多元的創意環境，將是回應未來值得深思的作法。

參考文獻

池農深（2011），**嚮往之城：慢食者與藝術家的 16 座城市再生運動**，台北：麥浩斯。

葉晉嘉（2010），各國創意城市指標的比較性研究，**「城市發展」半年刊第九期**，111-144。

薛保瑕（2002），**文化創意產業概況分析調查**，行政院經濟建設委員會委託，財團法人國家文化藝術基金會研究報告。

Angelopoulos, S., Boymal, J., de Silva, A., & Potts, J. (2015). Does residential diversity attract workers in creative occupations? Australasian Journal of Regional Studies, 21(2): 202.

Bagwell, S. (2008). Creative clusters and city growth, Creative Industries Journal, 1(1): 31-46.

Baycan, T. (2011). Creative cities: context and perspectives, In Girard, & Nijkamp (eds.) Sustainable City and Creativity: Promoting Creative Urban Initiatives, Surrey England: Ashgate Publishing, Ltd.

Bowen, H. P., Moesen, W., & Sleuwaegen, L. (2006). A composite index of the creative economy, Sleuwaegen, W. Moesen. Y.

Bradford, N. J. (2004). Creative cities: Structured policy dialogue backgrounder, Canadian Policy Research Network, Family Network.

Carta, M. (2012). Creative City 3.0: smart cities for the urban age, Smart Planning for Europe's Gateway Cities, Connecting Peoples, Economies and Places, IX biennial of European towns and town planners, Genoa.

De Beukelaer, C. (2014). Creative industries in 'developing' countries: Questioning country classifications in the UNCTAD creative economy reports, Cultural Trends, 23(4): 232-251.

Durmaz, B., Platt, S., & Yigitcanlar, T. (2010). Creativity, culture tourism and place-making: Istanbul and London film industries, International journal of culture, tourism and hospitality research, 4(3): 198-213.

Duxbury, N. (2004). Creative cities: principles and practices, Ottawa, ON: Canadian Policy Research Networks.

Duxbury, N. (2015). European cities as cultural projects 5, Culture and Sustainability in European Cities: Imagining Europolis, 69: 81-82.

Eger, J. M. (2006). Building Creative Communities: The Role of Art and Culture, The Futurist, 40(2): 18.

Fleming, T. (2007). A creative economy green paper for the Nordic region, Oslo Norway: Nordic Innovation Centre.

Florida, R., Mellander, C., Stolarick, K., Silk, K., Matheson, Z., Hopgood, M. (2011). Creativity and Prosperity: The Global Creativity Index, Martin Prosperity Institute, Toronto.

Florida, R. (2002). The Rise of the Creative Class: And How It's Transforming Work, Leisure, Community and Everyday Life, New York: Basic Books.

Florida, R. & Tinagli, I. (2004). Europe in the creative age, London: Demos.

Florida, R., Mellander, C., & Stolarick, K. (2008). Inside the black box of regional development － human capital, the creative class and tolerance, Journal of economic geography, 8(5): 615-649.

Gertler, M. S. (2004). Creative Cities: What are they for, How do they work, and How do we Build Them? Ottawa: Canadian Policy Research Networks.

Hui, D., Ng, C., Mok, P., Ngai, F., Wan-kan, C., & Yuen, C. (2005). A study on creativity index, Home Affairs Bureau, The Hong Kong Special Administrative Region Government.

Kalandides, A., & Lange, B. (2007). Creativity as a synecdoche of the citymarketing the creature Berlin, In H. Wang, E. Yueng, & T. Yueng (eds.) Proceedings of the Hong Kong Institute of Planners Conference, When Creative Industries Crossover with Cities (pp.122-133).

KEA European Affairs (2006). The economy of culture in Europe, Brussels: European Commission DG5.

Kern, P., & Runge, J. (2009). KEA briefing: towards a European creativity index, Part of the KEA's report 'The contribution of culture to creativity', conducted for the European Commission in 2008-2009.

Krätke, S. (2010). 'Creative Cities' and the rise of the dealer class: a critique of Richard Florida's approach to urban theory, International Journal of Urban and Regional Research, 34(4): 835-853.

Landry, C. (2005). Lineages of the creative city, Creativity and the City, Netherlands Architecture Institute.

Landry, C. (2006). The art of city-making, London: Routledge.

Landry, C. (2008). The Creative City: A Toolkit for Urban Innovators (2nd Edition), London: Earthscan Publications Ltd.

Landry, C., & Bianchini, F. (1995). The creative city (Vol. 12), Demos.

Lefebvre, H. (1974). The production of space, Trans. Donald Nicholson-Smith, Oxford: Blackwell.

Moretti, E. (2012). The new geography of jobs, Houghton Mifflin Harcourt.

Morrison, Z. (2003). Recognising 'recognition': social justice and the place of the cultural in social exclusion policy and practice, Environment and Planning A, 35(9): 1629-1649.

Musterd, S., Bontje, M. A., Chapain, C., Kovács, Z., & Murie, A. (2007). Accommodating creative knowledge, A literature review from a European perspective.

Nachum, L., & Keeble, D. (2003). Neo-Marshallian clusters and global networks: the linkages of media firms in central London, Long Range Planning, 36(5): 459-480.

Okano, H., & Samson, D. (2010). Cultural urban branding and creative cities: A theoretical framework for promoting creativity in the public spaces, Cities, 27: S10-S15.

Power, D., & Scott, A. J. (2004). Cultural industries and the production of culture, London: Routledge.

Pratt, A. C. (2010). Creative cities: Tensions within and between social, cultural and economic development: A critical reading of the UK experience, City, Culture and Society, 1 (1): 13-20.

Sasaki, M. (2010). Urban regeneration through cultural creativity and social inclusion: Rethinking creative city theory through a Japanese case study, Cities, 27: S3-S9.

Schuman, M. (2015). ALIBABA AND THE 40,000 THIEVES, FORBES, 196(7): 100.

Schumpeter, J. (1942). Creative destruction, from Capitalism, Socialism and Democracy, New York: Harper, 1975, original publication in 1942, pp. 82-85.

Scott, A. J. (2006). Creative cities: Conceptual issues and policy questions, Journal of urban affairs, 28(1): 1-17.

Törnqvist, G. (1983). Creativity and the renewal of regional life, In Creativity and context: A seminar report, 50: 91-112, Lund: Gleerup.

United Nations Educational, scientific and Cultural Organisation (2012). Operational Guidelines for the Implementation of the World Heritage Convention, p.20.

Urry, J. (1990). The Consumption of Tourism, Sociology, 24(1): 23-35.

Wu, W. (2005). Dynamic cities and creative clusters, Vol. 3509, World Bank Publications.

Yencken, D. (1988). The creative city, Meanjin, 47(4): 597-608.

Yigitcanlar, T., O'Connor, K., & Westerman, C. (2008). The making of knowledge cities: Melbourne's knowledge-based urban development experience, Cities, 25(2): 63-72.

Zukin, S. (1995). The Cultures of Cities, Oxford: Blackwell.

http://charleslandry.com/blog/the-city-1-0(2016.7.13)

http://www.citylab.com/politics/2015/11/how-stronger-cities-could-help-fix-fragile-nations/416661(2016.7.13)

http://library.fundforpeace.org/library/fragilestatesindex-2015.pdf(2016.7.13)

http://apwberlin.de/en/smart-city-berlin/(2016.7.13)

http://www.exa-summit.com/(2016.7.13)

http://www.creative-city-berlin.de/en/institution/mindspace(2016.7.13)

http://mindspace.me/de(2016.7.13)

http://beyondplanb.eu/(2016.7.13)

http://en.unesco.org/creative-cities/sites/creative-cities/files/Designation_Procedure_2015Call_UNESCO_Creative_Cities_Network.pdf(2016.7.13)

都市治理
Urban Governance
蘇淑娟

　　20 世紀二次戰後，全球人口因為健康、醫藥與物質文明的增進而快速增長，又由於工業文明的快速變遷與增進，使人口往都市集中的速率增加；直至 2011 年全球人口高達 70 億人口，其中聚居都市者就高於 50%，許多人口與都市相關領域的學者，均預估都市人口的成長將遠遠高於鄉村，而使 2050 的全球都市人口增加到 63 億（R B Sign, 2014）。這種推估與說明，指出都市成長與擴散的挑戰與重要性，挑戰指的是都市的基礎設施、基本需求增大與產業的聚集，將可能產生新型態的變遷，重要性指的則是 21 世紀人類社會變遷與進步的可能，均因都市聚集型態、及其所衍生的環境需求而變遷，以及因為都市創意和發明因運而生，對都市社會解決問題的前沿意識和新意發展的重要性。

　　所以，都市因人口、經濟、政治或文化所發生的變遷、都市經營管理、都市環境維繫等，而成為未來的重要議題；然而，不論是都市型態因應能源與減碳所生的緊湊都市（compact city）或綠色城市（green city）、或是都市因應族裔文化而發展出來的族裔創意都市的實踐、或是因應經濟變遷所衍生的新區域發展、抑或是因為都市就業結構變遷帶來的住宅變遷、甚至是都市

為追求全球性的定位（例如台北市的全球設計之都計畫）等，其變遷的主導力與要素，都可能不是都市政府所能單獨決定的，許多時候會因為法律的適用性、土地取得、鄰避設施、權益關係人等問題，而使都市發展的許多面向攤在社會公評之下；中央或地方政府的管理已然不是唯一影響都市發展變遷的動力，各種權益關係單位或權益關係人之間的協調、協商與對話才是核心，包含各級政府機構與管理單位、資本家、民間團體、權益關係社群、與在地社區等，均是協調、協商與對話的對象。也就是說，過去國家各級政府（governments）的管理，是維繫與促進社會秩序與經濟效能的重要力量，但是在21世紀隨著經濟組織與制度的變革，全球經濟秩序翻轉的巨變，許多國家面臨金融財務的難題，也面臨民主制度與生活的變革，而使所謂政府的管理（government management）產生與過去所謂受管理者的人民之間的落差逐漸加大，「管理」（management）成為過去式，「治理」（governance）漸漸的成為新流行。所以，治理與都市治理（urban governance），在過去20年來在全球政治、政府研究、都市研究、環境研究日漸顯出重要性。

6.1「都市治理」興起的社會環境趨勢

6.1.1 治理的重要源起

早在1980年代即有學者（例如 Aucoin, 1986, 1988; Jones, 1988; Harvey, 1989a; Keating, 1988; Kloti, 1988）指出 Governance 的概念及其在政治典範轉變中的意義，但是卻多屬於小眾、不顯見於學術討論。然而，治理一詞廣受學科領域重視，則始於世界銀行（World Bank）在1989年首次使用治理的危機（crisis in governance），討論處理全球金融危機的問題。隨後於1992年，世界銀行年度報告以「治理與發展」為主題（圖6.1），針對全球

發展問題提出處方與見解，報告指出好的治理（good governance）是健全經濟政策的必要元素，其中公部門管理的效率與責任、可預期且透明的政策框架對於市場、政府以及經濟發展，具有不可或缺的重要性，就如世界銀行總裁 Lewis T. Preston 在該書序言大力支持的論述一般。這樣的發展，相當程度回應世界銀行 1991 的年度報告系列之 "The Reform of Public Sector Management: Lessons of Experience"（World Bank, 1991）（《公部門管理的改革：經驗的教訓》），所指出政府與公部門失敗的諸多經驗與問題，並大力倡導政府能力培養之重要。所以，1992 年年度報告提出治理的四個面向，包含公部門管理、課責性、發展的法治框架、訊息與其透明性，報告書視後三者為世界銀行的重要天職與責任；它們也是治理議題日趨重要、以及提升公正公平發展與永續發展之重要部分。1992 年報告書中以諸多實例說明：好的治理有益於創造並維繫一個滋養強壯、公正公平的發展，而這樣的發展對於健全經濟政策是有利的，報告書中指出若缺乏涉入權益關係人與可能受影響者參與計畫的設計與實行中，則可能大大毀壞永續性的可能（World Bank Report, 1992）。這樣的主軸概念，指出政府公部門之外的其他角色之重要性，也是學術對治理概念高度重視之濫觴。

6.1.2 治理的意涵與定義

　　雖然世界銀行的年度報告，乃基於對第三世界國家與發展中國家的計畫實踐經驗之反省回顧，卻相當程度指出政府管理的偏狹問題與陋習腐敗之處。就如同 1992 年度報告書的封面圖示所顯示的語彙（圖 6.1），改革（reform）、去管制（deregulation）、去中心化（decentralization）、課責性（accountability）、（新）民主（new democracies）、政府權力全然濫用（total misuse of government power）、腐敗（corruption）、爆開的秘密（a myth exploded）、存活問題（question of survival）、好的治理（good governance）

等語詞，正是該報告所揭示的尺度政治──由下而上的能動力量與合作，對於落實發展計畫的重要性。例如，當政府或政府政治失敗時、或當政府管理能量需要提升改造時、或當政府或公部門責任不能落實、或因此而課責性必須重新定義時，則如何建置新法規與新法治、如何重新定義責任、如何解決衝突、如何去除／避免腐敗與貪污等事項就很重要，以求達成能永續的社會經濟與環境發展，而這些均涉及資訊提供與資訊透明，以及尺度政治由下而上的翻轉與新興社會能動力的集結與成熟。以上所述都是所謂「治理」的重要特質，有別於「管理」的概念。

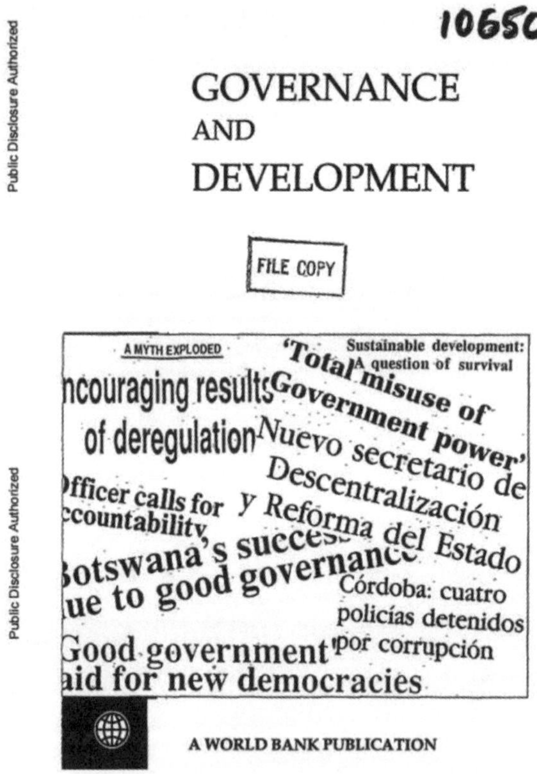

圖6.1　世界銀行1992報告書封面的檔案封面頁
資料來源：http://documents.worldbank.org/curated/en/1992/04/440582/governance-development
（2016/05/25 網路截取）

　　世界銀行對其在第三世界國家（或南方國家）與新興開發中國家所執行計畫的效率檢視經驗，認為治理可以簡單定義為「對權力、控制、管理、政府權力的施行與運用」面向的討論（"exercise of authority, control, management, power of government"）（World Bank Report, 1992: 3）。對世界銀行存在之目的而言，更貼切的定義則是為了國家發展，權力用於管理國家經濟和社會資源的狀況（"the manner in which power is exercised in the management of a country's economic and social resources for development."）（World Bank Report, 1992: 3）。

　　早期世界銀行倡議「治理」雖然算是先驅，但是其對治理一詞的定義實則過於保守，不足以回應變遷快速的全球化和全球社會；後來學界對治理概念的發展，則一日千里。例如，其後的經濟合作暨發展組織（OECD）發展出更多討論治理議題，提出治理概念在全球經濟與人類社會發展的問題與對策，主要有政治學、社會學、發展、經濟組織、地理學的研究等領域，於 1990 年代逐漸以治理概念回應於各種尺度的政治與治理的發展。更為明確聚焦的治理概念之發展，則表現在第三世界國家發展研究的政治、經濟與社會關係研究，例如世界銀行、國際區域經濟組織以及許多學者（例如：Doornbos, 2001; Hyden, 1997, 2001a, 2001b, 2007; Hyden, Court & Mease, 2004; Hyden et al., 2008; Weiss, 2000）。以 Gorean Hyden 的研究為例，他對於發展中國家的比較研究，以及非洲的民主、社會透明、貧窮、權益關係人議題，以及這些議題的跨尺度對話和跨域討論，均體現出在發展困境中以治理作為出路的企圖；甚至發展出所謂治理的評價評估（或評鑑）系統，以利先進國家社會作為援助第三世界或南方國家的考量指標。

6.1.3（都市）治理的落實定義

　　至今，治理成為相當廣泛使用的語詞，由於其概念與實務相對新穎，混

淆、誤用或不夠精準使用之現象即無所不在，以致有時被等同於「政府的管理」（government management）來使用，實際上更廣義精確的說，「治理」指稱一種社會經濟的協調、管理與管控的過程，「過程」（processes）才是最重要的；在這樣廣泛的意義之下，「治理」指涉各種形式與種類的機構之間的協調，亦即是組織、團體、甚或個人等各種管控系統、以及各種去中心化（de-centralization）的互動形式。

更容易瞭解的說法是，治理指各種組織間的協調活動與過程，但是它們之間的協調並非基於一種階層關係（hierarchical relations）、或市場機制（market mechanism），而是基於網絡關係（network relations），尤其是自發性且不斷變遷的關係網絡，例如專研國家權力理論（State Theory）與政治經濟（Political Economy）的英國社會學者 Bob Jessop 就將 Governance 定義為 "self-organization of inter-organizational relations"（Jessop, 1997: 59），而英國傑出的政府與政治研究學者 R. A. W. Rhodes 則將之視為 "self-organizing, inter-organizational relations"（自我組織，機構間組織的關係）（Rhodes, 1997: 53），二者的見解有異曲同工之妙。

Rhodes（1997）進一步擴張定義治理到四個面向，具體落實到社會政治、經濟與生活的內涵中：

（一）組織間的互相依賴。

（二）網絡成員的持續互動。

（三）以互信和規範為基礎的擬似博弈關係的互動。

（四）相當程度的自外於國家的主權，但是謹守法律和規範。

如此的定義說明治理（governance）有別於政府的管理（government），也相當程度指出都市公共政策的成形，有賴於比中央政府更低的地方政府與私人公司、非政府組織（NGOs）、志願者組織、宗教組織、在地社區組織、甚至草根性的組織等，這也指出複雜都市社會系統的協調與社會發展的驅動狀況，非單獨政府的責任，甚至有些研究討論國家力量的式微或私人資本家

與企業作為的強化，是治理抬頭的因素，而且非國家組織或團體已漸漸在協商過程取得決定性的重要角色。

北歐國家發起的 The Commission on Global Governance（1995），甚至指出沒有比治理更好的方法，可以用集體合作力量，去創造更美好的未來世界，治理促成個人與機構、公部門與私部門共同面對問題，它是一個持續進行的過程，具有衝突的各種利益能在歷程中找到協調的立基與行動，也就是說治理的實踐使正式的機構與政權能夠和非正式的組織和單位，透過對話與協商機制，而找到共同點或平衡點。

國家力量或動能的式微，也是如前述世界銀行與貨幣組織等機構所期待的「好的治理」能出現的途徑之一，尤其是對於政府沒有能力且貧窮落後的發展中的國家而言，國際組織介入，以所謂公開、透明和負責任的公共治理，形成有效率的資源經營管理、公共參與決策過程、以及尊重法律的規則等，都被認為是開發中國家亟待糾正或學習的治理方式，以為主導其社會改變與發展的途徑，這樣的思惟不僅成為全球趨勢，卻也偶而遭致批評，例如 Evans（2004）就認為以西方模式強力介入，不但破壞傳統社會的文化和社會，也會瓦解原來社會的力量，因此所謂治理是否有最佳模式，或治理如何因應地方特殊性，即受到重視與討論（Doornbos, 2001）。

前述以所謂公開（open）、透明（transparent）和負責任（accountable）的公共治理，形成有效率的資源經營管理、公共參與決策過程、以及各種法律或規則等，被認為是開發中的國家亟待糾正或學習的治理方式，卻是許多先進國家早已實踐的都市治理的重要內涵。實際上，在許多先進國家因為資本主義發達而且社會有較大的服務需求，所以資本主義者或資本家反而比國家（尤其是失能的國家或政府）更能提供服務與滿足需求。

6.2 治理與全球化 / 新自由主義的關係

如同世界銀行1989年關於治理的危機的報告一般，（都市或國家）治理之興起與全球化有相當密切的關係；然而，從治理概念的發展過程而言，全球化的資本與（資本賴以為生的）新自由主義，才是都市治理的動態能量，而隨後使都市治理完熟、且充滿透明性與民主機會的，則是社會力與由下而上（bottom-up）的力量。本節說明全球化概念在治理範疇的意義，以及新自由主義對於都市治理的連動內容。

6.2.1 全球化與國家 / 都市治理

全球化（globalization）已經是一個過度使用、又因廣泛使用，而缺乏精確定義的詞彙概念，然而從每一個明確範疇的經濟活動或文化傳播等活動當中，全球化卻又提供不可忽視的理解當代社會的方式。而就全球化與治理的關係，則早已跨越傳統國家領域的經濟活動、文化傳播、人口移動、技術創新等，並表現影響當代全球生活的發展。

一般學術論述普遍主張全球化是空間轉向（spatial turn）的論述範疇，常常和空間（space）、地方（place）和尺度（scales）共同討論、並差異論述出空間學術研究領域的細節。例如，馬克思主義地理學者 David Harvey（1989b）以時空壓縮（Time-Space Compression）來討論因為科技創新，例如通訊科技、旅遊和經濟學等的變革，而使時間和空間的關係產生本質上的變化；人本主義地理學者 Doreen Massy（1994）則以時空壓縮的全球狀態下，許多文化和社區也被迫在快速與加速變遷的狀況下，產生地方認同的變化或行為回應。甚至，社會學者 Anthony Giddens（1981）在他早期整合詮釋學（Hermeneutics）、功能主義（Functionalism）、結構主義（Structuralism）三種論述，而提出結構化理論（Structuration）的過程中，即已利用對歷史唯物論的批判，指出社會系統乃由時間和空間組成的重要性，認為過去的時間

盲和空間盲使學界對全球歷史和社會的解釋不夠周延，以致對權力、階級、財產、勞動力、衝突、秩序的理解充滿矛盾；Giddens 主張以時空距離化（Time-Space Distanciation）論述，說明雖然時空距離化在屬性上傾向於社會系統組成和社會關係，而有別於時空壓縮，但兩者都針對科技創新、社會組成和制度改變而產生的時間／空間效果變化，兩者都關心遠距社會的交流與遠距社會的互賴，而所謂全球化則成為兩個概念共同的結果。不論從創新科技、創新社會、資本主義或社會系統而言，兩者也都著重對空間與社會的探討，但是對於時間的探討，顯得比較有限；Jessop 則利用全球化的特質強調時間的意義和重要性，算是理論化時間的重要作品（Giddens, 2003）。

　　Bob Jessop 於 2002 年在維也納大學進行一場 "Globalization: It's about time too!" 的演講，在定義全球化的特質中，他認為其實全球化是待解釋之物，而非解釋的元素或要素，並指出全球化作為空間轉向論述的載體之不足，他主張透過對時間政治與時間主權概念的善用，才能充分理解全球化（2003）。例如，在國家的政策協商或全球的經濟協商過程中，時機和時間早晚，與其他人事物的機緣與機會的耦合、互補、或互相崩解，都是時間政治與時間主權的可能與機會。這樣的論述豐富我們對全球化的瞭解，也讓全球化有完整的時空間基礎，並且提供對空間時間修補（space-time fixes 或 spatio-temporal fixes）的理解，他認為時間是主權國家與社會的民主政治實踐的基礎，尤其是時間在政策形塑過程的重要性。Jessop 的論述提供治理概念由下而上發展的政治基礎與民主政治過程，以下簡單說明之。

　　一般指出全球化的特質有：多重中心的（multi-centric）、多尺度的（multi-scalar）、多重時間的（multi-temporal）、多型態的（multi-form）、多種因果的（multi-causal）的過程，但是 Jessop 並不滿足如此相對狹隘的特質解說，他認為尚有其他如多族群的（multi-ethnic）、多元文化的（multi-cultural）、熔爐的（melting pot）、部落的（tribal）、都會的（cosmopolitan）、後現代的（postmodern）、和其他各種非主流的認同（other identities）等

（Jessop, 2003）。Jessop 一邊說明全球化概念的過度狹隘化，也利用全球化的特質指出所有政治與社會形塑過程的多元價值、多元方法、多元策略、多元參與、多元價值、多元互動、多元結果與回應，這樣的取徑適當回應了國家、區域、都市、甚至社區，對於從管理轉化到治理的需求。其中，在全球化多重型態的特質中，Jessop 指出新自由主義對於全球化和在全球化之下所孕育的都市或國家的新型發展相當重要；而在全球化多重因果的論述中，Jessop 則與許多學者一般無異議的指出全球化的特質，均讓我們無法具體否認「全球化正逐漸挖掘國家權力的基礎」的論述，這也是 Jessop 之後持續討論全球化本質的基礎。

Jessop（2003）認為全球化的本質有結構面向和策略面向，兩種本質均相當程度涉及治理概念內涵。就結構上而言，他認為全球化涉入了一個看似客觀的過程，然而在過程中，國際間增強的互賴關係使各種行動、組織、機構之間的所有功能系統（例如：經濟、法律、政治、教育、科學、運動等）以及它們所涉及的生活世界，均全然無所遁形地受到影響。就策略而言，全球各種活動或行動的協調經理（global co-ordination）是關鍵，目標是透過好的協調，使各種功能系統和生活世界產生改善，然而這些協調並不需要所有的行動者同在一地，只需要所有的人共時性的進行監督、觀察和守護，以創造全球特定利益的秩序；但是，我們也要注意在這樣的趨勢下，所謂由上而下的機制會大量產生，尤其是新自由主義的作為和市場導向的資本主義，若缺乏次要行動者的監督，則透明度可能不存，而使全球化的特質不完整並產生風險，所以權力的技術（technologies of power），包含物質的、社會的、和時空間的技術，就顯得相當重要，因為它們促成行動和時間性的特定尺度之機構化、合理化（Jessop, 2003: 4-5）。

就全球化作為一個空間化的過程而言，論述無數，其中以 Brenner（1999）的論述，兼以歐盟都市之再尺度化（re-scaling）的案例，頗能說明全球的國家和都市尺度的再領域化（re-territorizing）關係（表6.1），而這些

再尺度化的內涵變化，部分表達一個國家與社會公民意志之外，部分也表現全球化力量在國家與都市區域尺度的影響力，其中涉及權力組織和資本（家）的作為與能動的對話與協商結果。表6.1 整理資本累積的空間尺度中的全球、國家和都市區域尺度的表現特質，這些特質再再都可以作為理解、認識都市在全球化下的治理概念。

表6.1　全球化作為再領域化的表現：都市和國家的再尺度化

再領域化的形式	資本累積的空間尺度		
	全球	國家	都市區域
都市 - 都市再尺度 - 世界都市樣貌	・形成世界都市階層 ・強化且空間化的世界都市的經濟競爭	・接合都市進入全球和國際區域的都市階層 ・世界都市經濟和國家都市經濟的去連結	・區域化的多都市連接 ・多中心的都市區域和新的工業區域
國家 - 國家領域再構 - 新自由主義的全球國家出現	・領域國家的外在內化，向上再尺度化的跨國層次，例如歐盟國際貨幣組織、世界銀行，均會再結構國際空間	・去國家化的國家尺度 ・國家向上轉移部分任務到國際組織，並將部分任務向下轉到區域或地方權力組織	・領域國家的內在外化，向下再尺度化的次佳層次，國家推動吸引外資與多國公司到本國主要都市 ・建置新的國家主權空間，以管制新興的工業空間

資料來源：Brenner (1999), Table 1 (p. 442).

6.2.2 新自由主義與國家 / 都市治理

所謂政府失能（governmental failure），通常是過度簡化的語詞，實際上專研國家權力理論與政治經濟的英國社會學者 Bob Jessop，主張在全球化世界中（的國家理論），國家並非是一個固定的、中立的、協調利益的、具固著的機構目標與利益的獨立主體（entity），也並非如馬克思主義者或精英主

義論者所說的國家是中產階級的執行委員會，而是一種具有各種不同策略效果的社會關係（social relations）的組合，國家或治體的內涵決定於所在的社會關係，尤其是它在各種力量間的平衡狀態與其協商過程。因此，重點不在於政府失能與否，而是在政府的社會關係組合中，其他的利益團體或權益關係單位、權益關係人與政府之間的溝通協調能量與特性，將會產生策略關係取徑（strategic-relational approach）行動的可能。在這樣的策略關係取徑下，國家的角色和本質可以是浮動、彈性的，而同時各種政治和經濟策略的效果亦有所不同，而這樣的整體效果就創造特定國家主權的樣貌。因此，Jessop（1997）主張在各種力量或權力的平衡與協商過程中，時間為重要元素，他甚至以時間主權（time sovereignty 或 temporal sovereignty）說明政府在政治或政策決策過程，支配或處置時間的技術之重要性，以掌握有時效或者適宜的干預作為；而同時資本和資本家作為一種能動和力量，不但獨特且需要瞭解，也對時間具有特定的主導企圖，雖然資本家或私人企業並非Jessop 論述時間主權本質的對象，但是從治理概念所揭示的資本家和各種權益關係人的動能而言，時間未嘗不是要點，也是瞭解新自由主義所需。

　　Jessop（2002）以政策調整（policy adjustment）、制度轉移（policy shift）和基進的系統轉型（radical system transformation），說明新自由主義的形式（如表6.2）。其中，政策調整指調整政策以改善資本累積的表現和改善調節模式；制度轉移，則指出資本累積和管理的範型轉變，並且引進新的經濟和政治原則；基進的系統轉型，則是由國家社會主義轉型到純粹資本主義的的社會形塑過程。Jessop 試圖將全球新自由主義（global neoliberalism）分類為四種形式，包含一般的新自由主義（Neoliberalism）、新國家主義（Neostatism）、新公司主義（Neocoporatism）和新社區主義（Neocommunitarianism）；這些不同尺度形式的自由主義，不但表現一般去管制的經濟與政治，更以各種尺度的差異，含國家，公司和社區等，表達不同的政治經濟策略，也意涵著就都市治理而言，其方法和手段可以針對空間

尺度進行適當的選擇，更表達出全球與在地對比與對話的關照（表6.3）。

表6.2　新自由主義的策略形式

新自由主義	
政策調整	調整政策以改善資本累積的表現和改善調節模式
制度轉移	資本累積和管理的範型轉變，引進新的經濟和政治原則
基進的系統轉型	新自由主義作為轉變國家社會主義到資本主義的的社會形塑

資料來源：Jessop (2002).

表6.3　推動全球新自由主義的策略

全球新自由主義的形式	策略
新自由主義	1. 自由化：推動自由競爭 2. 去調節：降低法律和國家管制 3. 私有化：出售公部門財產 4. 公共住宅的市場代理權 5. 國際化：貿易的自由化 6. 降稅：增加消費者的選擇
新國家主義	1. 從國家控制到調節的競爭 2. 引導不由上而下的國家政策規劃 3. 審計公私部門的表現 4. 國家指導下的公私夥伴關係 5. 以新重商主義保護核心經濟 6. 擴大新的集體資源之角色
新公司主義	1. 再平衡競爭與合作 2. 去中心化的受調整者的自我調整 3. 擴大公私部門的各種權益關係人 4. 擴大公私夥伴關係的角色 5. 在開放經濟中保護核心經濟 6. 金融社會投資的高課稅
新社區主義	1. 去自由化：限制自由競爭 2. 培力：強化第三部門的角色 3. 社會化：擴大社會經濟 4. 強調社會使用價值和社會和諧 5. 公平交易而非自由交易；全球思維，在地行動 6. 更動稅制：公民報酬，付出者的津貼

資料來源：Jessop (2002).

　　治理在各種尺度的論述發展中，也挹注形成一種公私夥伴關係（Public-Private Partnership 或 PPP 或 3P 或 P3）的討論與實踐（Sagalyn, 2011），雖然此概念主要應用在都市規劃和都市政策方面，但是它的流行也反省著過去政府的管理，傾向重視以取代管理的治理所主張的多元投入。公私夥伴關係的形式相當多元，以提供服務或商品滿足社會為主，公司夥伴關係事業的經費和其他安排相當多元，瞭解它的方式是從經費來源分配與活動關係入手。整體來說，公司夥伴關係降低公部門的負擔，更讓私部門有機會以比較適合或具效率的經營或營運方式，提供一般社會所需求的服務，公私部門共同協同面對，也可降低公部門與私部門相對的風險（risk），最好是經濟與政治的風險可以透過公私協同夥伴關係降到最低，產生有效或有利的社會服務以及社會發展的必要產品或服務。台灣都市常見的文化創意及其產業，常常是都市或國家機構以計畫方式推動，對於民間私部門有興趣發展相當活動或事業者，具有誘因的輔導與輔助機能，公私協同夥伴關係是體現都市治理的一種形式，也是都市治理概念應用到各種活動或內涵的一種方式。

　　至於治理的良莠，以 Hyden 等人（2004）的世界治理評價（World Governance Assessment）的指標，最能說明治理應用到國家與都市的重要標準，例如表6.4 即指出從國家政府的角度，以及其它從都市的公民社會、政治社會、官僚系統、經濟社會、司法制度等的角度去評價，他們各有其原則與標準要符應，才是好的治理的基礎，其原則包含人民或群眾的參與、公平、正派、課責性、透明度、效率等。

表6.4　治理評價指標

領域／原則	參與	公平	正派	課責性	透明度	效率
政府	政府內部的諮詢協商	足夠的國民生活標準	公民的個人安全	安全力量為公民政府所監督	政府提供正確的資訊	行使資源的最佳利用
公民社會	結社的自由	免於受歧視	言論的自由	尊重治理法規	媒體的自由	投入政策制定
政治社會	由代議士進行立法	政策體現公眾的喜好	政治權力的和平競爭	立法者對公眾負責	政治黨派的透明度	立法功能對政策的影響
官僚系統	高官（高級公僕）參與政策制定	公共服務的公平提供	公僕尊重所有公民	公僕為其工作行動負責	清楚的政策制定過程	以能力為判準的聘用
經濟社會	向私人企業諮詢	對所有企業平等執法	政府尊重所有財產權	為公益而管制私人部門	形成經濟政策的透明度	取得經營權與證照不必賄絡
司法制度	非正式的衝突調解過程	公民能公平地取得正義	國際人權納入國家法律實踐	司法人員的責任性	施行公平正義的透明度	司法制度系統的效率

資料來源：Hyden, Court and Mease (2004).

6.3 治理的國內外案例

　　當治理概念成為全球學術和社會實踐的風潮後，到處可見以治理概念落實於國家、區域、都市、甚或社區尺度的實踐與研究。例如，歐盟對都市尺度和社區尺度的治理實踐，有相當豐富的研究與實務，學者利用治理概念，以跨國的研究團隊對當代都市變遷與發展進行檢驗，透過多國、多社會同時研究，形成周延、廣泛、符合多元經驗比較的研究報告，並回應學術理論。

　　其中，以數個歐盟國家的大學研究者（包含英、法、德、義、奧地利等國）從2001年9月始，歷時40個月完成的跨國比較研究，並將研究成

果結集成《社區可以拯救都市嗎？——社區發展和社會創新》一書（*Can Neighbourhoods Save the City? Community development and social innovation*）（Moulaert, Martinelli, Swyngedouw and González, 2010），就是典型利用當代社會關注多元權益關係人與社會創新，正視都市治理的動態性對都市變遷與成長的影響之研究。

《社區可以拯救都市嗎？——社區發展和社會創新》全書的研究報告以社會創新作為都市治理的動態性與都市變遷成長的概念，研究十多個歐盟都市的發展如何因特定社區的特殊作為之經驗，最後提出國家都市治理的政治倡議的指標、政策倡議的指標、財源倡議的指標等（Swyngedouw and Moulaert, 2010）（如表6.5所示）。

表6.5　都市治理推動都市創新策略的政策框架

框架種類	指標
政治倡議	1. 在地培力與公民社會的形成需要公民權利，有效的國家與公民社會清晰接合需要在地居民有完整的政治公民權 2. 承認社會經濟的角色為活化都市社會的重要元素（在傳統由上而下的政治行為之外的） 3. 承認志願的和公民的社會服務組織乃完整的創新經濟發展系統所不可或缺
政策倡議	1. 促進公民社會組織和在地、國家、或歐盟政策之間形成集體契約 2. 聚焦於主動積極的社會創新倡議，視他（們）為支持的指標，而非聚焦於傳統的國家領域政策 3. 在歐洲空間內建置跨尺度與跨地域的社會創新網絡倡議 4. 在國家和歐盟的位階，提供公民社會倡議及其組織路徑
財源倡議	1. 建構歐洲的社會創新網絡並提供財源 2. 簡化財源的使用程序，以擴大財源的近用權，減少官僚規則干預，繞過根深蒂固的複雜困難程序 3. 穩定長期並堅固成功的社會計畫，尤其是那些能夠產生持續制度化的、參與式的、具有社會性的創新能量者 4. 建置社會創新中心 5. 為在地公民社會的各種倡議創造後勤支援中心

資料來源：Swyngedouw and Moulaert (2010)，表15.2。

Richards 與 Palmer（2010）的 *Eeventful Cities* 一書從都市活化的角度，討論舉辦活動對都市的重要性，其中以文化管理作為焦點指出 Eventful Cities 的概念和實踐的種種，從概念到實踐、願景、領導、治理、權益關係人、管理組織、行銷與消費、觀眾、公部門、活動規劃、投入與成果、衝擊、永續性，甚至全球趨勢與模式均一一細說介紹。整本書雖然看似討論為何都市需要辦理活動，如賽事、會議、展覽等以活化都市，實際上從學術的主題而言，乃聚焦在所謂都市治理的實踐，因為全書各面向的介紹，基本上就是當代都市以新的治理原則與態度，創造出都市活化的競爭路，就如同書籍第一章以 Zukin（2004）的論述作為起點，討論近年「文化在都市已經逐漸具有指導性的符號意義，它已然成為所謂『符號經濟』的點子創意與實踐、地點和符號，並且透過符號經濟的文化活動，包含藝術、音樂、工藝、博物館、展覽、運動賽事、和創意設計等，能夠創造都市的財富。文化如此的新概念，今日正不斷形塑著都市的全球競爭和在地張力的策略」（Zukin, 2004: 3）。

書中作者 Andrea Membretti（2010）即利用義大利米蘭的彈性組織的社會之研究，說明米蘭都市的治理如何創造社會創新與人性發展，案例並非指米蘭都市政府放棄其治權或政權，而是以公民社會與組織的能量增加其都市經營的能量與視野，進而邁向一個彈性的機構與過程，讓公民社會的組織更具動態彈性與活力。

6.3.1 都市的阿美族部落案例

新店溪和大漢溪的共同點之一是：它們同為淡水河的上游，兩條溪尚有許多其他共同點，但是它們同樣都是都市原住民河床聚落（riverbed settlements）所在的這件事，大概沒有很多人注意到。

台灣的原住民在山地丘陵地區有固有的傳統部落空間，然而基於當代生

活的漢化，以及生計、工作與教育的需求，多數原住民搬遷到都市，過著缺乏傳統生活基礎的都市生活。其中，有許多居住在新店溪和大漢溪畔的阿美族部落，例如新北市新店區新店溪畔的溪州部落、三峽區大漢溪畔的三鶯部落、桃園縣大溪鎮大漢溪畔的撒烏瓦知部落、河濱部落等。這些阿美族族人在政府社會的結構變遷與漢人主流的法制規範下，原來傳統部落文化未受尊重，逐漸喪失，因而失去獵場和漁場、失去生計方式所依賴的環境與技能，多數遷居到都市的部落族人，卻可能因昂貴的房價與租金，而居無定所，部落族人只好找尋與原鄉文化相近的生活環境落腳，以為居所，河床部落聚落因此應運而生。

依據新店溪洲部落的受訪者所言（2016 春），溪洲部落的產生，是阿美族人外出作禮拜，並四處搜尋具有符合族人需求的食材、野菜、捕魚、採集地點作為聚會場所，以為傳統禮拜後大家聚餐閒話家常與互相尋求社會支持的社會活動地點，他們憑藉著對土地的知識和熟悉度，選擇了新店溪凸岸這個豐美又與世隔絕的地方作為落腳處，並與對岸的小碧潭部落對望，藉由溪流當作天然屏障隔開了兩個部落有歷史以來的紛爭關係。

這樣的族群故事和聚落變遷，說明原住民生活環境在歷經漢化以及漢主流政治文化體制對他們所造成的困境，過去的解決方式通常以傳統的政府管理方式進行，卻不斷失敗，問題始終回到原點。實際上，在過去十多年的所謂政府管理中，政府不斷的拆除河岸部落族人的房舍和水電路線，族人也不斷的重建，創造許多政治問題，不但沒有解決部落居住空間的問題，反而創造族群對立與政治壓力，因為只要部落族人的居住需求不消失，所謂「非法的」河床部落將會春風吹又生。而近年來，溪洲部落的聚落住宅議題在一些社會機構和 NGO 組織的協同合作與支持對話討論之下，目前族人與政府之間大致已經完成以所謂 333 合議規劃的聚落興建計畫，建造住宅以供族人定居，地點就在原河床部落不遠處，算是暫時的解決問題了。

所謂 333 政策，即是新北市政府補助三分之一，政府協助部落族人貸款

三分之一，居民自籌三分之一，作為新的部落住宅的資金規劃，規劃重建位置為鄰近原先河岸部落之地，由於議決時間倉促，部落族人仍在籌備資金當中。這樣的合議規劃治理目前要說成功、或稱已經解決河岸部落族人的居住問題尚稱太早，但是這個合議協商過程展現以兼顧由下而上的治理關係與方式，才有機會得到適當、合理解決的出路。以新店溪河床阿美族部落的聚落空間而言，目前由於新北市政府在新店溪建置的河岸單車道正在合議聚落建築空間的一側，未來是否可能成為以阿美族傳統文化，打造阿美族原文化的符號與其在都市化過程中產生的新文創，則是另一個值得期待的議題，如果成功當然也有機會創造都市文化的多元性，溪洲部落當然就可以有機會成為都市中的族裔文化地景與族裔創意產業之地。

　　相對於溪州部落對岸的美河市（新北市新店區的高級河岸第一排住宅），溪洲部落顯得寒酸、微薄和脆弱，但卻是族人生活的家！僅管物質資源不豐，但是在落日黃昏時或深黑的夜裡，看著對岸的美河市，笑稱他們是河岸對面的打火機（照片6.1），也是生活的樂趣。

照片6.1　溪洲部落對岸的美河市景觀
資料來源：作者攝於新店溪畔之溪洲部落（2016/01/15）

6.3.2 玻利維亞 Poopo 湖區域的生活案例

　　美國《紐約時報》在2016年7月7日報導一篇關於氣候變遷奪去一個湖泊，也奪去一個認同的環境變遷議題。在玻利維亞一個西南省份的拉帕拉帕尼的 Poopo 湖（圖6.2），至2016年7月此一原來就淺淺的、長90公里、寬32公里、面積約1,000平方公里的下窪湖泊已經乾涸，魚類無一倖存，由於當地居民本來多依靠捕魚維生，在湖泊短期數年內快速縮小的過程（圖6.3），漁民生計高度受到影響，主要依賴湖泊維生的當地 Quispes、Uru-Murato 原住民的生計則頓失所倚，而湖泊環境改變使得區域內的動植物生態丕變。此一湖泊2002年被《拉姆薩公約》（溼地公約）指定為受保育的湖泊溼地，然而一般認為過去十幾年週期性的聖嬰現象（El Niño）所帶來的乾旱，以及引水分流到他處，已經讓 Poopo 湖的水於2015年底就幾乎全部消失，湖水消失所帶來的餘波影響不僅止於 Quispes、Uru-Murato 人的生計消失和數以百計的漁民家庭，更透過 Quispes、Uru-Murato 人口遷移將經濟問題帶到遠方，例如遷移到其他市鎮的生活調適和文化衝突調適問題，以及其所造成的社會和政治成本；又例如，因為遷移而造成的家庭功能失調和原鄉社會瓦解等問題。這是個難民潮，但是這個難民潮不是因為戰爭或壓迫，而是因為環境反撲所造成；這些無辜的受害者遭受的環境變遷問題，最可能是遠方進步發達的國家社會所貢獻出來的問題。

　　本案例乍看似乎和治理無關，實則不然。在環境快速變遷的當代，人類社會一方面要面對如何減緩造成快速環境變遷的因子，以為抑制問題之根本，另一方面則需要以治理的概念和原則，面對全球環境變遷（global environmental change）後果的因應，因為純然依賴政

圖6.2　南美洲的玻利維亞 Poopo 湖地點示意圖　資料來源：重繪於《紐約時報》（2016/07/07）

府已經無法周延解決問題，環境治理、環境變遷下的社會治理、經濟治理、政治治理等更需要新思維。本案例或可作為開創性的面對全球環境變遷下，已開發國家社會自我啟發，考量其消費行為、或工業污染對全球其它地區社會的生計和日常生活可能影響的實例。就像 Jessop（2003）在強調時間也是全球化概念的一文中所說：過去人們主張 "Think globally, act locally" 的重要性，今日更應該想像 "Think glacial, act everyday" 的重要性。Jessop 的這個隱喻，也適足以說明來自於工業污染的全球暖化與環境變遷，也正在形塑著下一個階段的都市治理和都市文化、經濟、產業、社會關係等生活與行為。

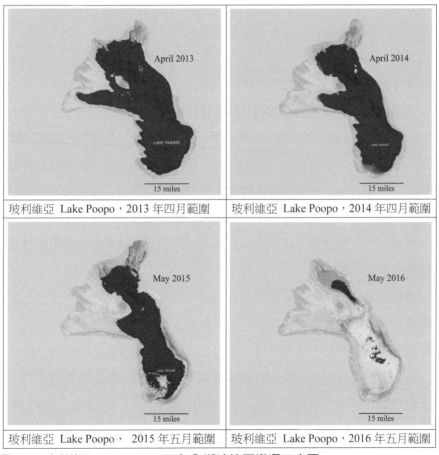

圖6.3　玻利維亞 Lake Poopo 三年內湖泊範圍變遷示意圖
資料來源：重繪於《紐約時報》（2016/07/07）

6.4 治理在當代的意義

本章以治理概念，作為取代傳統政治治權的管理概念，以在當代社會的意義和案例，說明治理的時代背景、定義、重要性，以及它和全球化與新自由主義的關係。全球化概念與實踐，凸顯多核心、多尺度、多重時間、多型態、多因果、多族群、多元文化、部落的、後現代和其他各種非主流的價值與認同等的重要性；而新自由主義則開創在政府機能消退、以及政府資金短絀的時代，私部門與資本作為之可能性；兩者都可用以說明治理作為一個 21 世紀的尺度範型基模的重要性，但是並非表示僅此二個能動主體才重要，居於其中的普羅大眾的各種權益關係人或權益關係單位，更具有決定性的力量。

本章利用台灣新店溪和大漢溪的阿美族河床部落的聚落發展變遷和問題解決方案之案例，說明治理體現在城鄉移民和族群對話的重要性，當然也顯示非政府組織作為居間的第三者的能動性及其重要性。本章也利用玻利維亞的 Poopo 湖之快速環境變遷、湖泊乾涸，與其對依賴該湖泊為生的族群部落之影響和問題，指出在環境快速變遷下，社會應該發展出具有多元思惟和多元價值的解決方案的重要性，一方面要面對如何減緩環境變遷的因子，另一方面則應思考如何善用治理概念和原則，以為面對環境變遷或都市經濟價值變化的新路徑和新方法。

當代全球流行的在地文創和創意經濟、環境經濟、環境治理等，不論作為獨特性與在地化的培力養成過程，或作為重要的基礎經濟的來源，甚或作為都市或區域獨特的、且擁有較高的附加價值之活動或產品的標的，均涉及開放的由下而上的動能與彈性的結構調整，才可能成為面對快速變化的（都市）經濟或（區域）環境時，能夠善用資源與能動性，也因此「治理」所呈現的公開、透明和課責性等特質，顯得更加重要。

參考文獻

陳敦源（2008），參與式治理：研究民主改革的新方向？**人文與社會科學簡報**，9（2）：36-47。

Aucoin, P. (1986). Organizational Change in the Machinery of Canadian Government: From Rational Management to Brokerage Politics, Canadian Journal of Political Science, 19(1): 3-28.

Aucoin, P. (1988). Contraction, Managerialism and Decentralization in Canadian Government, Governance, 1(2): 144-161.

Brenner, N. (1999). Globalisation as Reterritorialisation: The Re-scaling of Urban Governance in the European Union, Urban Studies, 36 (3): 431-451.

Commission on Global Governance (1995). Our Global Neighbourhood, Oxford: Oxford University Press.

Doornbos, M. (2001). 'Good governance': The rise and decline of a policy metaphor? Journal of Development studies, 37(6): 93-108.

Evans, P. (2004). Development as Institutional Change: the pitfalls of monocropping and potentials of deliberation, Studies in Comparative International Development, 38: 30-53.

Giddens, A. (1981). "Time-Space Distanciation and the Generation of Power". A Contemporary Critique of Historical Materialism: Power, Property and the State, London: Macmillan, pp. 90-108.

Harvey, D. (1989a). From managerialism to entrepreneurialism: the transformation in urban governance in late capitalism, GeografiskaAnnaler, Series B. Human Geography, 71(1): 3-17.

Harvey, D. (1989b). The Condition of Postmodernity: An Enquiry into the Origins of Cultural Change, Cambridge, MA: Blackwell.

Hyden, G. (1989). Local governance and economic-demographic transition in rural Africa, Population and Development Review, 15(supplement): 193-211.

Hyden, G. (1997). Civil society, social capital, and development: Dissection of a complex discourse, Studies in comparative international development, 32(3): 4-30.

Hyden, G. (2001a). Operationalizing governance for sustainable development, Perspectives on Global Development and Technology, Journal of Developing Societies, 17(2): 13-31.

Hyden, G. (2001b). The social capital crash in the periphery: An analysis of the current predicament in sub-Saharan Africa, The Journal of Socio-Economics, 30(2): 161-163.

Hyden, G. (2007). Governance and poverty reduction in Africa, Proceedings of the National Academy, National Acad Sciences.

Hyden, G., Court, J. and Mease, K. (2004). Making Sense of Governance: Empirical Evidence from Sixteen Developing Countries, Dulles, VA, USA: Lynne Rienner Publishers.

Hyden, G., Mease, K., Foresti, M. and Fritz, V. (2008). Governance assessments for local stakeholders: What the World Governance Assessment offers? Overseas Development Institute, pp.1-37.

Jessop, B. (1997). A Neo-Gramscian approach to the regulation of urban regimes: accumulation strategies, hegemonic politics, and governance, In M. Lauria (ed.) Reconstructing Urban Regime Theory: Regulating Urban Politics in a Global Economy, Thousand Oaks, CA: Sage Publication, pp.51-73.

Jessop, B. (2002). Liberalism, Neoliberalism, and Urban Governance: A State-Theoretical Perspective, Antipode, 34(3): 452-472.

Jessop, B. (2003). Globalization: It's all about time too! Political Science Series,

85, Institute for Advanced Studies, Vienna.

Jones, G. (1988). The Crisis in British Central-Local Government Relationships, Governance, 1(2): 162-183.

Kearns, A. and Paddison, R. (2000). New challenges for urban governance, Urban Studies, 37(5-6): 845-850.

Keating, M. (1988). Does Regional Government Work? The Experience of Italy, France and Spain, Governance, 1(2): 184-204.

Kloti, U. (1988). The Swiss Welfare State at a Turuing Point? Ideology, Political Process, and Resources, Governance, 1(3): 312-330.

Massey, D. (1994). A Global Sense of Place, In Space, Place, and Gender, Minneapolis, MN: University of Minnesota Press.

Moulaert, F., Martinelli, F., Swyngedouw, E. and González, S. (eds.) (2010). Can Neighbourhoods Save the City? Community development and social innovation, London and New York: Routledge.

Painter, J. (2009). "governance" In Derek Gregory et al. (ed.) The Dictionary of Human Geography (5th ed.), New York: Willey-Blackwell, pp. 312-313.

Rhodes, R. (1997). Understanding governance Policy networks, governance, reflexivity and accountability, Buckingham: Open University Press.

Richards, G. and Robert, P. (2010). Eventful Cities: Cultural Management and Urban Revitalization, Burlington, MA: Elsevier.

Sagalyn, L. (2011). Public-Private Partnerships and Urban Governance: Coordinates and Policy Issues, In Eugenie L. Birch and Susan M. Wachter (eds.) Global Urbanization, Philadelphia: University of Pennsylvania Press.

Stoker, G. (2000). Urban Political Science and the Challenge of Urban Governance, In Pierre, J. (ed.) Debating Governance: Authority, Steering, and Democracy, Oxford, UK: Oxford University Press.

Swyngedouw, E. and Frank, M. (2010). Socially innovative projects, governance dynamics and urban change between state and self-organisation, In Can Neighbourhoods Save the City? Community development and social innovation, London and New York: Routledge, pp.219-234.

Weiss, T. G. (2000). Governance, good governance and global governance: conceptual and actual challenges, Third world quarterly, 21(5): 795-814.

World Bank (1991) .The Reform of Public Sector Management: Lessons of Experience,World Bank Report 1991 series.

World Bank (1992) .Governance and Development, World Bank 1992 Annual Report.

Zukin, S. (2004). Dialogue on urban cultures: Globalization and culture in an urbanizing world, World Urban Forum, Barcelona, 13-17 September 2004, www.unhabitat.org/downloads/docs/3070_67594_K0471966%20WUF2-2. pdf(2016.7.10)

第
7
章

新都市理論
New Urban Theory
陳坤宏

　　凡事總有「起因果緣」，所謂「因緣」，意義在此，同樣的，一本書總有「開頭結尾」，所謂「序跋」，意義也在此。這本書由第一章「都市理論與實踐」開啟序幕，經歷第二章「都市生產」、第三章「都市就業」、第四章「都市社會生活」、第五章「都市創意性」與第六章「都市治理」等重大都市議題的鋪陳論述與新理論觀點的提出，最後進入總結尾與集大成的最後一章，即第七章「新都市理論」，作為這本書的結論。作為一本書的結論，看似成為前面各章節的總結，卻也是準備接受另一波學術論戰的開端。因此，此刻，我的心情，既是如同偉人集大成般的成就感，又是像渺小人物成為眾矢之的般的惶恐，這種反差對比的心境，從未有過。所以，腦海中始終盤旋著一種聲音，不斷地告訴我：「寫好這一章是我的使命與責任，務必要寫好才行。」

7.1 新都市理論的基本觀念與原理

　　1945 年杜魯門（Harry S. Truman）當選美國總統就職典禮演講時說出：「我將以價值與信仰、願景與目標，領導全美國」，果然他成為美國最偉大的總統之一。國家如此，城市亦當如此，一個城市必須有其「價值、信仰、願景、目標」，方能對人類有所貢獻。本節所談的新都市理論的基本觀念與原理，就是要建立一個城市的「價值與信仰」，而第二節所談的新都市理論的先驗圖式，就是要建立一個城市的「願景與目標」，有了「價值與信仰」、「願景與目標」，本人即可在第三節嘗試建立一個所謂「跨域－同心圓」新都市理論（CFC Urban Theory）。以下先討論新都市理論的五個基本觀念與原理。

7.1.1 五個基本觀念

（一）價值（Value）

　　如同本書第一章在針對 K. Lynch 的「城市意象」理論，提出歷史評價與定位時，特別指出，「價值」（values）是創造一個好的城市過程中最棘手的問題，也往往成為無法讓創造一個好的城市此一任務達成的關鍵，因為一個好的城市的通則性聲明，當遇到「人類價值與城市的實質空間之連結」時，就變成只是部分理論，而非全面性的，進而無法施展。另外，事實與價值二者息息相關，事實的陳述與分析會影響一個人的價值，反過來說，一個人的生活經驗會呈現出他（她）的價值，而此一價值是由他（她）對於事實的瞭解而來。所以，Lynch 就把「價值與城市」放在第一部分加以探討，之後才在第二部分提出好的城市形式理論，目的在於鼓勵都市計畫工作者，那怕價值問題難以處理，也不要失去信心，在所謂好的城市形式理論操作下，仍然會對於城市有所作為，關鍵在於人人都知道什麼才是一個好城市，但如

何去達成它，才是嚴肅課題。

　　我身為都市計畫學者，基於想維持一個好的都市天際線的價值與信仰，家中一直未加蓋頂樓，最近為了克服滲水問題，只好在保持美好景觀與面對現實之間找到一個連結性與平衡性的作法，然而，這卻是一個屬於「價值信仰、事實、現實、實質空間、城市」之間的多角難題，由此看來，「價值」對於一個「城市」的重要性，一個好的「新都市理論」，必須要先找到它的「價值」才行。所以，我將它擺在新都市理論的第一個、也是最重要的基本觀念。

（二）論述（Discourse）

　　何謂「論述」（Discourse）？說的白話一點，就是把經驗調查到的「現象」，轉化或提升為「道理、學說、理論」的過程，換言之，「論述」是居於「現象」與「道理、學說、理論」之間的中介角色，具有轉化或提升的功能。「論述」的功能在於，把靜態的、只有文字或數據的「現象」，提升為人人看得懂的活生生的「道理、學說、理論」。說的深奧一點，所謂「論述」，意味著我們討論議題的方式，進而影響到我們如何處理這些議題以及這些議題如何被再生產的過程。看似平淡無奇的「就在那裡」的事物，經過我們人類觀念的積極塑造，而再現於世界上，所以，此時，「論述」就成為我們討論世界的方式。

　　舉例來說，都市計畫理論或描寫都市的文學作品，在在呈現出不同階層的居民之機會不均等的世界，以及展現在都市空間之中的差異性，進而展露了都市的多重性以及理論本身或文本的形式，連帶訴說著日常生活的節奏。這麼一來，都市計畫理論或都市的文學作品，就不僅是描述都市的文本，而且還成為都市發展經驗與理論或文本之間的融合，總之，這已不再是單純的論述，更包含了都市發展經驗的多重性格。由此看來，「論述」在都市計畫理論史中的重要性，往往也成為一項學術研究是否有價值的判斷準則。一個

好的「新都市理論」，必須要有堅強的「論述」才行。所以，我將它擺在新都市理論的第二個基本觀念。

（三）都市經驗（Urban experience）

與前面「論述」有關聯的是「都市經驗」此一觀念，的確，從本書第一章「都市理論與實踐」可以看出，都市計畫理論之發展歷史，大部分在處理「論述」與「都市經驗」二件事。首先，隨著「都市經驗」的改變，新的都市計畫理論因應而生，接著，新的都市計畫理論即必須具有「論述」，以迎合學術界的需要。所以，任何時期的都市計畫理論，都同時包含了「論述」與「都市經驗」的多重功能。

回顧過去到今天的都市，工業與商業都市時期的百貨公司、拱廊商場、購物中心等，呈現大量生產的財貨充斥著市場，都市成為貨物與服務業的奇觀勝地，它改變了都市的經驗。到了科技演進時代的都市，造成了人們生活的加速，似乎也破壞了過去以穩定觀點來描繪都市的觀念，當然也就改變了都市的經驗。到了今天，創新活動蓬勃發展的結果，「創新」的工作與每一個人的關係最為密切，因此，各國大小城市爭先恐後地以發展成為「創意城市」為目標，說明了它真正影響了整個社會的經濟、文化、都市型態、社區基礎設施以及居民的政治態度，它改變了都市的經驗，可說是前所未有。由此看來，一個好的「新都市理論」，必須要具有敏銳的能力去體會「都市經驗」才行。所以，我將它擺在新都市理論的第三個基本觀念。

（四）都市分化或整合（Urban disunion or integration）

一個都市「好」或「不好」，似乎與都市「分化」或「整合」有密切關聯。這種論證，就好比古代的哲學或現代的哲學，何者較優？前者重視綜合知識的培養，上自天文、下至地理，無不精通，而後者強調科學，即所謂「分科學習」，人文社會、理工、醫農，分科教學與分科學習，無法貫通，大

學的科系即是基於此一觀念設立。所以，從人類永續發展的角度來看，究竟「綜合知識」與「分科學習」，何者為優？值得深思，同樣，讓我們不禁想到，都市「分化」或「整合」，何者為優？何者才能代表是一個「好」的都市？

　　不可否認的，過去因為居民生活單純、產業功能單一、空間結構較整合，造成了一個比較「整合」的都市，然而，時至今日，隨著居民生活複雜、產業功能分化、空間結構較分割，造成了一個比較「分化」的都市，偏偏這是不可逆的現象，我們現在只能比較都市「分化」或「整合」的優劣，似乎無法改變它朝向「分化」發展的命運。由此看來，一個好的「新都市理論」，必須要具備能夠辨別出都市「分化」或「整合」的優劣勢素養才行。所以，我將它擺在新都市理論的第四個基本觀念。

（五）城鄉均衡或公平（Urban/Rural balance or equity）

　　「城鄉均衡」一直是都市計劃系的學生始終無法忘記的名詞，也是都市計畫學術界與實務界努力以赴的目標，更經常成為政府部門的重大政策，但是，由於多年來未能完全實現此一目標，所以，「城鄉均衡」也就淪為教科書上的一個「專有名詞」，甚至是一個「口號」。於是，另一派學者與執政首長提出「城鄉公平」的觀念，試圖取代「城鄉均衡」，期待能夠落實「城鄉公平」，而不再奢望「城鄉均衡」的到來。這也就牽涉到一個有趣的「價值信仰」問題，那就是，究竟「城市人」抑或「鄉下人」，誰比較幸福的爭論？如果從「城鄉均衡」的觀點出發，以是否具有巨蛋、購物中心、捷運系統、大專院校、劇院、文創產業、高科技經濟等，當然是「城市人」比較幸福，但是，如果從「城鄉公平」的觀點出發，鄉下人的依存度較低、分化較小，比較容易靠自己的力量生活，他（她）們生活的需要都能夠被有效滿足時，此時，您可能會認為「鄉下人」比較幸福。

　　J. Rawls 在他所寫的《正義論》一書中曾經說過：「真正的公平正義，

係指當您需要的東西都能夠獲得，而不會因為別人的存在而得不到」，我想，所謂「城鄉公平」的意義即在此。當初，Howard的花園城市思想本來希望發展出所謂「社會城市」（social cities），要不是當時英國的公共政策是支持私人企業投資於商業區位選擇、交通與建築上，以及造成城市發展形式很大的影響，說不定「社會城市」的目標早已達成。再以台灣目前的6都（院轄市）與16個一般縣市來作比較，前者土地只占全國的30％，人口卻高占70％，財政也是大幅領先，而且，舉凡巨蛋、購物中心、捷運系統、大專院校、劇院、文創產業、高科技經濟等，也都座落在6都，這種天差地別的不均衡局面，根本遑論「城鄉均衡」，相反的，如果能夠讓16個一般縣市爭取到它們需要的「城鄉公平」，那麼，國土計畫也成功一大半了。由此看來，一個好的「新都市理論」，必須要能夠處理好「城鄉均衡」與「城鄉公平」的問題才行。所以，我將它擺在新都市理論的第五個基本觀念。

7.1.2 三個原理

（一）「文化 vs. 空間」原理

我很喜歡讀英國地理學家 M. Crang（1998）所寫的 *Cultural Geography* 這本書，因為 Crang 主張文化地理學的研究即是文化的空間及地點差異，探討文化如何分布在空間、如何讓空間變得有意義。他從人們生活中的多樣性出發，分析了國家、帝國、公司、商店、消費、影視、音樂、文學、書籍等，有關空間和地方如何被人們所利用與闡釋的議題，非常精彩，值得一讀。除了 Crang 主張的「文化如何讓空間變得有意義」外，我也受到他的啟發，提出了「反過來，空間和地方有助於當地文化的延續」的看法。結合 Crang 與我的主張，共同形成「文化如何讓空間變得有意義，而空間有助於當地文化的延續，二者創造雙贏」。由此看來，一個好的「新都市理論」，必須要能夠兼顧「空間」與「文化」以及二者產生的綜合效果。所以，「文化

vs. 空間」原理乃成為新都市理論的第一個原理。

（二）「人類 vs. 城市」原理

　　城市是人類的重大發明之一，都市文明在人類文明中實在是不可或缺，因此，人類與城市之間的關係，密不可分。進一步的說，人類基於「價值與信仰」，如何讓城市變得有意義？如何餵給城市此一複雜的有機體什麼食物？反過來說，城市要具有何種「願景與目標」，才能夠對人類有所貢獻、讓人類的生命得以延續？由此看來，一個好的「新都市理論」，必須要能夠認真思考並達成「人類與城市」此一對偶二元的關係的發展與演進。所以，「人類 vs. 城市」原理乃成為新都市理論的第二個原理。

（三）「結構」原理

　　什麼是「結構」？因為「分化，必須再媾和，最後形成結構」，所以，「結構」是一個三部曲的過程。人們生活中到處充滿「結構」，人類為了生活，必須「結構」起許多動作，例如，透過滑手機、i phone，人們完成了很多日常生活事項。同樣的，都市空間中也到處充滿「結構」，而且是不均質的結構，因而形成了不同空間階層的複雜結構關係，例如，全國政經與文化中心、都會中心、地方中心等，形成了不同空間尺度的結構關係，而中心商業區、鄰里商業區、高級住宅區、一般住宅區、工業區、郊區、公園綠地、高科技園區、古蹟保存區、文創園區等，形成了不同空間特色、功能與意義的結構關係。重要的是，這些不同空間尺度以及不同空間特色、功能與意義的「空間」，都具備了完全不同的功能、意義與形式，並且同時存在於一個都市之中，終於構成一個相當複雜的「都市空間結構」。由此看來，一個好的「新都市理論」，必須要能夠處理好「都市結構」的發展、變遷及其引發的問題。所以，「結構」原理乃成為新都市理論的第三個原理。

7.2 新都市理論先驗圖式的建立

上一節所談的新都市理論的基本觀念與原理，就是要建立一個城市的「價值與信仰」，而本節所談的新都市理論的先驗圖式，就是要建立一個城市的「願景與目標」。以下即討論新都市理論先驗圖式的建立，主要包括「三個焦慮」、「四個程度」與「先驗圖式」。

7.2.1 三個焦慮：經濟焦慮、政治社會焦慮、文化焦慮

此處所謂的「焦慮」，靈感來自於人類，隨著時代進步與科技演化，現代人類的「焦慮」跟著變多，似乎變的比從前不幸福，眼看今天「國家打國家、人民打人民」的結果，「世界會更好嗎？」令人懷疑。同樣的，一座城市就像人體，從新生、成長、茁壯、成熟到衰敗，面臨都市更新再生抑或拆除重建，「焦慮」也跟著變多，當今都市人的生活需求永無止境、產業結構複雜、加上高科技產品的推波助瀾，城市變得比從前負擔更多，城市內部各層面彼此依存度非常高的龐然大物發展的結果，城市將變得脆弱與不堪一擊，果真如此的話，「世界會更好嗎？」令人深思。

我以這本書的章節結構來加以論述，一個近現代都市主要是由「都市生產」、「都市就業」、「都市社會生活」、「都市創意性」與「都市治理」等五個層面所共同組織而成，其產生的焦慮，正好可以對應到「經濟焦慮」、「政治社會焦慮」與「文化焦慮」三個焦慮（見表7.1）。

表7.1　都市五個層面、三個焦慮、都市發展階段、經濟型態之對照表

都市五個層面	三個焦慮	都市發展階段	經濟型態
第二章都市生產 第三章都市就業	經濟焦慮	理性的綜合規劃都市	自由市場經濟與計劃經濟並重
第四章都市社會生活 第五章都市創意性	文化焦慮	全球化理論、世界城市、創意城市	以自由市場經濟為主
第六章都市治理	政治社會焦慮	新馬克思主義都市理論、新都市主義與文化保存	計劃經濟與自由市場經濟並重

資料來源：筆者自行整理。

　　表7.1 讓我們可以論述以下三點：

　　（一）「焦慮」是怎麼產生的？這必須從「萬物一系」的觀念談起，科學知識告訴我們，從粒子、原子、分子，演化到單細胞、多細胞，最後演化到人類，所謂「萬物一系」演化的結果，發現最早的粒子、原子、分子，其依存度最低，卻是愈強，而最後的人類，其依存度最高，卻是愈弱。此一結果當然是源自138 億年前的宇宙演化開始，歷經45 億年前的地球生成、36 億年前的生物生成，最後才進入到 1 萬年前人類的歷史，這麼漫長演化所造成的。因此，既然人類依存度最高，也是愈弱，那麼，人類所建立的城市，同樣也會是依存度高，也是脆弱的，因為城市依存度高且脆弱，所以，才會有焦慮。同時，隨著時代進步與科技演化，近現代都市的依存度比過去都要高，卻是比過去更脆弱，造成的焦慮當然比過去要來得嚴重。這正是「城市焦慮」的起源。此處所謂城市的「三個焦慮」，實際上就是「三個需求」，城市與人類一樣，當欲滿足的「需求」愈多時，它的「焦慮」也就愈多。

　　（二）如果以這本書的章節結構來加以論述，「第二章都市生產」與「第三章都市就業」強調都市的經濟生產與居民的就業工作，一旦隨著現代都市的專業分工與複雜度愈高，都市生產與都市就業此二層面，在都市中所需要的依存度也就愈高，而且愈顯得脆弱，於是產生了「經濟焦慮」。「第四章都市社會生活」與「第五章都市創意性」強調都市居民的創新生活與文化創意

經濟，隨著現代都市的極緻發展，人們競相追逐建立創意城市的風潮時勢下，都市社會生活與都市創意性此二層面，在都市中所需要的依存度也就愈高，而且愈顯得脆弱，於是產生了「文化焦慮」。「第六章都市治理」強調都市的治理與公民意識，隨著現代都市愈來愈公開透明、社會參與決策的趨勢下，公部門的都市治理此一層面，在都市中所需要的依存度也就愈高，而且愈顯得脆弱，於是產生了「政治社會焦慮」。

（三）如果以都市發展階段與經濟型態來加以論述，「第二章都市生產」與「第三章都市就業」強調都市的經濟生產與居民的就業工作，應該屬於本書第一章所分類的第二階段：「理性的綜合規劃階段都市」，屬於自由市場經濟與計劃經濟並重的型態。「第四章都市社會生活」與「第五章都市創意性」強調都市居民的創新生活與文化創意經濟，應該屬於第四階段：「全球化理論、世界城市、創意城市」，屬於以自由市場經濟為主的型態。「第六章都市治理」強調都市的治理與公民意識，應該屬於第三階段：「新馬克思主義都市理論、新都市主義與文化保存時期的都市」，屬於計劃經濟與自由市場經濟並重的型態。如果都市發展階段與三個焦慮（或三個需求）結合來看，現代都市已經慢慢從「經濟焦慮」、「政治社會焦慮」，進入到「文化焦慮」，易言之，現代都市在「文化需求」上，也已經逐漸超過「經濟需求」與「政治社會需求」。所以，「文化需求」是當今都市必須重視的議題，而「文化焦慮」也將成為未來都市必須面對的難題。

7.2.2 四個程度：依存度、感應度、自由度、結構度

上一段所談的城市「三個焦慮」或「三個需求」，其形成原因，基本上是與本段所談的「四個程度」有密切關聯。所謂「四個程度」指的是「依存度」、「感應度」、「自由度」與「結構度」。從「萬物一系」的粒子、原子、分子，演化到單細胞、多細胞，最後演化到人類，它們在此「四個程度」上

表現有其高低、強弱、複雜簡單。從粒子依序到人類而論，「依存度」是自低依序到高；「感應度」是自低依序到高；「自由度」是自弱依序到強；「結構度」是自簡單依序到複雜。說的白話一點，依存度最低的粒子、原子、分子，靠自己就能夠再產生，源源不絕，自然生存年限長久，相反的，依存度最高的人類，需要依靠許多人與事物，才能夠生存下去，相對顯得脆弱，自然生存年限也比較短。

　　回到都市來看，都市的「五個層面」、「三個焦慮」、「三個需求」，都可以對應到「四個程度」（見表7.2）。

表7.2　都市五個層面、三個焦慮、三個需求、四個程度之對照表 *

都市五個層面	三個焦慮	三個需求	四個程度
第二章都市生產 第三章都市就業	經濟焦慮	經濟需求	自由度、依存度
第四章都市社會生活 第五章都市創意性	文化焦慮	文化需求	感應度
第六章都市治理	政治社會焦慮	政治社會需求	結構度

* 上表中，都市層面與焦慮、需求之間的對應，只是為了論述方便起見所作的設計，它們只存在程度上的差別，並非絕對性。
資料來源：筆者自行整理。

　　表7.2 讓我們可以論述以下理論。如果「第二章都市生產」與「第三章都市就業」產生「經濟焦慮」或「經濟需求」愈高，表示其「自由度、依存度」愈強、愈高，都市必須面對的經濟難題也愈多。如果「第四章都市社會生活」與「第五章都市創意性」產生「文化焦慮」或「文化需求」愈高，表示其「感應度」愈高，都市必須面對的文化難題也愈多。如果「第六章都市治理」產生「政治社會焦慮」或「政治社會需求」愈高，表示其「結構度」愈複雜，都市必須面對的政治社會難題也愈多。

　　由此看來，一個好的「新都市理論」，必須在都市「五個層面」上，要能夠減輕「三個焦慮」、有效滿足「三個需求」、以及降低或簡化「四個程

度」，方才足以成為好的「新都市理論」，我們相信，這當然也可以成為建立一個好的新都市理論先驗圖式的準則。

7.2.3 先驗圖式

在建築界享有美譽的 Z. Hadid，一生致力於「讓建築和在城市裡生活的人連接起來」，果然讓她成為有史以來首位最年輕的「普立茲克」建築獎的女性得主。她常常改變了人們對空間的看法與感受，她追求的是在每一次的設計裡，重新創造發明每一件事物。所以，她說：「我自己也不知道下一個建築物將會是什麼樣子。」同樣的，「我自己也不知道下一個都市將會是什麼樣子。」因此，如果我們想要在今天就提出未來的「新都市理論」，那麼，將是不切實際，而且在將來也未必會被加以實踐。所以，此刻，我們與其提出未來的「新都市理論」，倒不如去建立一個好的新都市理論先驗圖式的準則，來得實際。

承如前述，一個好的「新都市理論」，必須在都市「五個層面」上，要能夠減輕「三個焦慮」、有效滿足「三個需求」、以及降低或簡化「四個向度」，方才足以成為好的「新都市理論」。具體的說，如何才能夠減輕「三個焦慮」呢？讓我想到老子曾經說過的話：「一曰慈，二曰儉，三曰不敢為天下先。」人人慈悲，可以減輕「文化焦慮」，人人節儉，可以減輕「經濟焦慮」，人人禮讓、不爭鋒頭，則可以減輕「政治社會焦慮」，如此一來，人類社會祥和，城市足以永續發展，世界也會更好。這本書所要追求的學術理想也在此，企圖去建立一個好的「新都市理論」「先驗圖式」（a schema）的準則，好讓將來一個真實的城市，可以依照它的真實狀況，將此一「圖式」進行改變、採取適應，以保證規劃城市，能夠成功。

7.3「跨域－同心圓」新都市理論（CFC Urban Theory）

7.3.1 新都市理論的特徵與精神

根據上一節新都市理論的先驗圖式的建立，本人在這本書試圖提出一個所謂「跨域－同心圓」新都市理論（Cross-Field and Concentric Urban Theory，簡稱 CFC Urban Theory）（見圖7.1），這是一個不同於先前各家都市論點的全新理論，我將此作為這本書的貢獻所在，結論也在此。

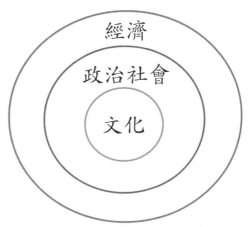

圖 7.1　**「跨域－同心圓」新都市理論**

從圖7.1「跨域－同心圓」新都市理論的「圖式」，我們得知此一新理論具備下列三項特徵與精神，包括：

（一）新都市理論是跨越「文化」、「政治社會」與「經濟」三個領域所建構起來的理論，回顧都市理論的發展歷史可以看出，從社會、經濟、政治、直到文化，其間演變脈絡是很清楚的，但是，不論演變順序如何，各時期都市理論或多或少都涵蓋了這三個領域，只是強調重點與理論精神不同罷了。所以，本人主張，未來的新都市理論也必須要跨越「文化」、「政治社會」與「經濟」三個領域才行，如此方才符合都市現實，在此特別強調，所謂跨越「文化」、「政治社會」與「經濟」三個領域，意思是說，此三個領域是彼此貫通、連帶影響與互相輝映的。

（二）新都市理論是由三個圓圈所建構起來的理論，第一圈是「文化」、

第二圈是「政治社會」、而第三圈是「經濟」。從這本書第一章都市理論與實踐的回顧可以得知，都市理論發展到了今天，逐漸明顯地以「文化需求」為主要考量，「政治社會需求」與「經濟需求」為次要考量，加以進行理論的建立。同時，從當今環境現實出發，依照理論建立考量重點的優先順序而言，由內往外，重要性由大至小，自然會形成第一圈、第二圈、第三圈，分別是「文化」、「政治社會」、「經濟」的同心圓結構。

（三）從表7.1與表7.2可以得知，第一圈「文化需求理論」是對應到這本書的第四章「都市社會生活」與第五章「都市創意性」，第二圈「政治社會需求理論」是對應到這本書的第六章「都市治理」，而第三圈「經濟需求理論」是對應到這本書的第二章「都市生產」與第三章「都市就業」，它們分別代表的是「都市居民」、「政府」、與「企業廠商」。此一論述與主張說明的是，未來新都市理論之建立，其考量重點的優先順序，將會是以「都市居民」為主要考量，而「政府」與「企業廠商」為次要考量。很明顯的，如此，利用「以人為本」、「人文化成」為邏輯思維所建立的都市理論，與過去的都市理論是有差異的。

7.3.2 新都市理論的論點與對未來都市發展之建議

主要有三點：

（一）新都市理論的論點之一是「文化需求理論」，這是從「都市居民」的立場出發，包括了「都市社會生活」與「都市創意性」二個層面。可分成二點來談論：（1）都市居民、外來移民的社會生活實踐，包含居住空間（常民社區、門禁社區）與休閒空間（大眾公共空間、消費空間）挹注都市地景新元素。都市勞動力分工影響都市的空間結構，並導致貧富差距。都市運動與正義的認同政治，乃透過集體力量來革新社會生活秩序。（2）當創意經濟概念應用到都市經濟時，文化與藝術成為創意資產，塑立地方獨特性，吸引

創意階層，建立創意產業，影響都市發展定位，因此，強調文化資產是創意城市的核心價值。第（1）點指涉以都市普羅大眾為主，而第（2）點則指涉都市創意菁英階層，二者共同構成都市社會生活的全貌，進而決定都市意義與功能，最後塑造了都市空間型態。

（二）新都市理論的論點之二是「政治社會需求理論」，這是從「政府」的立場出發，包括「都市治理」此一層面。現代與未來的都市，重視多元社會與公民參與的由下而上的動能，這些動能對於形塑都市生活內涵與景觀，具有不可忽視的力量，也是都市的在地化與特色化發展的重要基礎與過程，因此稱為「都市治理」。當代以都市治理概念為核心的趨勢下，都市治理確實與新自由主義政治經濟發展之關係密切，同時，都市治理對於社會文明或文化變遷的意義與重要性，的確存在，此一論點是未來都市規劃實務界必須關注，並且去加以實踐的。

（三）新都市理論的論點之三是「經濟需求理論」，這是從「企業廠商」的立場出發，包括了「都市生產」與「都市就業」二個層面。可分成二點來談論：（1）從製造到智造、數位資訊化與網絡化等趨勢，毫無疑問地，將來必然會帶來產業型態的多元化以及產業組織的空間延伸，而產業的發展基礎，由原本的生產要素逐漸轉變成知識與文化的含量，似乎已經替都市及區域計劃學院派與實務界，勾勒出一個產業空間與都市發展的新想像。（2）近年來，產業發展與結構強調創新、而非製造，強調創業、而非就業，強調知識、而非資本，已經逐漸明顯地造成另一波都市就業的高度集中，亦即，都市就業呈現強者愈強的趨勢。從台灣六都歷年來的就業結構來看，也同樣呈現出強者愈強的趨勢，終於使得城鄉差距、所得差距、就業機會差距等現象，不但沒有隨著時間而縮小，反而更加擴大，這正是解決未來城鄉差距與都市社會發展問題時，首先要面對的一大障礙，必須努力去克服才行。

綜合上述「跨域－同心圓」新都市理論的特徵與精神以及論點來看，此一新都市理論是跨越「文化」、「政治社會」與「經濟」三個領域，並且

以「都市居民」、「政府」與「企業廠商」為理論建立的考量，所以，很明顯的，未來各個國家或都市欲解決城鄉差距與都市社會發展問題，勢必要靠「都市居民」、「政府」與「企業廠商」三個主體來共同解決，方能成功。

7.3.3 新都市理論與舊都市理論的差異

如前所述，新都市理論是跨越「文化」、「政治社會」與「經濟」三個領域，所以，本人選擇德國古典經濟學、芝加哥學派人文生態學、人類行為與環境識覺（以 K. Lynch 的「城市意象」理論為代表）以及新馬克思主義都市理論（以 M. Castells 的「新馬克思主義都市理論」為代表）等四個著名的舊都市理論，進行差異比較，如表 7.3 所示，期待透過此一比較，能夠讓讀者清楚認識新都市理論的價值、精神與貢獻所在。由於談論「都市理論」，「都市空間型態」是很重要的一環，所以，在此聲明，為了讓此一比較能夠有聚焦，本人選擇「都市理論在空間結構上的重大意義」此一面向，進行比較。

表 7.3　新都市理論與舊都市理論的差異比較

新都市理論	價值： 強調公眾參與、保護文化遺產，強調城市各部分有機地連結。回復大都市中心區的活力，重新整治鬆散的郊區。 貢獻： 1. 提出世界城市概念，探討大都市的全球化理論。 2. 反規劃理論：倡導「天地－人－神」和諧的設計理念。 3. 創意城市：探討勞動空間分工、文化創意經濟與新都市理論之間的關係。 4. 跨越「文化」、「政治社會」與「經濟」三個領域，並且以「都市居民」、「政府」與「企業廠商」為理論建立的考量。 5. 優先考量「以人為本」、「人文化成」為邏輯思維所建立的都市理論。

德國古典經濟學	價值： 明確中地與腹地之關係、都市階層體系之建立。 貢獻： 1. Christaller 中地理論是一個具有層級結構關係的空間結構理論。因為它認為人口分布、中地之間是一種階梯式的變化。易言之，它強調階層化是可以很清楚劃分的，它是一個由上向下、呈樹枝狀之簡單階層性的（hierarchical）結構體系。 2. Losch 經濟地景模型的主要貢獻，在於強調各空間的功能專業化，故它在本質上是一種非層級性的體系。強調相同層級之間、高低層級中地之間會有互補性。亦即，在一個較不僵化的空間體系中，各層級中地的功能專業化會出現所謂複雜的網狀（nested）結構體系。 Losch 提出所謂的功能專業化、中心連續性的觀念，同時，Losch 並不關心層級性的問題，而是試圖解釋一些既存複雜的市場區域型態，故中地之規劃與階層化問題並非其考慮的重點。惟它欠缺從中心／邊緣觀念來分析中地／周地之間的關係。 3. Christaller 中地理論與 Losch 經濟地景模型相同，完全是由經濟法則來建立其空間體系，而忽略社會文化因素的作用。此一缺失造成它們在空間結構研究上的基本限制。
芝加哥學派 人文生態學	價值： 整合人類生活、社會結構與都市空間三者之關係。 貢獻： 1. 同心圓、扇形、多核心三理論具有二個共通之處：（1）都市結構是由土地使用所組成。（2）都市的發展最後均會形成某種形式、樣子，亦即都市是可以被畫成一張圖。詳言之，古典人文生態學家對於都市結構的瞭解，是來自都市內部空間結構呈現規則性的形式以及土地使用的變化。總之，古典人文生態學主要在於描述、分析都市的空間形式與變遷。 2. 人文生態學的研究途徑可謂是最早企圖將人類生活、社會結構與都市空間三者關係加以整合發展的理論之一，因而成為都市社會學成立的主幹。但只藉由當時美國大都市土地使用的分布情形，用以說明社會生活、居民屬性與空間結構之間的關係，以及過分注重空間的描述，卻未能夠針對都市結構形成過程的原因及其意義提出解釋。 3. 古典人文生態學涵蓋的「決定論」色彩以及過於強調「生物性」因素的作用，在強調生態的過程中，僅足以說明所觀察到的都市結構的各種形狀（例如同心圓、扇形、放射狀、多核心等），而未能充分考慮不同特定社會的具體內涵與特徵對於空間形成過程的重大作用。所以，古典人文生態學所關注的「空間」純粹是在經濟因素主導的自由競爭、人類在空間中的功能關係作用下的產物。而新人文生態學則基於社會文化的觀點，進一步從社會結構的特質去瞭解空間，因而其所關注的「空間」是

	在都市人們的心理性、價值性等社會文化因素作用下的產物，亦即開始將空間與社會文化結合起來。這一點在空間結構研究上是一重大的突破，惟獨缺乏充分的經驗研究支持。
	4. 古典人文生態學所談論的空間結構意義是比較接近功能性的變遷過程（functional evolution processes）的空間意義；而新人文生態學則比較接近系統觀（system approach）的空間意義，特別關注人文的、心理的、社會體系、自然環境等向度在空間中共同作用的結果。
人類行為與環境識覺	價值： 強調城市意象與美學，主張市民知覺的空間形式。 貢獻： 1. 強調由人類經驗所得到的主觀的環境意象與意義。這種從人類存在空間中的經驗此一角度來觀照空間組成及其意象的研究取向，似乎比新人文生態學（例如 A. H. Hawley、O. D. Duncan 的觀點）更突顯出人類在環境（空間）發展過程中的角色。 2. 強調城市環境的本質是多重性的，包括實質屬性與文化、社會向度。因此，城市環境的特性不應只由實質屬性來加以展現，還應該由社會文化、經濟與政治層面共同展現才屬完整。亦即研究者應該觀照到身處城市環境中之個人、群體及其所發生的各項活動的情感性、象徵性與價值性的意義。此點與新人文生態學（例如 W. Firey、L. Wirth 的觀點）具有相似之處。 3. 一般而言，這一支理論比較強調個別不同形式與性質之空間的意義與組成關係，並給予一個具有形式化意味的分析。而對於各空間之間是如何被結構起來的過程及其方式，則未做交待。因此，嚴格說來，這一支理論所探討的主題應屬「空間形式」、「空間組織」，而非「空間結構」研究。
新馬克思主義都市理論	價值： 1. 新自由主義、政治經濟學、市民社會思潮興起，理性的綜合規劃模式受到批判。 2. 跨文化的都市變遷理論：都市意義＋都市功能＝都市形式。 3. 資本積累空間生產理論：透過資本積累探討都市過程的問題。 貢獻： 1. 從全球世界體系、世界分工的宏觀觀點出發，分析在資本主義發展邏輯下，已開發國家與開發中國家因政治、經濟及文化社會等層面上不對稱、不均質關係所產生空間現象的結果。易言之，空間結構的表現反映了社會、經濟與政治過程對它的塑造結果。這種從政治、經濟與文化過程來解釋空間發展元素的研究途徑，可說是該理論流派最主要的特色，也是最重要的貢獻所在。總之，該理論流派教我們欲解析空間結構，必須將空間現象放回其形成的社會與歷史脈絡之中才行。

	2. 該理論流派所談論的空間體系是一種開放體系的建構，不論是都市或區域地理（空間）均是在世界經濟、政治與社會發展的影響下，與其他國家或社會發生密不可分的關聯。由此可見，任一空間結構的形成均是受制於其他國家社會或與其他國家社會之間相互作用、影響下所塑造而成。最明顯的例子是，將第三世界國家（例如台灣）的都市或區域空間結構看做是一種依賴發展的結果，亦即邊陲國家與中心國家之間所謂依賴、宰制關係之結構性發展的結果。同時，由於它所探討的是一種開放性的空間體系，將空間現象的發展放到政治、經濟與社會文化脈絡中來加以檢證。因此，對於其空間結構的過程（structural process）就有一較完整的交待，這是德國古典經濟學、芝加哥人文生態學空間結構理論所未有的。
	3. 該一理論流派大部分的論點均基於對現有發展趨勢作批判式的、悲觀的預測，而非對真實的發展過程與可能產生的空間形式進行嚴格的科學分析。再者，它們幾乎將所有事情描述成為一種對資本主義危機的反映，而忽視當今一些具有正面效果的元素（例如都市經濟活動、高科技等）的重要性。而且，對於被觀察的現象均屬一般性的描述，較少去區分哪些現象是必須的或不變的狀況。同時，其理論中若干重要的概念如階級、都市危機等，均很困難去做經驗性地檢證。

資料來源：作者自行整理。

7.4 文創經濟作為新都市理論的可能性

7.4.1 城市作為一個創意的場域以及文化產業發展的基地

　　R. Florida（2002）提出所謂「創意階級」（Creative Class）此一概念後，創意城市之規劃更加蓬勃展開，各大城市紛紛效尤並制定政策加以實施，同時，他提出的創意城市經濟發展 3T 理論：科技（Technology）、人才（Talent）、包容（Tolerance），此三條件缺一不可，成為受人矚目的研究方向。但是，A. Scott、A. Markusen 與 S. Kratke 都批評 Florida 的理論缺乏一個可應用於特定的地方經濟的發展理論，一致主張應該以資本、勞動力與聚集經濟為中心，提供一個更具說服力的基礎，進而加以理論化。傳統的都

市理論已指出，一個都市的規模、密度與經濟多樣性，對於主要產業部門與就業的專業化與發展，都提供了有利的條件，相對於較小中心，大都市是比較有利的。此一理論對於文化產業來說，何嘗不是如此，詳細來看，這些有利條件包括了：（1）城市的都市化經濟與地方化經濟的優勢、（2）社會與種族的多元化、（3）實質環境的品質、（4）支援性機構、（5）市場、以及（6）交通系統與運輸設施。很明顯的，這些有利條件存在大都市的可能性，遠遠大於小都市、小城鎮，這也難怪文創產業發展的動能與質量，絕大多數發生在大都市之中，台灣如此，國外也是如此。

7.4.2 促進文創經濟演變的三個力量

T. A. Hutton 在 2016 年所寫的新書 *Cities and the Cultural Economy* 中特別提到，促進文創經濟演變的三個力量——（1）全球化、（2）科技、以及（3）治理。由於此一主張非常吻合世界各國當代文創經濟在 21 世紀新興崛起的脈絡，所以，受到學院派的服膺，並且奉為圭臬。

首先，全球化過程不但提供了文化產品在生產與行銷上的擴散效果，同時也增強了人們認同文化差異的力道。A. Scott（1997）的一篇論文 "The Cultural Economy of Cities" 以及 H. Molotch（2002）提出的 "place in product" 觀點，在在驗證了此一說法，不只是第一層級的全球化城市如此，例如紐約、巴黎與東京，就是其他的全球化城市中，文創部門已位居全市都市經濟的領導地位，最著名的例子是柏林，另外，在巴塞隆納，「文化」不只是全市都市經濟的主流，更是市民的區域認同與政治願景的象徵意義所在。

其次是科技的力量，最新型的發展是文創部門所謂「流動式計畫方案生態」（fluid project ecologies）的崛起，這是由 G. Grabher（2001）所提出的新觀念，它不但包括地方化聚集（例如倫敦與慕尼黑的文創產業），而且也

重新界定了生產的尺度，從過去「網狀般的網絡」進化到「延伸性的生產體系」（extended production system），進行外部的轉包與獲取資源，但是，必須依靠先進的數位化通訊科技，方能達成。

第三個力量是治理，與過去成長管理觀念相通，文創經濟（包括相關的科技部門、文化創意產業政策）也許更需要一個21世紀的「計劃性、企圖性的城市」（intentional city）才行，所謂「計劃性、企圖性的城市」的特徵是它能夠制訂出一個全盤性的發展方案、規則以及更進步的分配性／共享性的政策，就像 C. Grodach 與 D. Silver（2013）所說的一樣。

7.4.3 文創經濟在城市中可能造成的不公平

主要包括：勞動力市場與就業衝擊、低薪、社會經濟族群的邊緣化、不安定感、兩極化、非正式（地下化）以及無法適得其所。詳言之，在不公平與兩極化方面，創意行業很容易造成就業的金字塔，少數菁英創意人與一大群低薪或不固定所得的工作者（包括藝術家、年輕人、剛創業的老闆），形成一種不公平的金字塔結構。在文創經濟與非正式（地下化）之間關係方面，所謂「非正式（地下化）」是都市經濟的一種正常狀態，指的是部分工時、兼差、沒有組織公會、缺乏正式組織或法規當依靠，不只出現在生產部門，也同樣發生在消費部門上（例如餐廳或咖啡廳工作者），這種非正式就業現象，不只在第一層級的全球化城市都會存在，例如倫敦、紐約、東京，其他大都會區一樣存在，例如上海、孟買、約翰尼斯堡等。

在文創工作與不確定的勞動力方面，所謂勞工的不確定感、不安定感，指的是有些從事文創工作者所得到的利潤很少甚至沒有利潤、沒有生涯晉升管道、缺乏終生就業安定基金，當然也牽涉到低薪、生活費通膨、非法的居留等問題，最明顯的是低薪的服務業工作者、移工。當然，放到文創行業來看，有些藝術家卻不在乎這種不確定感，認為只要能夠沉迷於創作工作，就

感到滿足。但是，站在文創經濟長遠發展來看，還是需要透過學術訓練計畫與行政管道，來處理不確定勞動力、移工與合法公民權之間的問題才行，這才是根本解決之道。

如同第 1 章所述，T. A. Hutton 在 2016 年所撰寫的新書 *Cities and the Cultural Economy* 中，特別指出創意經濟與階級所產生的都市衝突與社會經濟效應，似乎在呼應 Scott 於 2008 年所寫的 *Social Economy of the Metropolis: Cognitive-Cultural Capitalism and the Global Resurgence of Cities* 那本書時的預感與擔心，雖然 Hutton 發現新的文化經濟已經開始重新形塑都市勞動力、住宅與不動產市場，對於仕紳化與隨時會變動的就業型態確實有幫助，進而產生社區再生與都市活力提升的好結果，不過，他仍然提醒我們須注意，近年來全球景氣持續低迷之際，文化創意市場的彈性變化與不確定性所可能帶來的社會經濟後果。明白的說，這正是文創經濟在城市中可能造成的不公平現象，值得注意。

7.4.4 文創經濟與新都市理論

（一）立論脈絡

主要有三點：

1. 都市理論中的「文化轉向」

當我們談論都市理論的發展時，一定不能忘記「文化轉向」（cultural turn）這件事。近年來，當全球化城市研究逐漸累積愈來愈多的經驗分析與結果後，終於發現都市面臨所謂「再理論化」（retheorization）之際，都市研究已經悄悄地從過去的「計量革命」過渡轉型到「文化轉向」了，在學院派裡，或許經濟地理是最早覺察到此一轉變，到後來，都市再生計畫、都市社會學、建築與文化資產、文創設計與經濟、景觀等領域，也跟著發現此一新典範的到來。由此看來，「文化」將成為一座城市想要在 21 世紀「再起」

（resurgence）甚至「復興」（renaissance）的最有利法寶，當然，除了「文化」之外，高級服務業、科技也被很多人視為是另二項萬靈丹。但是，A. Amin 與 S. Graham（1997）卻提醒我們注意，在一個不完整的都市經驗中，不要急著去確立一個「典範城市」，這是危險的，就像在一個新經濟的時代裡，任何的模式都有可能遭到批判一樣。理由很簡單，因為他們認為，雖然 Landry 與 Bianchini（1995）提出「創意城市」的論點之後，所謂「創意性」很快成為都市成長與變遷的重心，而且蔚為風潮，可是，一座「創意城市」還是要面對社會成本、社會不公平、以及如何維持所謂「差異化」與「偶發事件」的重要性等諸多問題，當上述問題未能獲得解決之前，雖然，正興起的文化論述在都市理論中的確重要，但是，如此，我們就想要藉此一理由，冒然建立一個「典範城市」，是不太妥當的。依此看來，「文化」想要幫助一座城市「都市再起」的話，它的侷限即在此了。

2. 都市理論中的「比較性轉向」

　　J. Peck（2015）由於體會到都市理論的疑旨所在，所以，他提出一個所謂「比較性轉向」論點來進行城市與都市變遷的研究，這是一個翻轉過去都市理論的一項創新觀點。他固然接受一般人公認的傳統國際大都會區（例如紐約、倫敦）、或者具有發展典範的城市（例如芝加哥、洛杉磯）的崇高地位，但是，他抱持著一個「比較性」的都市研究態度去觀察，結果發現有些都市或大都會區的成長，是來自於它的差異化與去結構化的策略奏效的結果，反而不是因為都市理論為基礎的更新或再結構計畫所造成，尤其，他特別注意到，當今政治經濟力量的影響逐漸衰退，而所謂「行為者網絡理論」（Actor Network Theory，簡稱 ANT）的作用逐漸抬頭，亦即，在都市計畫與發展中，關鍵人物與其同盟的團體常常會引領都市發展的方向，甚至決定了都市發展的成敗。因此，T. A. Hutton（2016）就看到了 J. Peck 此一論點對於文化經濟邁向理論化時的重大意義，那就是：（1）都市空間的重構、（2）

建築與建成環境、（3）勞動力、以及（4）都市社會階級等四個層面，均應該成為一個城市中的文化經濟邁向理論化之路時，絕對不可或缺的關注對象。

3. 城市中的文化經濟邁向理論化之路應該關注的四個層面

T. A. Hutton（2016）看到了 J. Peck 此一論點對於文化經濟邁向理論化時的重大意義，於是主張：（1）都市空間的重構、（2）建築與建成環境、（3）勞動力、以及（4）都市社會階級的（再）形塑等四個層面，均應成為一個城市中的文化經濟邁向理論化之路時，絕對不可或缺的關注對象。

（二）理論論述

1. 文化經濟、全球化城市論述與普通城市

「文化」對於全球化城市論述的貢獻有二點：（1）「文化」可以重塑全球化城市，同樣的，文化本身也會被全球化過程所轉型。（2）「文化」能夠用來綜合不同領域的都市成長與變遷的元素，包括都市空間結構、地景、社會結構、以及都市想像等，而且這些元素都將會提高理論的卓越性與目的性。根據 Scott（2000）的研究結果，發現當今都市或區域的特殊專業的文化生產中心，基本上可分成二類：

一、必須面臨科技創新、資本替代與外部競爭的區域（例如第三義大利）以及因為擁有時尚設計產業與知名品牌而致富的都市（例如米蘭、巴黎與紐約）；二、擁有高超工程技術、工業設計品質與高素質的勞工生產力的區域（例如巴伐利亞、慕尼黑），它們都已經擠進全球化城市之林，而聲名大噪，經仔細探究，我們將會發現，它們基本上都已逐漸將當地歷史脈絡與文化經濟融入工業生產或時尚商品設計之中，也充分運用了都市空間結構、地景、社會結構等元素可以發揮的作用力，因為如此，這些都市或區域才會

有今天輝煌的成就。同時，我們也發現，這些都市或區域的成功，也驗證了
T. Hutton 所提出的「一個城市中的文化經濟邁向理論化之路，必須掌握（1）
都市空間的重構、（2）建築與建成環境、（3）勞動力、以及（4）都市社會
階級的（再）形塑等四個層面才行」的主張，是正確的。

　　與全球化城市論述有關的觀念是「普通城市」或「日常城市」（Amin
and Graham, 1997），係指在全球化壓力與再結構的衝擊，社區遭遇到巨大的
重構下，當地社區仍然能夠保有日常文化、社會結構與真實的地景，一如往
常。紐約、倫敦與洛杉磯之所以能夠成為世界之都，它們在兼顧「全球化城
市」與「普通城市」並駕齊驅發展上的努力，當然是功不可沒。這也呼應了
前面 A. Amin 與 S. Graham（1997）對於我們的提醒，在一個不完整的都市
經驗中，不要急著去確立一個「典範城市」，這是危險的，易言之，在「文
化轉向」下，城市一味追求流行時髦與改變，未必是好的，相反的，一個城
市為自己保留「普通城市」，或許是一個新思維與新的發展途徑。

2. 文化經濟、地方治理與社區、族群、性別

　　在溫哥華，HCBIA（Hastings Crossing Business Improvement Area）計畫
不但復甦市中心區的商業活動與提高就業率，它同時還照顧了低所得與社會
邊緣群體能夠參與分享空間的權利，這就是著名的「社會經濟」發展模型
（"social economy" development model）。我們如果能夠依據此一模型，提出
一個所謂以社區為基礎的文化再生模型的話，那麼，一定會受到歡迎，而且
有用，尤其在發展創意城市之際，相信這種模型可以滿足包容性再生與社會
公平性的目標，充分保障社區、族群、性別，享受文化再生與空間改造所帶
來的成果。

　　根據 Enkhbold Chuluunbaatar, Ottavia, Luh Ding-Bang 與 Kung Shiann-Far
（2013）所進行的文化創意產業（CCI）的研究發現，具有以下四項的不平
均現象：（1）語言、（2）研究領域、（3）文創產業類別、以及（4）分析架

構。過去文創產業研究大多集中在歐洲、北美、澳洲與大洋洲，比較欠缺
亞洲、拉丁美洲、非洲與中東國家的觀點，即使這些國家地區具有豐富的
文化資產與相當有潛力的創意資源，卻也因為極少人從事研究而被忽視。再
以文創產業類別來看，過去研究大多以音樂、藝術、影視、攝影等為主，卻
較少關注建築、歷史空間、工藝產品等類別的調查與研究，偏偏諸如建築、
歷史空間、工藝產品等項目，更能夠充分反映出地方社區、族群、性別此一
議題，易言之，這些文創產業項目對於文化經濟的理論論述，是比較有助益
的，反而受到較少的關注。總之，上述過去文創產業研究的不平均現象是應
該要加以改善的，如此才能夠達到「文化經濟、地方治理與社區、族群、
性別之間關聯」的論述與主張的目標。這也難怪 T. A. Hutton 在 2016 年所撰
寫的新書 *Cities and the Cultural Economy* 的第 7 章〈都會區中的文化產業特
區：經驗研究個案〉中，特別介紹了幾個重要城市的文化產業特區的經驗個
案，包括倫敦、柏林、西雅圖、溫哥華、新加坡、上海、首爾與北京，這些
城市提供了特別豐富的文化發展的歷史，它們不但是由創意創新與先進的生
產過程所形塑而成，而且也都歷經了戰爭毀壞、政治動亂、經濟危機與嚴重
的社會衝突，尤其是在近年來文化創意產業興起後的衝擊之下，對都市空間
型態與結構所面臨到的改變，均有詳細的區位圖與照片加以呈現，非常值得
一讀。Hutton 閱讀並整理了不同學者與各種文獻檔案後，非常生動地呈現出
不同工業歷程中文化發展的趨勢，並且在都市文化想像中的連續與斷層時機
上，提出了建議。

3. 文化經濟與都市空間型態之間的連結

有關「文化經濟與都市空間型態之間的連結」此一主題，過去文創
經濟的學者比較少去特別強調，但是，T. A. Hutton 在 2016 年所撰寫的新
書 *Cities and the Cultural Economy* 的第 7 章〈都會區中的文化產業特區：
經驗研究個案〉中，即以相當多的篇幅進行分析與論述，而成為這本書與

其他專書不同的一大特色。我在此處，將以溫哥華（Vancouver）與新加坡（Singapore）二個都市成功的案例，藉以探討「文化經濟與都市空間型態之間的連結」此一主題，期待能夠對於文創經濟作為新都市理論之論述，有所啟發。

　　加拿大溫哥華是一個過去 20 年來所謂「創意轉向」（creative turn）非常成功的城市，同時也是全球排名前三名的宜居城市，溫哥華如此的傑出表現，部分原因必須歸功於它的自我服務機制（self-serving）的強化，以及都市空間（spatial）品質與型態對於創意經濟之企業結構與規模的幫助。這是溫哥華得以成功的關鍵所在，也往往是其他城市所無法擁有的優勢。從溫哥華文化產業的空間區位分布情形可以看出，它的文化產業呈現非常顯著且大量集中的現象，包括新興媒體、影視遊戲軟體生產、實驗性音樂、建築、都市設計等，充分體現出文化經濟特區的空間性（spatiality）此一特性，這些文化產業座落在溫哥華都會區核心地區之內部，或者緊鄰都會區核心地區，而且大多數是小規模的公司或企業，未必是大型公司。由於文化創意公司位於都市中心的內城地區，所以，它們不但享有聚集經濟的優勢，而且因為鄰近市中心的歷史遺產建成環境的緣故，而讓文創公司的產品添增了文化歷史故事的加值感並提高了行銷販賣給遊客的商機，此即證明了「都市空間性帶給文化經濟的好處」之論點。在溫哥華的內城地區，False Creek Flats 成功地刺激了新興科技產業的蓬勃發展，而 Yaletown 更是一個新經濟特區再度空間化（respatialization）成功的典型案例，本人覺得它非常值得台灣一些具有歷史文化的古都（例如台南市）加以學習。它因為一開始引進創意企業，透過企業升級與活化發揮了擴散波及效應，進而帶動周邊地區的產業活動，最後讓 Yaletown 的空間領域更加擴大。易言之，首先於 1986 年在 Yaletown HA Heritage District 導入創意企業，接著在 1991 年形塑了 "New Yaletown"，最後形成了 "Greater Yaletown"，成功地創造了更多的就業機會與服務圈範圍，當然它的空間領域也跟著擴大，如同同心圓結構，從第一圈、第二圈到

第三圈，由內往外擴張領土，在此三圈同心圓結構中，同時兼具了傳統的歷史文化意象與現代的文創商品經濟，二者相互輝映，共創商機。此即證明了「創意經濟帶來了都市空間型態的改變」之論點。關於 Yaletown 的空間領域擴大的經驗，在 Hutton（2008）所撰寫的 *The New Economy of the Inner City* 一書中，作了詳細的分析與探討。由上述溫哥華的發展經驗得知，所謂「文化經濟與都市空間型態之間的連結」確實是存在都市中，所以，「文化經濟與都市空間型態之間的連結」作為新都市理論之理論論述，應屬合理，畢竟「文化經濟」與「都市空間型態」二者互動的結果，勢必能夠產生綜效（Synergies）。另外，值得一提的，溫哥華成功發展的結果，還要歸功於有效率的都市（地方）計畫，包括便利捷運系統的建設、在內城地區興建舒適且價格合理的中高密度住宅、創造舒適且多樣化的公共空間、引進商業活動等，透過都市計畫手段，充分提供創意經濟活動（包括創意人才、科技等）所需要的支持性設施，讓文創產業的發展可以得到最佳的支援。正因為如此，許多專家更加堅定相信，未來幾年，溫哥華將可以繼續穩居全球文化經濟一席之地位，無人可以取代。

　　新加坡能夠成為世界著名的創意城市，絕非偶然。它是在二戰之後，亞洲地區除了日本以外第二個能夠徹底執行一系列產業政策、造就先進的經濟再結構的國家，包括提高勞動力市場的素質、提升教育與科技水準，同時結合計劃性政策，以引導國家整體發展以及資金的運用。新加坡人擅長作規劃，不浪費金錢，終於創造了世界一流的國家。新加坡過去輝煌的紀錄，當然也在近年來的文化經濟發展道路上，加以實踐，尤其是新加坡的文化軌跡，在「空間」（space）的稜鏡作用下，顯得更加耀眼奪目，特別的是歷史環境區域 Telok Ayer 與 Little India，更具有世界知名度。1960 年代新加坡進行大規模的老舊鄰里社區的清除更新計畫，接著，1980 年代開始推動歷史文化觀光，觀光動線與景點都集中在中心商業區（CBD），包括著名的中國城（Chinatown）、Telok Ayer（Singapore）、Little India 以 及 Kampong Glam

（馬來人的居住區）四個區域，這是一個集合中國人、新加坡人、印度人與馬來西亞人等四個國家之多族群文化生活區的觀光勝地，並且發展出文創經濟，非常成功地吸引創意企業進駐以及觀光客青睞。特別的是 Telok Ayer，被視為是一個「全球性村落」（global village）：媒體、廣告、文化享受與精神舒適感、跨國公司品牌、繪圖設計與建築、藝術、東亞與東南亞餐廳、歐式餐廳、酒吧、咖啡館、運動用品、健身房、零售／個人服務業、商業與專業服務業等集大成的一個複合體（Complex），成為新加坡最著名的文化園區（cultural quarter），優雅高貴的意象與井然有序的景觀，魅力十足。其中，Far East Square 此一計畫結合了 Cross Street 地區，這是一個私人企業與政府部門合作推動科技企業納入文化資產建設的成功案例，值得學習。在 Telok Ayer 中，部分街道的商店復原至 1840 年代新加坡傳統的店舖建築型態，目的在於強調它的真實性（authenticity）與歷史感，它相信外來觀光客喜歡的是歷史氛圍與意象。可是，Little India 就沒這麼幸運，無秩序／不規則的空間品質、黑巷的髒亂與性交易、黑市商品氾濫、商品價格不誠實等，形成負面印象，似乎已變成此一文化園區的「邊緣空間」了，有待整頓與再生。與溫哥華相同，新加坡此一文化園區也同樣座落在中心商業區，「歷史文化」與「創意經濟」二者相輔相成，能夠產生綜效，證實了所謂「文化經濟與都市空間型態之間的連結」確實是存在的。

4. 城市文化經濟（再）理論化的可能性？

經由以上針對「文創經濟與都市理論之間關係」的論述，我想進一步提出「城市文化經濟的（再）理論化的可能性？」此一問題，作為這本書的結尾。最近幾年，若干重要的學者都針對此一問題進行了討論，最早的是 T. A. Hutton 在 2008 年寫的 *The New Economy of the Inner City* 一書中，主張未來的「新經濟」將會是由文化、科技與地方三者共同塑造而成，它是一個包含環境設施、更新奇的實踐與產品的混合體，實際上就是一種由空間部門、

產業、公司行業與勞動力互相結合起來的結構，而與過去由產業王朝所界定的經濟型態完全不同。T. A. Hutton 在 2008 年提出的這個主張，從胡太山等人（2010, 2013）長期以來針對「知識、產業、都市發展與創意創新之間關聯」的研究結果，發現在台灣似乎明顯存在。他們檢視地方產業與創新之關聯，在產品創新與產品創新占營業額百分比此二變項中，電子零組件製造業、電腦及電子產品、以及光學製品製造業等為穩定發展的產業，且呈現顯著的正向變化，顯示新竹地區穩定發展的產業仍不斷的強化引入新知識於產品的開發與創新，而且由廠商創新活動也發現，其知識型態正由內部倚賴模式轉換為立基於以地方為基礎之更廣的連結與凝聚模式。但是，幾年之後，T. A. Hutton 此一不夠精緻的學術用詞，乃被其他學者加以採用，最有名的是 A. Scott 於 2008 年提出「認知文化經濟」（Cognitive-Cultural Economy）的概念，以及 S. Kratke 於 2011 年所貢獻的令人鼓舞且具學術性的「城市的創意資本」（Creative Capital of Cities）概念。

值得一提的，Scott 在 2008 年 *Social Economy of the Metropolis: Cognitive-Cultural Capitalism and the Global Resurgence of Cities* 這本書中，提出了「認知文化經濟」的概念，嘗試努力提出三項觀念性與描述性的論點，加以強化此一概念，並且作為爾後研究的方向指導。

第一，都市理論與都市問題，一來與政治計畫有關聯，二來與居民的都市生活的再建構有關聯，因此造成都市形式會隨時改變。

第二，透過許多理論與經驗觀察的個案得知，當今「認知－文化經濟」作為科技密集生產、財政與服務業、時尚風潮產業、文化產業、個人服務業等產業的表徵，這些部門產業不但近年來在全世界最大城市以極快速度成長，而且在過去十年扮演了全球各地都市再起成功案例的重要角色。

第三，檢視「認知－文化經濟」在城市中的空間分布，將發現它們是與都市過程有所連結，易言之，它們與資本主義社會中的勞動分工、社會階層化有所關聯，高薪菁英與低薪普羅大眾的分化及其社會生活上的差距，這正

說明了都市空間組織、居民社會及經濟生活與地理空間三者之間互相作用成為一完整體系的論點。

這也是 Scott 在這本書特別強調都會區的「社會經濟」（social economy）此一概念的理由所在。Scott 非常關注都市化的經濟面向，而且體認到經濟面向本身是不斷地由社會面向加以確認，同時他的研究目標放在形塑當今城市風貌中文化變數的重要性，說明白一點，即是居民都市生活創造了城市空間，在這本書中，Scott 著重文化創意產業形塑都市過程與城市風貌的關鍵角色，比起過去比較注重經濟角色，截然不同。Scott 得到一項結論，那就是：經濟與文化互相聚合共同形成一個新奇且特殊的意義結構，並成為未來全球化時代所謂城市區域研究的理論基礎。

與 Hutton、Scott、Kratke 三人的觀點相近的，最近，M. Storper 在 2013 年寫的 *The Keys to the City: how economics, institutions, social interaction, and politics shape development* 一書中，描繪出一個城市再結構的圖像，他說自 20 世紀中葉至今，不論是城市內部結構的變化、都市與都市之間的網絡關係、乃至於橫跨全球空間的成長與變遷，從大理論或單一過程來解釋都市變遷，我們都將發現，許多行動者與代理人在城市中的不同領域裡產生了複雜的互動，其結果就支持了都市經濟與社會往前更進一步的發展。由以上四位學者的觀點來看，他們均一致強調地方、勞動力、經濟、文化與社會資本的重要性，或許這將使得城市文化經濟的（再）理論化成為可能，並且成為立論的關鍵所在。

5. 對城市文化經濟理論展望的回應

本人提出三點論述，作為對城市文化經濟理論展望的回應，也算是作為這一章的結論。

第一，我提出幾個問題，提供大家思考，包括：新的文化產業是否能夠與經濟的其它部門加以連結？新的文化產業在地方化生產網絡與全球化生產

體系都能夠成功，但是其成功的差異為何？新的文化產業在一般性的發展過程及結構變遷與偶發性的地方區域因素（例如政策、社會因素）之間，如何取得因果平衡？

第二，我引用 T. A. Hutton（2016）對於當代城市文化經濟理論的思維，提出了一個重要的論述，那就是：一個好的理論，必須視文化經濟是否真的能夠在 1980 年代以來的新經濟或是以知識為基礎的經濟中，找到有效且適當的位置而定。如果要回答此一問題，或許可以從廣泛地將城市視為文化生產與衍生相關的社會階級基地此一脈絡來加以尋找。

第三，未來新的都市研究，必須包含地理、社會、人類學、建築與設計、經濟、政治政府研究以及計劃等領域，方才週延，並且符合時代意義。

參考文獻

胡太山（2010），**知識、產業與都市發展──創意創新之浮現與形塑**，新
　　竹：建都文化事業。

胡太山、解鴻年、賈秉靜、羅欣玫（2013），產業區的知識型態與空間
　　演化：以新竹為例，**建築與規劃學報**，14（2/3）：145-164。（NSC
　　100-2410-H-216-009-MY2）。

陽建強、程佳佳、劉凌、鄭國譯（2010），**城市結構原理**，Nikos Salingaros
　　原著（2005），北京：中國建築工業出版社。

寧越敏、石崧（2011），**從勞動空間分工到大都市區空間組織**，北京：科學
　　出版社。

Amin, A. and Graham, S. (1997). The Ordinary City, Transactions of the Institute
　　of British Geographers, 22: 411-429.

Binet, H. (2006). The Architecture of ZahaHadidin Photographs, German: Lars
　　Muller Publishers.

Crang, M. (1998). Cultural Geography, London: Routledge.

Enkhbold Chuluunbaatar, Ottavia, Luh Ding-Bang and Kung Shiann-Far (2013).
　　The Development of Academic Research in Cultural and Creative Industries:
　　A Critical Examination of Current Situations and Future Possibilities,
　　International Journal of Cultural and Creative Industries, 1(1): 4-15.

Florida, R. (2002). The rise of the creative class: And how it's transforming work,
　　leisure, community and everyday life, New York: Basic Books.

Grabher, G. (2001). Ecologies of Creativity: The Village, the Group, and the
　　Heterarchic Organisation of the British Advertising Industry, Environment
　　and Planning A, 33: 351-374.

Grodach, C. and Silver, D. (eds.) (2013). The Politics of Urban Cultural Planning,

Abingdon and New York: Routledge.

Hutton, T. (2008). The New Economy of the Inner City: restructuring, regeneration and dislocation in the twenty-first-century city, Abingdon and New York: Routledge.

Hutton, T. (2016). Cities and the Cultural Economy, London and New York: Routledge.

Kratke, S. (2011). The Creative Capital of Cities: Interactive knowledge creation and the urbanization economies of innovation, Chichester: John Wiley & Sons.

Landry, C. and Bianchini, F. (1995). The Creative City, London: Demos.

Molotch, H. (2002). Place in product, International Journal of Urban and Regional Research, 26: 665-688.

Peck, J. (2015). Cities Beyond Compare? Regional Studies, 49: 160-182.

Scott, A. (1997). The Cultural Economy of Cities, International Journal of Urban and Regional Research, 21: 323-339.

Scott, A. (2000). The Cultural Economy of Cities, London: Sage.

Scott, A. (2008). Social Economy of the Metropolis: Cognitive-Cultural Capitalism and the Global Resurgence of Cities, Oxford: Oxford University Press.

Storper, M. (2013). The Keys to the City: how economics, institutions, social interaction, and politics shape development, Princeton, NJ: Princeton University Press.

專有名詞索引
Index

O

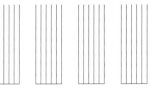

地址：_____

姓名：_____

麗文文化事業股份有限公司
Liwen Publishers Co.,Ltd.
麗文文化 · 巨流圖書 · 高雄復文 · 駱駝

通訊地址：80252高雄市五福一路41巷12號
電話：07-2265267 /07-2261273 傳眞：07-2264697
e-mail1:liwen@liwen.com.tw
e-mail2:fuwen@liwen.com.tw
網址：http://www.liwen.com.tw

收

....

請沿虛線對摺,謝謝!

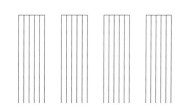

麗文文化事業股份有限公司
Liwen Publishers Co.,Ltd.
麗文文化 · 巨流圖書 · 高雄復文 · 駱駝

巨流圖書股份有限公司
CHULIU BOOK COMPANY

閱讀是個人內涵的累積.閱讀是生活質感的提升

感謝您購買我們的出版品，請您費心填妥此回函，您的指教是我們眞誠的希望，我們也將不定期寄上麗文文化事業機構最新的出版訊息。

讀者回函

姓名：	出生： 年 月 日
性別：	聯絡電話：
郵區：	E-MAIL：
連絡住址：	
書名：	

教育程度：□ 國小□國中□高中/職□專科□大學□研究所以上

職業：□學生 □教師□軍警□公 □商/金融 □資訊業 □服務業□傳播業
　　　□出版業□家管□SOHO族 □銷售業 □其他＿＿＿＿＿＿＿＿

您如何發現這本書？
□書店□網路□報紙□雜誌□廣播□電視□親友推薦□其他＿＿＿＿＿

您從何處購得此書？
□大型連鎖書店□傳統書店□網路□郵局劃撥□傳眞訂購□其他＿＿＿＿

您喜歡閱讀哪些類別的書籍？
□哲學□教育□心理□宗教□社會科學□傳播□文學□傳記□財經商業
□資訊□休閒旅遊□親子叢書□其他＿＿＿＿＿＿＿＿＿＿＿＿＿

您購買此書的原因：
＿＿＿＿＿＿＿＿＿＿＿＿＿＿＿＿＿＿＿＿＿＿＿＿＿＿＿＿＿＿

您對我們的建議：